HERNÁN CORTÉS, DE OLID, VALLE Y MORAZÁN… (Y OTROS ENSAYOS)

ERANDIQUE
COLECCIÓN

HERNÁN CORTÉS, DE OLID, VALLE Y MORAZÁN…
(Y OTROS ENSAYOS)

Rafael Helidoro Valle

©Editorial Erandique 2024

Selección de artículos: Óscar Flores López

Digitalización y levantamiento de textos: Zona Creativa

Diseño de portada: Andrea Rodríguez-Lilyana Gálvez

Administración: Tesla Rodas

Presidente: José Azcona Bocock

Primera edición
Tegucigalpa, Honduras-enero de 2024

RAFAEL HELIODORO VALLE

HERNÁN CORTÉS, DE OLID, VALLE Y MORAZÁN

(Y OTROS ENSAYOS)

ERANDIQUE

COLECCIÓN

ÍNDICE

UNA MENTE BRILLANTE

Solo un genio como Rafael Heliodoro Valle puede contar la historia de Honduras de una manera mágica que atrapa desde un inicio hasta el final.

Sí, solo Rafael Heliodoro Valle…

¡Qué pluma, Maestro!

Por eso, publicar un libro con una pequeña parte de su inmensa obra —maravillosa, perfecta, sin igual— tenía carácter de urgente.

Era, además, un acto de justicia.

Respetado y admirado en otras latitudes del mundo, Rafael Heliodoro Valle es apenas conocido por un reducido número de hondureños.

Pero en países como México, se deshicieron en elogios por su producción intelectual.

"Generoso y limpio, tendió la mano a cuantos lo necesitaron; no escatimó el elogio y el estímulo, el consejo y la ayuda. Numerosas generaciones tuvieron el privilegio de contarlo como maestro, y en todas ellas sembró la simiente del estudio, de la investigación, del cultivo literario".

"Muchas generaciones anteriores a la mía le recuerdan como guía y amigo y muchas más posteriores aún escucharon su palabra sonora, su risa franca, contagiosa e incontenible, su ironía fina, sus observaciones luminosas que, por claras, aparecían tan sencillas pero que encerraban profunda penetración, reflexión intensa frente al acontecer histórico, la conducta humana, el valor poético. Todos cuantos estuvieron a su lado le recuerdan por su labor enseñante".

Son dos frases del escritor, historiador, músico y académico mexicano Ernesto de la Torre, autor de cerca de doscientas publicaciones (libros, críticas, ensayos, antologías, reseñas, entre otras).

"¡Cómo lo han pintado Antonio Armendariz y Arturo Arnaiz y Freg! El primero nos dice: ´Valle resulta amable para sus amigos y conocidos porque en un medio tan abandonado a la mezquindad, donde no extraña que la maledicencia paralice la voluntad, es natural que destacara la acción benéfica de un hombre que como él, parecía haberse impuesto el propósito de no sólo incitar a los jóvenes hacia la faena periodística, sino que, además, le encontramos en todas partes abriendo puertas a la esperanza'", continúa diciendo Ernesto de la Torre Villar.

Por su parte, Arturo Arnaiz y Freg (historiador y periodista mexicano), escribió: "La bondad de su corazón le permitía estimular, elogiar y destacar el valor de los demás, de la manera más entusiasta".

Rafael Heliodoro Valle produjo nada menos que veinte mil artículos en periódicos y revistas; y más de treinta libros de distintos géneros: poesía, cuentos, novelas, relatos históricos…

Solo un genio como él pudo resumir la tragedia de este país (provocada principalmente por malos gobiernos administrados por pésimos presidentes), en una frase: "La historia de Honduras puede escribirse en una lágrima".

De su mano viviremos las epopeyas de Hernán Cortés y Cristóbal de Olid; conoceremos la profundidad del pensamiento del sabio José Cecilio del Valle y la grandeza de Francisco Morazán.

En **Colección Erandique** tenemos la esperanza de que este libro permitirá que las nuevas generaciones descubran a un escritor sin igual, una mente brillante, un hombre único.

Al final, incluimos tres escritos que también nos permitirán conocer un poco más a Rafael Heliodoro Valle.

Rafael Heliodoro Valle… Genio. Maestro. Inmortal.

Óscar Flores López

EL VIAJE DE HERNÁN CORTÉS
A LAS HIBUERAS

Así que don Hernán Cortés notó la tardanza de su primo Las Casas, a quien enviara a Honduras, resolvió salir en persona para castigar a Cristóbal de Olid. Aquella tierra era rica en minas de oro, en aves de cetrería y en maderas espléndidas, y aunque no estaba terminada la conquista de México, creía urgente hacer el viaje, el cual fue fastuoso como nunca antes se había visto en estas tierras, y había de ser materia hermosa para un romance, porque las sierras saldrían al encuentro con indios bravos, aguaceros torrenciales y largas tardes con sol.

Iban con el gentil hombre muchos escopeteros y ballesteros, varios soldados venidos últimamente de Castilla, un mayordomo que se tuteaba con el maestre sala, un repostero que cuidaba la vajilla de oro y plata, un médico, un barbero, un camarero que sabía muchas cosas, dos cazadores con halcón, muchos tañadores de zacabuches, dulzainas y chirimías, los mozos de espuela, los pajes que le adulaban en la siesta, adenos de espuela, rizo y de otros hombres leales, un sortilegas del caballe muchas mañas y disputaba aplausos al titiritero. Sedaba lían en el cortejo el rey Cuauhtemotzín, el sobresa Tacuba y otros príncipes mexicanos; y nadie hubiera creído que tal viaje fuese el de un aventurero que hacía pocos años esperaba pacientemente en la antesala del gobernador de Cuba. Y para completar el esplendor de aquel escenario en que él hacía de gran protagonista, se llevó a doña Marina, a varios predicadores franciscanos, un clérigo y un fraile de la Merced.

Contar las sorpresas que le salieron al encuentro en la ruta "fuera cosa maravillosa". Entreteníale el fastidio Salazar, quien se le junto en el camino, se quitaba la gorra inclinándola mientras hacía venias y canturreaba estas palabras melancólicas: "Ay, tío, volvámonos! ¡Ay, tío, volvámonos" y don Hernán le Respondía:

Adelante mi sobrino
Adelante mi sobrino.
Y no creáis en agüeros
Que será lo que Dios quisiere..

¡Adelante mi sobrino!

Ya para llegar a Orizaba —donde fueron las bodas de doña Marina con un soldado de la expedición—, Cortés pasó bajo las enramadas de pino y palma real que le preparó Bernal Díaz y fue recibido con simulacros de batallas de moros y cristianos, con fuegos de artificio y con otras cosas que alegraban a los andariegos. Iban a través de ciénegas donde pululaban los mosquitos; bajaban hacia las hondonadas en que la vegetación del trópico alza sus arquitecturas monumentales y de vez en cuando, ya para atardecer, mientras en lo gris del cielo resbalaban las aves de presa que siguen a los ejércitos hambrientos, salían los indios con las manos llenas de maíz tostado de flores y de miel de abejas. En Goatzacoalcos (hoy Puerto México), le dieron al señor Capitán un mapa dibujado sobre un lienzo de henequén, y al pasar cerca de las ruinas de Palenque hubo de comer raíces venenosas que le enrojecían la lengua y algunos murieron así. A lo largo de las montañas se abrían paso con las espadas y muchas veces, después de tres días de no ver más que el cielo y de encaramarse a los árboles más altos para divisar la tierra, volvían al lugar donde estuvieron antes, los caballos se atollaban hasta las cinchas. La brújula servía de algo en el océano verde e ilímite de la naturaleza tropical. Y más hubiera valido "tener maíz que comer que tener música2, pues aunque el tañedor de chirimía, conjuraba los enojos del señor Capitán, el hambre no se consolaba con hojas de esmeralda ni con la dádiva de los cogollos melíferos.

Sobre la epidermis milenaria de las ceibas los expedicionarios se entretuvieron grabando, como sobre papiro, la frase más bella en la aventura: "Por aquí pasó Cortés". Un día se supo que los caciques habían hecho cecina a un indio, y ese fue el pretexto para que don Hernán ahorcase a Cuauhtémoc, mientras los frailes predicaban "cosas muy santas y muy buenas". Envió en seguida a la costa norte en busca de bizcochos, aceite, vinagre y tocinos que le llevarían en navíos desde la Villa Rica de la Veracruz, y para entretenerse, el señor Capitán comía al par que su gente la carne de la iguana, que es tan sabrosa como la del mejor pescado de agua dulce, así como las frutas cortadas al azar en las sementeras o en las trojes de las cabañas. Se construyó un puente que tenía una legua de largo, con trozos tumbados y ramazones que se doblaban al paso de la caballería. Cierta vez Bernal Díaz salió a encontrarlo con cargas de maíz, gallinas de la tierra, frijoles y frutas; y como sucediera que la tropa presintió el arribo de aquel precioso cargamento, hubo más de un golpeado por llegar primero que el capitán y éste se quedó oliendo el dedo. Pues como iban atrás unos cerdos que reventaban de gordos, la tropa comenzó a murmurar contra los glotones de la corte ambulante y don Hernán se quejaba amargamente así: "¡Oh, señor y hermano Bernal Díaz del Castillo, por amor de mí, que si dejaste algo escondido en el camino, que lo partáis conmigo!". Y el soldado cronista le contesto con unos jarros henchidos de miel y con dos indias que amasaban un pan muy sabroso.

Otro día llegaron unos mensajeros besando la tierra y tocándola con respeto, mientras arrojaban guirnaldas de flores que también el aire agradecía. Los soldados dormían en despoblado, aunque la noche se complicara de estrellas o los aguaceros se desgajaran, pues techos no había aunque llevaran pechuga de gallina o pernil devenado. Por el camino iban quedando las luminarias que hacían con troncos en el bosque en que zumban las abejas feroces y el carpintero cuida de su hueco muy alto a la parvada vocinglera. Y era de ver a los expedicionarios, en torno a las fogatas, bajo el cielo encandilado de luceros divinos, acampando al rescoldo, contándose episodios de la conquista de México o entregándose a dulces memoranzas si entre la lumbre parecía surgir el canasto con pan dorado o el cuero de vino.

Cortés fue saludado como un rey en la tierra del Petén; allí había casas blanqueadas de cal y hubo misa cantada, bajo un toldo de ramas, con música de chirimía y zacabuche; y el cacique, al permitir que lo bautizaran, pidió una cruz y besó la tierra en señal de rendimiento. Fue entonces cuando doña Marina repitió en la lengua de los naturales los sermones predicados aquella vez, y los expedicionarios se pusieron de rodillas devotamente. El cacique petenero regaló a Cortés lo mejor de la tierra: aves de corral, ambrosía, mucho oro y unos caracoles rosados, que eran un primor. Cortés correspondió al agasajo con un banquete en que sacó a relucir la vajilla. Antes de proseguir el viaje dejó su caballo enfermo en poder de los indios para que se lo cuidasen hasta que regresara; y cuenta el cronista que el infortunado bucéfalo murió de hambre en manos de sus cuidadores, porque los médicos le recetaban miel y carne de gallina y le ofrendaban copal como si fuera un ídolo. En eso llegó la Navidad y la expedición escapó de dejar los huesos en una sierra hostil. "Dimos muchas gracias y loores a Dios", dice Bernal Díaz. "Miren los lectores qué Pascua Florida podíamos tener sin comer, que con maíz fuéramos muy contentos", pasó el ejército a la sombra de los vastos cacaotales, y a Cortés los ayotes se le antojaban melones del país y hasta se rumora que comieron lagartos y otros animales inmundos que no eran para los manteles de aquel príncipe del emperador.

Bernal escribió cierto día a su jefe sobre el cuero de un tambor, con tinta hecha de unas cáscaras amargas: en su carta le decía que saliera a encontrarlo a varias leguas, pues le llevaba magníficas provisiones para el "menú" de año nuevo; cacao, sal, chiles, maíz y carne salada. Después de atravesar serranías calientes, entre largos reverberos del sol y de vadear lagunas en que quedaron hundidos monturas y arneses incrustados de plata, el ejército divisó la primera población de Honduras. Ya para llegar a la desembocadura del río del Golfo Dulce, unos soldados que se habían adelantado para informarse de lo que pasaba en Nito, vieron a cuatro españoles cortando zapotes en una huerta que había junto a un estero caudaloso. Allí supieron que Olid había muerto a manos de Francisco de las Casas y que éste había regresado a la Nueva España. Un tal Alonso Ortiz corrió a dar las albricias a Cortés.

Los aventureros, con el rostro quemado de sol, deshechos por las largas caminatas, llegaron por fin a Nito, donde les sirvieron unas tortas muy blancas y muy suaves, el pan de cazabe zapotes bien acendrados, aguacates de mantequilla deliciosa y un pescado que bien merecía un año de indulgencia para quien lo probara en días de vigilia, para las Carnestolendas.

Es fama que don Hernán Cortés dio a los indios del litoral de Honduras los Cerdos que llevaba, recibiendo en cambio unas canoas llenas de pescado. Y la leyenda abre las flores de luz de las luciérnagas entre las trenzas oscuras de doña Marina, que eran tan negras como la de aquellas noches hondamente calladas.

CENTROAMÉRICA EN LA HISTORIA

Centroamérica —"el bello Central de América", según la llamaron los próceres románticos— representa en nuestro hemisferio una zona de privilegio, por su posición geográfica, la benevolencia de sus climas —que la convierten en perpetuo edén primaveral—, las reservas forestales, que corren peligro de extinguir-se por el derroche y las erosiones, y los dos mares que la ciñen y enriquecen, a pesar del difícil acceso a sus litorales. Todos los frutos al nivel del mar y de la zona templada abundan en ella, como regalos del trópico, y las maderas más preciosas, la fauna salvaje y diversa; y no se conoce aún, en toda su dimensión, su tesoro mineralógico.

En ella —a excepción de El Salvador— hay campo inmenso para que convivan, a la sombra del trabajo, millones de hombres ávidos de felicidad. Por ella han pasado diversas corrientes culturales, dejando huellas permanentes, y en su atmósfera telúrica han vibrado irradiaciones de sorpresa: Colón descubriendo en Honduras (1502) la primera tierra continental; Francisco Morazán (1792—1842) iniciando (1827) la primera lucha anticlerical en la América hispánica; José del Valle (1780-1834), que habló con lengua de utopía, entre los primeros, de la unidad de los pueblos hispanoamericanos (1820); Rubén Darío (1916), el poeta que fué un gran acontecimiento en la historia de la lengua española y pudo demostrar que en Centroamérica hay la materia prima del genio.

Centroamérica es parte de la Amérique Centrale —a que se refirió Luis Napoleón en un folleto histórico, de la Mittel Amerika de los alemanes y de la Middle America norteamericana, la Mesoamérica, que ha sentido en su existencia política los duros flagelos que en su vida biológica le han inferido sus volcanes. Larga y cruel experiencia que se inició desde el advenimiento de sus primeros conquistadores y pobladores, que se disputaron el poder en medio de un caos en que parecía extinguirse la vida humana, como si se hubiera estado en vísperas de un retorno a los bosques de los caciques indígenas, pero que pudo rehacerse por milagro.

LOS PRIMEROS POBLADORES

Los primeros pobladores La protohistoria de Centroamérica es tan confusa como la del resto de los otros pueblos americanos. Una gran bruma rodea los orígenes de sus primeros habitantes. Desde ignorados rumbos llegaron; pero se ignora cuándo ni quiénes eran. Fué en el "tiempo sin tiempo" de que hablaban los hierofantes mayas. En los libros sibilinos —en el Popol Vuh, libro sagrado de los maya—quichés, y en el Memorial de Sololá y el Título de los señores de Totonicapán (1554)— hay que sumergir la imaginación para encontrar en las raíces de amate de la leyenda, en las luces y penumbras de las teogonías, al maíz, el contemporáneo de los primeros hombres civilizados de América. No falta quien sitúe en un lugar de Guatemala el paraje en que los primogénitos de los dioses fueron fabricados, así como en Copán, Honduras, hay quien ubique la sede en que deliberaron los matemáticos que dieron unidad al calendario. Esqueletos de ciudades han ido surgiendo del polvo y la lava, como para revelar la grandeza de aquella civilización que, con la peruana, arrancó muchos secretos a la naturaleza, enriqueció la sabiduría y dió al arte maravillas que nos dejan absortos apenas resucitan. Copán en Honduras, Teotipa en El Salvador, Quiriguá, Uaxactún y Kaminal— Juyú en Guatemala, muestra en monolitos y templos, en estelas y pirámides, la obra bella que salió de aquellas manos y aquellas mentes que conocían la técnica para domar el basalto, circunscribir la sonrisa humana y dar formas y perspectivas a la hermosura formal que sólo revelan los conocedores de su oficio, El maya dejó anales, pintura mural, idioma que tuvo un florecer literario —el Manuscrito Cachiquel, el Rabinal Achí y los Anales de los Xahil—, además de una mitología sorprendente. Según Morley, la estela 6 de Copán fué dedicada el 10 de mayo de 682 de nuestra era. Copán fué el punto de reunión de un pueblo trabajador (455 a 800); y hay otra fecha más significativa, el 320 después de Cristo, que es la más antigua de los mayas, y que luce en la placa de Leyden, que Morley halló en Río Graciosa, de Honduras.

Los escultores y los arquitectos, con los fabricantes de ceramios, los astrónomos y los analistas, dieron calidad suprema al maya centroamericano siglos antes de que surgieran los pipiles y los mayances. De allá advino, según el relato legendario, Balum Votán, fundador de Nat Chan (324), la capital del reino de Mitlán, Xibalba o Xibalbay, que se extendía desde Yucatán y Chiapas hacia Guatemala, El Salvador y Honduras; y también Topiltzin Axitl Quetzalcoatl, el fundador de Cuzcatlán (1054) y del reino de Payaquí o Hueytlato, que abarcaba zonas de los mismos países. El nahoamexicano se desparramó hasta Costa Rica, y por eso no es posible comprender los orígenes centroamericanos sin recorrer el mapa geográfico-histórico precolombino, en que aun palpitan nombres melodiosos del idioma de Moctezuma que han seguido encarnados en nuestro español. Los espías con disfraz de comerciantes llegaban desde la metrópoli del Anáhuac en busca de noticias y de presas raras, y muchos años antes de que los conquistadores de México buscaran en Centro América el paso interoceánico que preocupaba a Carlos V, el maya traficaba en oro y cobre con sus clientes de nuestro litoral atlántico.

La primera criatura formal de la mitología azteca aparece en el cielo de Honduras: es Comizahual, "la tigresa alada", émula de Balum Votán, uno de los primeros civilizadores de este hemisferio, pues, según los mitólogos, enseñó los valores eternos de la vida a través de la belleza y el amor.

En los orígenes ancestrales de los hombres que el español encontró en Centroamérica cuando llegaron a Trujillo (1502), el adelantado Bartolomé Colón y el franciscano padre Alejandro, figuran chontales y caribes, chorotegas y coribicíes, borucas y pipiles. Se habla también de la emigración llegada desde la cuenca del Amazonas a la Mosquitia hondureña, de la que acaso proceden los payas; y se insiste en que los chortíes atesoraron gran parte del saber científico que se escondió, asustado, al aparecer los blancos pidiendo el vil metal. Elementos plurales, con diversas procedencias, configuraron la personalidad antropológica del centroamericano, que no conoció el hierro ni la escritura fonética, y que supo dejar como testimonios de su artesanía espléndida, las telas que aún se venden en el mercado de Chichicastenango. La única organización político—económica—militar que se enfrentó al "Tonatiuh" feroz fué el pueblo que acaudillaba Tecún Umán. En otras comarcas hicieron resistencia desesperada Lempira en Honduras; Atlacatl en El Salvador, y Urraca en Costa Rica, pues el cacique Nicarao puso un puente de canoas para que González Dávila vadeara fácilmente el Gran Lago.

PLURALIDAD Y UNIDAD

La tierra centroamericana —después de la visita de Colón— fué punto de cita hacia el que se precipitaron innumerables españoles de hierro y alucinación: Gil González Dávila (1522), Pedro de Alvarado, Cristóbal de Olid, Francisco de las Casas, Hernando de Soto y Francisco Hernández de Córdoba (1524) Hernán Cortés (1525), Pedro Arias de Ávila (1526) y Francisco Montejo (1536); unos procedentes de México, otros de Santo Domingo, otros de Panamá; todos buscando el oro encantado y los cerros de plata. Otro día, Juan de Grijalva, uno de los descubridores de México, llegó a Honduras, para ser asesinado tontamente en Olancho. La primera mitad del siglo XVI se caracterizó en Honduras por el desorden, el crimen desatado, las guerras civiles en que los dominadores se disputaban codiciosamente el poder. Conquistas de segundo orden llevaron a cabo en Costa Rica Juan Vázquez de Coronado, el Lic. Juan Cavallón (1561) y Perafán de Rivera, y se cree que los indios llegaban a 60,000.

En ese cuadro lúgubre se encontraban en tierra hondureña, en choque de jurisdicciones, los que llegaban por todos los caminos. México preponderaba en Guatemala y El Salvador, y Panamá en Nicaragua y Costa Rica (1524), y la Audiencia de Santo Domingo intervenía en Honduras apaciguando querellas. Iban lentamente surgiendo las nuevas ciudades: Bruselas (1523), León (1523), Granada (1523), Triunfo de la Cruz (1524), Guatemala (1524), Puerto Caballos (1525), Trujillo (1525), San Salvador (1525), San Pedro Sula (1536), Gracias (1536), Comayagua (1537); y a la postre fué descubierto el real de minas en que nació Tegucigalpa (1578). En el siglo XVII apareció Santiago de Talamanca (1605) y en el XVIII San José de Costa Rica (1737).

El panorama de la historia territorial, estremecido por intereses heterogéneos, pero con signos de similitud política y social, puede trazarse así: Honduras fué incorporada como provincia del Estado español al ser nombrado gobernador Diego López Salcedo (1525); Costa Rica fué separada de Panamá (1540); y la capitanía general quedó constituida (1543) por Chiapas, Soconusco, Guatemala, Honduras, El Salvador, Nicaragua y Costa Rica, Esta última fué después incorporada a la de Nicaragua (1574). Para dar vida a una estructura judicial en la que el problema de la defensa de los indios parecía resuelto por las "Nuevas Leyes" que obtuvo el padre Las Casas, se fundó la Audiencia de los Confines (1542), cuya existencia fué breve (1544—1549) y tuvo jurisdicción desde Tabasco, Chiapas, Yucatán y Cozumel, en México, hasta Panamá. Al trasladarse a ésta la Audiencia de Guatemala (cédula de 1563), parte de Honduras provisionalmente dependió de ella y el resto de la Nueva España. Más tarde, por una Real Orden (1803), fué segregada de la capitanía general la costa de Mosquitos desde el Cabo de Gracias a Dios hasta el Río Chagres, adjudicándolo a la Nueva Granada; pero era tan absurda la disposición, que no pudo cumplirse. El virreinato de la Nueva España ejerció hegemonía, en cierta forma, sobre la capitanía general, y también en materias sometidas a la acción del Tribunal del Santo Oficio. Así se explica la actitud del general Agustín de Iturbide al enviar el Plan de Iguala, en busca de adhesión, a las seis provincias (1821), y que poco después tuviera una rápida resonancia en ella, repercutiendo decididamente en su incorporación al Imperio Mexicano y quedando consumada en definitiva la de Chiapas, a la caída de Iturbide, y emancipadas las restantes (1823).

LOS TRES SIGLOS ESPAÑOLES

El régimen español mantuvo en atraso a Centroamérica, a pesar de algunas almas transidas de humanidad que trabajaron por elevar el nivel de vida de quienes se hallaban bajo su tutela. No disfrutó Centroamérica aquellas ventajas —siquiera a favor de la minoría— que obtuvieron México y el Perú en medio del duro rigor del régimen (feudalismo, despotismo, intolerancia). A pesar de las minas de oro y plata y de la riqueza agraria y pecuaria, el dominador no se preocupó por dar al criollo, al mestizo y al indio posibilidades para que tuviera fuentes de trabajo, ni por ofrecerle un estilo de vida que aunque fuera modesto le diera partes alícuotas de la felicidad. Aquel régimen explica diáfanamente muchas de las desgracias del país centroamericano que sobrevinieron cuando la nación quiso organizarse; el "aquí pasando", el pasado mañana en busca de la dicha providencial.

En tres siglos de dominación sólo se construyeron caminos para extraer los productos de las minas hacia España, y fortalezas para defenderse de la piratería; no se instalaron comodidades portuarias para dar impulso al comercio; no hubo más industrias que las que necesitaba el consumo local (aguardiente, tabaco) y aquellas que, como las del cacao, el añil y la cochinilla, contaban con mercado seguro en Europa. Se puede afirmar que aquel régimen no se interesó por resolver los problemas que habían nacido con la nueva sociedad y que se agudizaron al surgir el inmigrante negro que llegó del Africa al litoral atlántico y que a poco penetró en el territorio hasta convertirse en cimarrón o mezclarse con los terrígenas. El régimen fomentó el alcoholismo al estancar el aguardiente (1783), que ha seguido siendo una fuente de ingresos en algunos de los países americanos.

Aquel paréntesis de ocio e incuria era turbado de súbito por alguna noticia para primera plana; por ejemplo, el asesinato del obispo Valdivieso por los hermanos Contreras (1549), el descubrimiento del puerto de Santo Tomás de Castillo (1604), la expulsión de los jesuitas (1767), o el tardío anuncio de que la Reina estaba próxima a ser madre. Durante la dominación española se podía decir de las provincias centroamericanas lo que desde 1532 habían escrito al rey el obispo de Santo Domingo y los licenciados Salmerón y Alonso de Maldonado: "De la provincia de Honduras no tenemos nueva alguna para poder escribir a vuestra magestad...".

La metrópoli de la capitanía general, al igual que las de las provincias, centralizaron las pocas bienandanzas que les daba su situación favorecida; una costumbre que prospera bajo el régimen republicano. La escasa población estaba reconcentrada en ellas, y si algunos obispos hacían visitas pastorales, las capitanías generales imitaban al monarca hasta en la indiferencia para salir de la metrópoli a darse cuenta de lo que ocurría a los otros súbditos.

Aparecieron los piratas y después los corsarios, haciendo inseguras las costas y dando vida al contrabando. De repente se rebelaban algunos núcleos de indios que no querían resignarse a ser esclavos: en Chiapas los lacandones (1559), en la "tierra de guerra en el Petén (1697), o en Tezulutlán, de Guatemala, o los payas, albatuinas y taoajkas en Honduras; en Costa Rica los indios de tierra adentro (1615, 1616, 1618 y 1662), o los zambos mosquitos (1721), que alteraban la paciencia de los gobernantes que dictaban leyes, sobre las rodillas, desde sus hamacas. No había asaltos en los caminos reales, pero ninguna posada para que el viajero se guareciese en largas caminatas (todavía don Alejandro Ramírez, a fines del siglo XVIII, viajó entre incomodidades por la provincia de Comayagua). Un viaje a México exigía embarcarse en Omoa, atravesar Yucatán a lomo de mula, con el peligro de la "fiebre de aguas negras", y si la audacia del cristiano errante quería llevarle hacia España, había que preparar testamento y ánimo tranquilo para naufragar en el Caribe o caer en manos piráticas. Eran más afortunados quienes viajaban por el Pacífico, desde Acapulco y Sonsonate hasta Realejo, en Nicaragua, o Panamá, o el Callao, debido al sistema de comunicaciones a que obligó el comercio con las Filipinas. A esos mortales enemigos el pirata, la fiebre amarilla, el ciclón había que añadir los terremotos, que destruían continuamente las ciudades. Tegucigalpa y Comayagua fueron las únicas que resultaron indemnes ante el furor sísmico. Tras el pirata aparecieron los cortadores de caoba, que con el pretexto de trabajar, se incrustaron en zonas donde la vigilancia militar era difícil: así se adueñaron los ingleses de San Juan del Norte (1670), los litorales de Belice (1672), la Mosquitia, en Honduras y Nicaragua (1687, 1720, 1742 y 1839), y las Islas de la Bahía (1740), hondureñísimas desde mucho antes de que Colón visitara una de ellas, y Omoa (1790). La expedición dirigida por el capitán general Matías de Gálvez (1782) fué tan sólo una tregua.

Alejadas del mundo, incomunicadas entre sí y en su misma tierra, —salvo Costa Rica y El Salvador—, debido a su geografía sin obstáculos, las provincias de la capitanía general de Guatemala veían nacer las auroras y sosegarse las tardes con la tranquilidad de quienes ignoran que en ultramares y trasmundos la vida no es vegetal, sino el dintel del sueño. Una cocina rutinaria —base de maíz y frijoles—; la vida doméstica entregada a los deberes que imponía la Iglesia, y una organización política y social que se hallaba regida por el capricho de los mandatarios de la Península, o de los reyezuelos con nombres de gobernadores, alcaldes o subdelegados... Lo que sobre Costa Rica afirmó el Obispo Garret y Arlovi (1711) podrá afirmarse de las familias campesinas españolas: "... tal estado de pobreza que muchas de ellas usaban mastate para vestirse y se avergonzaban de presentarse así en las igle sias...". "No había allí —dijo otro informador— un escribano, un barbero, un cirujano, ni un médico ni una botica" (1719). Para contrastar aquella situación de infamia que abatía a gentes numerosos podía hacerse una excepción incomparable: la del millonario don Juan Bautista de Irisarri (1786), quien era dueño de almacenes, barcos y una red de negocios que abarcaba desde México y Jamaica hasta Cuba, Colombia, Perú, Guayaquil, Boston, Filadelfia, Baltimore, Cádiz y Londres. Tal era la situación real de Guatemala (como en los mapas y en los textos oficiales se llamó a Centroamérica).

De México y de España llegaban los oidores de la Real Audiencia, los alcaldes mayores, los comandantes de los puertos, los misioneros y los militares con mando de tropas; los funcionarios de la Real Hacienda. De México se recibían a veces algunas remesas de dinero (el situado) para cubrir el déficit. (en 1819 era de 250,000 pesos, y se debía a las cajas mexicanas 2.200,000); y también de allá, algún universitario que se había graduado para optar a una cátedra en la Universidad de San Marcos.

LA JURISDICCIÓN ECLESIÁSTICA

Sobre todo, de México y de España afluyeron durante los tres siglos españoles los predicadores del Evangelio Betanzos y Motolinia, Estrada Rávago, Las Casas y Margil (1684—1697), y los franciscanos que fueron mártires en la Taguzgalpa (1608-1614). Los obispados fueron erigidos así: León (1531), Guatemala (1534), Honduras (1539) y Verapaz (1559). El licenciado Francisco Marroquín, el primer obispo en Guatemala (1537). y el licenciado Cristóbal de Pedraza, el primero de Honduras (1537), sobresalieron por sus letras.

El obispado de Honduras pasó a ser sufragáneo del de Santo Domingo, y el de Nicaragua del de Panamá, al erigirse el arzobispado de México (1545). Para formar el arzobispado de Guatemala (1742) fueron sufragáneos los obispados de Comayagua, León, Ciudad Real de Chiapa y Costa Rica, (que pertenecía al de

Nicaragua desde 1545); pero Petén quedó dependiente de Yucatán, y Soconusco de Chiapas, y Costa Rica tuvo diócesis más tarde (1850). Entre los prelados se distinguieron Fray Payo Enríquez de Rivera (1659-1667), introductor de la imprenta, y el mexicano Antonio López de Guadalupe (1725-1742), que fundó en Honduras la cátedra de Filosofía.

Pero Guatemala tuvo el honor de que en ella naciera la única orden religiosa de origen americano: la Orden Betlemítica, fundada por Fr. Pedro de Betancourt (1619- 1667). La Iglesia fundó hospitales, protegió a muchos jóvenes que deseaban seguir estudios, luchó contra calamidades públicas, dió estímulo a la obra de arte, y bajo su auspicio se levantaron los templos que son reliquias de aquella época en que la campana presidía la vida interior y la cotidiana.

De la arquitectura religiosa quedan en pie ejemplares en la Antigua Guatemala, Comayagua, Tegucigalpa y León, en los que descuellan el barroco, el rococó y el que Toussaint llama "estilo andino". La imaginería religiosa de Guatemala es otro capítulo interesante para los investigadores estéticos. Y en cuanto a los nombres eminentes que son prez de la Iglesia, preponderan los del costarricense Fr. Antonio de Liendo y Goicoechea, educador revolucionario que sobresalió entre los antecesores del Siglo de la Ilustración; el evangelizador hondureño P. Juan de Ugarte (1662-1730), notable en la historia de la Baja California; y el guatemalteco Rafael Landívar (1731- 1793), el poeta de la "Rusticatio Mexicana, una de las obras magistrales del siglo XVIII.

EL PERÍODO DE LA EMANCIPACIÓN

Las mismas causas que dieron pábulo al movimiento de insurgencia contra el régimen español en el resto de la América Española, justificaron el iniciado en San Salvador por el presbítero José Matías Delgado, Manuel José Arce y otros corifeos (1811). El Plan de Iguala, que Iturbide envió a Centroamérica por medio de agentes especiales, estimuló los pronunciamientos de varias ciudades y villas en que la opinión pública era evidente.

En aquellos acontecimientos tuvieron relieve especial el hondureño José del Valle, los guatemaltecos Pedro Molina, José

Francisco Barrundia, Mariano Gálvez y el Marqués de Aycinena, y el nicaragüense Miguel Larreinaga. Sobrevino la presencia del ejército mexicano, a cuya cabeza apareció el general Vicente Filisola (1822- 1823), para proteger la emancipación y facilitar los trámites que allanarían la adhesión al Imperio —menos la de la provincia de San Salvador, que resistió con las armas—. Aquellos sucesos fueron precursores de graves discordias entre varias de las ciudades, recrudeciéndose así las que habían dado origen (1820) a los dos partidos históricos (gazistas y cacos, serviles y liberales, timbucos y calandracas, azules y rojos), que han mantenido encendida desde entonces en tres repúblicas la hoguera de una polémica al parecer irreconciliable.

Las rivalidades de don José del Valle —el estadista mejor preparado que ha producido Centroamérica— y el general Manuel José Arce, triunviros que gobernaron después de la separación de México (1823), engendraron la serie de trastornos profundos que sirvieron de prólogo sangriento a las guerras que culminaron en el derrumbe de la república federal. Esta había nacido herida de muerte.

Además de las disidencias que se recrudecieron al efectuarse la incorporación a México, debe tenerse muy en cuenta la exacerbación de las rencillas entre los Estados y aun entre varias ciudades. Cada uno se sentía una isla, debido a la falta de intereses comunes y desconfianzas hostiles; pero, sobre todo, al complejo de inferioridad que en las provincias había creado la metrópoli de la capitanía general. La ascensión de Arce a la primera magistratura de la nueva república federal había sido precedida por disturbios cruentos en Nicaragua y en los otros Estados en que no transigían los "descamisados" que aborrecían a Iturbide y los que hacían circular su efigie imperial en la moneda que fué acuñada cuando ya él estaba en el destierro.

La región de Izalco se transfirió de Guatemala al Salvador (1823), y la de Nicoya o Guanacaste, de Nicaragua a Costa Rica (1824). La falta de buenas vías de comunicación —que siguieron siendo casi las mismas que usaron los mayas y los mexicanos— impidió al Imperio mexicano dominar a las provincias rebeldes y favorecería poco tiempo después la disgregación de la república. El

Presidente Arce invadió Honduras para derrocar al jefe del Estado, el liberal Dionisio de Herrera (1783—1850), quien luchaba contra el gobernador de la diócesis, canónigo Nicolás Arias; y tras el incendio de Comayagua, la capital, la captura de Herrera sirvió de toque de somatén lanzado en defensa de la Constitución federal por Francisco Morazán, quien con tropas de Honduras y El Salvador hizo capitular a la ciudad de Guatemala, expulsó al Presidente Arce, al arzobispo Casaus y Torres y a sus colaboradores prominentes (1829).

Así se inició la reforma liberal que después de peripecias muy graves —sobre todo de reacciones armadas, que Morazán no pudo vencer, a pesar de sus dotes militares— culminó con la llegada a la jefatura del Estado de Guatemala de un indio analfabeto y feroz, Rafael Carrrera, quien había de ser más tarde capitán general y presidente vitalicio. Después de expatriarse, Morazán regresó a Costa Rica (1841) e intentó soliviantar los ánimos para hacer resurgir la república despedazada; pero fué fusilado (1842), sobreviniendo poco después la secesión irremediable que había comenzado en El Salvador (1832) y continuado en Nicaragua (1838), Costa Rica (1838) y Guatemala (1848); asumiendo cada Estado su soberanía. Después de la secesión hubo varios intentos de unificación: el pacto de Chinandega (1842), suscrito por El Salvador, Honduras y Nicaragua; la Dieta de Nacaome, en que participaron los mismos (1847), y el esfuerzo del Presidente Cabañas (1852).

A la muerte de Morazán varios de sus epígonos (Cabañas, Rivera, Barrios) disputaron a los caudillos adversarios (Ferrera, Guardiola, Malespín, etcétera) la supremacía política, inaugurándose así la sangrienta etapa en que, como en una cadena sin fin, las nuevas repúblicas y los partidos históricos firmaban pactos secretos para luchar entre sí. Hubo años de anarquía desbordada, en la que medraban los parlanchines profesionales, algunos de ellos con periódicos y vocabulario soez, henchidos de insignificancia y sevicia.

El poder casi siempre fué atrapado por los caudillos ignaros (Quijano, Malespín, Barrios, Medina, y los que andaban a salto de mata, como "El Chelón", el "Siete Pañuelos", el "Cinchonero", el

Indio Aquino, Bernabé Somoza y "Corta Cabezas"). Muchos de ellos fabricaban a la medida "su" Constitución, y cada partido triunfante ofrecía la suya. El siglo XIX centroamericano se distinguió por las guerras civiles (que algunos enfáticamente llaman "revoluciones"), expulsiones de jesuitas y excomuniones de obispos, impuestos forzosos, saqueos, el cólera morbus, el hambre.

LA LUCHA ANTICLERICAL

La reforma fué iniciada por el liberal honrado Dionisio de Herrera, jefe del Estado de Honduras, al pretender la circunscripción de la autoridad eclesiástica (1824), y por Juan Mora Fernández, jefe del de Costa Rica (1824), al prohibir las colectas de dinero y la edificación o reedificación de templos sin previa licencia. En seguida aparecieron el decreto de la Legislatura de Guatemala, por el que se precisaba la edad en que los jóvenes deberían ingresar en los conventos (1826), el de la de Honduras, por el que se autorizaba el matrimonio de los eclesiásticos seculares (1830), el decreto del Congreso Federal sobre la libertad de conciencia (1832), el de la Asamblea de Guatemala, por el que se prohibía optar a cargos públicos a los sacerdotes (1838), y el decreto del jefe del Estado guatemalteco Dr. Mariano Gálvez sobre la libertad de testar y el matrimonio civil (1837).

El movimiento reformador sufrió un eclipse de treinta años que duró la dictadura de Carrera en Guatemala. En tal período se constituyó el Estado de los Altos (1838), que no pudo prosperar; y hubo gobiernos militares, como los de Malespín en El Salvador y Ferrera en Honduras, y la dictadura civil de Braulio Carrillo en Costa Rica. Al surgir la segunda etapa de la reforma, con el triunfo de Miguel García Granados en Guatemala (1871) y su conmilitón el general Justo Rufino Barrios, Centroamérica sufrió la influencia de aquel movimiento que, si tuvo en Barrios a una nueva divinidad maya—quiché, transformó material y jurídicamente el estatuto social y político de las cinco repúblicas, sobresaliendo entre sus colaboradores los regímenes de Marco Aurelio Soto en Honduras y Joaquín Zavala en Nicaragua. Fueron prohibidas en Guatemala las comunidades religiosas y se nacionalizaron sus bienes (1872). La ley del divorcio se expidió después (1894).

Si Barrios se propuso preferentemente abatir el poder del clero, no le interesó el problema del indio (hoy es el 75% de dicha población), a pesar de la fundación de un internado indígena. El propósito que le producía obsesión era el de señorear el Istmo, y así, se proclamó dictatorialmente jefe militar y político de Centroamérica, sucumbiendo luego en batalla (1885). Después de él hubo otras tentativas para reconstruir la Federación: la primera, al establecerse la República Mayor de Centroamérica (1896—1898) con El Salvador, Honduras y Nicaragua; el tratado de paz y amistad suscrito en San José (1906); la instauración de un consejo federal con representantes de Guatemala, El Salvador y Honduras (1921) para conmemorar el primer centenario en la emancipación política, y otra conferencia centroamericana en Washington (1922). Los militares, las suspicacias y los intereses localistas frustraron tales tentativas.

La hermosa aspiración unionista no ha periclitado. Cuando el aventurero William Walker pretendió apoderarse de Centro América (1855-1857) unánimemente se levantaron los cinco pueblos, y al frente del ejército de coalición figuró el costarricense Juan Rafael Mora. En Trujillo, cuando pretendía emprender nueva invasión, halló Walker muerte patibularia (1860). No sólo había padecido Centroamérica los abusos de la iniquidad en aquella etapa: hubo un ataque por sorpresa a San Juan del Norte, y la captura del comandante Quijano por el gobernador de Belice Mr. MacDonald (1841). El Tratado Clayton—Bulwer, suscrito en Washington (1850), hizo asomar el rostro de la doctrina Monroe y puso a raya las pretensiones expansionistas de Inglaterra en Centroamérica que había subrayado el cónsul británico Federico Chatfield al adueñarse de Amapala (1849), alentando a las autoridades de Belice para mantener la soberanía británica en la Mosquitia y las Islas de la Bahía e instaurando un ridículo reino en la primera. El mapa político centroamericano sufrió varias alteraciones.

El Presidente de Colombia, general Santander, ocupó militarmente (1836) Bocas del Toro y sus islas, que eran costarricenses, y el Soconusco fué ocupado por tropas mexicanas (1842). Inglaterra devolvió la Mosquitia a Honduras (1859) y las Islas de la Bahía (1861). Nicaragua pudo más tarde, bajo la dictadura de Zelaya (1894), rescatar su soberanía sobre la Mosquitia.

El deseo de restaurar la república federal se ha frustrado por diversas circunstancias: los intereses lugareños creados desde la secesión (militarismo, localismo, falta de visión hacia el futuro); los litigios de límites, los odios provenientes de las invasiones interestatales, la falta de buenas vías de comunicación, la ausencia de valores económicos que permitan crear vínculos más fuertes que los geopolíticos y, por último, las dictaduras que se han consolidado sobre suspicacias y animadversiones (Estrada Cabrera (1898- 1920) en Guatemala, José Santos Zelaya en Nicaragua, y luego Tomás Regalado en El Salvador, Terencio Sierra en Honduras), quienes heredaron y aumentaron los antagonismos que fomentó Rafael Carrera y en los que fueron copartícipes los dos partidos tradicionales, con excepción de Costa Rica, cuyos gobiernos patriarcales (don Cleto, don Ricardo) le dieron el tono de una Suiza en que la neutralidad y la prosperidad evitaban las malas compañías.

Si se analizara a la luz de la realidad la obra de esos partidos, se llegaría a la conclusión de que ha dependido, no de las ideas que se han engarzado en manifiestos y discursos, sino de la calidad humana de sus corifeos: el liberal José Francisco Barrundia, que logró la secesión de Guatemala; el conservador Santos Guardiola, que permitió la reincorporación de las Islas de la Bahía a pesar de la afirmación constitucional del Estado de que sólo reconocía a la religión católica; el conservador Juan Lindo, que entregó el poder al liberal Cabañas; y entre los liberales, Estrada Cabrera y Zelaya.

Muy certera ha sido la apreciación de Aldous Huxley: "Lo más notable de las guerras centroamericanas es que ninguna de ellas ha tenido su origen en algo que pudiera ser de carácter económico. En ellas nunca se ha pretendido apoderarse de mercados, destruir a peligrosos enemigos comerciales o invadir provincias para aprovechar sus valiosos recursos industriales". Para disculpar esas intromisiones nefastas se ha afirmado que esas guerras interestatales han sido, en verdad, guerras civiles.

Esta heterogeneidad de intereses a pesar de las muchas semejanzas, ha tenido una divergencia en el artículo que en cada una de las constituciones locales reconoce que cada una de las repúblicas tiene el deber de reconstruir "la antigua patria" y que la ciudadanía es condicionalmente fácil para los ciudadanos de cada una de ellas. Si se apreciara su progreso social y jurídico por los textos de esas constituciones, Centroamérica sería el Paraíso rescatado. Al cabo de más de un siglo de sufrimiento colectivo, aún persisten ásperos problemas que ya se hubiesen resuelto si hubiera habido integración de sangres y de simpatías, y, sobre todo, educación.

CORRIENTES E INFLUENCIAS INTERNACIONALES

Durante la existencia prehistórica de Centroamérica —hay que reiterarlo—, las corrientes culturales que recibió su territorio fueron diversas, y no están aún precisados muchos de sus orígenes. A través del régimen español afluyeron las influencias económicas, jurídicas, sociales y religiosas de la Europa medieval, y con intermitencias se recibieron las ondas de la cultura que en México se acendraba. En aquellos conventos y casas de estudio convivieron algunos centroamericanos.

¿Acaso las pastorelas que hacían ensayar los franciscanos en Oaxaca, al ser llevadas por algún viajero o comerciante a Guatemala no brindaron modelos a José Trinidad Reyes para darles nueva forma y nueva vida en Honduras? ¿Y no fué en México donde Rafael Landívar tuvo la visión de un mundo americano, semejante a la de Virgilio, que se trasuntó en la "Rusticatio Mexicana"?

Los hombres que trazaron el esquema inicial de la República de Centroamérica se habían nutrido con las doctrinas de los pensadores revolucionarios de Francia, Inglaterra y los Estados Unidos. Muchas veces, desentendiéndose de los hechos, los estadistas de 1823 buscaron el centro de gravedad de sus ideas en Montesquieu, Rousseau y Bentham —sólo para citar a tres— y cuando hubo que legislar, Eduardo Livingstone prestó su Código de la Luisiana a José Francisco Barrundia. Tales influencias fueron visibles en la escuela lancasteriana, el texto didáctico francés, las ideas económicas y la metalurgia norteamericana. Predominó el estilo de los escritores románticos de España durante casi todo el siglo XIX, hasta que Rubén Darío señaló otras rutas a la expresión poética.

La primera presencia de Centroamérica en la vida interamericana se efectuó al concurrir al Congreso de Panamá (1826) convocado por Bolívar; y el primer tratado internacional fué el celebrado con

Colombia (1825), que se llamó de liga y confederación "perpetua".

Pero los primeros en laces de orden ideológico en el exterior se llevaron a cabo en las Cortes de Cádiz (1812) cuando la voz plebiscitaria de las provincias de la capitanía general fué confiada al costarricense Florencio del Castillo, al salvadoreño José Mariano Méndez, al guatemalteco Antonio Larrazábal, al hondureño Morejón y al chiapaneco Manuel de Llano.

Las guerras fratricidas y la supervivencia de las clases privilegiadas —con su cohorte de favoritos y parientes— retardaron el ritmo del progreso. El crédito en bancarrota y la inseguridad de la vida precipitaron el caos. A la sombra de los regímenes concusionarios, prosperaron los agentes del peculado extranjero, y poco a poco la riqueza amortizada —la agrícola, la ferroviaria, la bancaria y la eléctrica— fué a dar a manos de los buscadores de fortuna, aun sobre la sangre y las lágrimas de los inermes. Así nacieron los empréstitos en el exterior: el que facilitó Inglaterra (1824), los de Honduras (1867, 1869 y 1870) para la construcción del Ferrocarril Interoceánico, y los de Costa Rica (1871 y 1872) en Inglaterra, por 3.400,000 libras esterlinas. Durante la lucha armada contra Walker, el Perú prestó a Costa Rica 150,000 pesos, adeudo que canceló la segunda.

La escasez de material humano —probidad, capacidad, responsabilidad—, el desamor al trabajo, la espera rotatoria del favoritismo encumbrado, han sido factores del retroceso. Los capitales de Francia, Alemania, Inglaterra y los Estados Unidos aprovecharon las posibilidades que les brindaron la indolencia y la inepcia para explotar las riquezas naturales y la inteligencia terrígena. Hubo un conato de colonización, el de Santo Tomás, por gente traída de Bélgica, pero que fracasó al igual que el que tuvo por escenario la costa norte de Honduras al traer de la Coruña y las Canarias (1787) a 600 personas.

Se pueden percibir otras influencias de carácter intelectual: de México (los maestros Sóstenes Esponda y Francisco Villatoro), de Cuba (Martí, Estrada Palma, José Joaquín Palma, Francisco de Paula Flores), de Colombia (Mariano Ospina y César Conto), y la de algunos europeos progresistas (Julio Rossignon, Paul Levy, José Leonard, Valero Pujol, Henri Pittier), y de España los maestros que contrató el gobierno de Bográn, en Honduras, y los que renovaron la educación en Costa Rica (Valeriano y Juan Fernández Ferraz).

El imperialismo económico de los Estados Unidos ofrece entre sus "pioneers" a George E. Squier, diplomático, geógrafo y publicista que colaboró en los primeros trabajos para construir por Honduras el camino de hierro interoceánico —que el conquistador Francisco de Montejo cuatro siglos antes deseaba de herradura—; y más tarde aparecieron, ligados a la política, las concesiones y los negocios florecientes de Minor C. Keith (1884), uno de los fundadores de la United Fruit Company (1899), Washington Valentine y Samuel Zemurray. Las perturbaciones continuas de la atmósfera política, que se iniciaron con la aventura audaz de Walker y con la cuestión de límites entre México y Guatemala —cuando la segunda buscaba un punto de apoyo en Washington—, se intensificaron a principios de este siglo al agudizarse las discordias entre Guatemala y Nicaragua. La conferencia de Corinto (1902) parecía haber suavizado la tensión; pero las mediaciones del gobierno de los Estados Unidos (el barco "Marblehead" en 1906, que tuvo un gemelo en el "Tacoma" en 1911) para pacificar a Honduras, introdujeron un nuevo factor en la política centroamericana.

De la Conferencia de Washington (1907), apadrinada por México, surgieron la Oficina Internacional Centroamericana y la Corte de Justicia Centroamericana (1908-1918), que tuvo vida precaria, y más tarde hubo otros elementos discordantes: los desembarcos de marinos norteamericanos en Nicaragua (1912 a 1925 y 1926-1933) y el Tratado Bryan—Chamorro (1914), por el cual Nicaragua afectó los derechos de Honduras y El Salvador como condueños del Golfo de Fonseca, al dar "a perpetuidad al gobierno de los Estados Unidos, por siempre libre de todo impuesto u otra carga pública, los derechos de exclusiva propiedad necesarios y convenientes para la construcción, funcionamiento y conservación de un Canal Interoceánico", entregando a Nicaragua la suma de tres millones de dólares por el arriendo, durante 94 años, de las islas del Caribe y una base naval en dicho Golfo.

PROGRESO SOCIAL Y CULTURAL

Ha sido más lento el progreso social que el cultural en Centroamérica. La democracia no ha podido desenvolver la personalidad del pueblo porque ha tenido en contra las rémoras de cuatro siglos, y porque los principios más avanzados de la legislación no siempre han tenido efectividad dinámica. Sólo en la educación popular y en la transformación económica, poniéndolas al ritmo de los países que tienen paz orgánica, se puede confiar para el avance de las instituciones democráticas.

La historia de la cultura en Centroamérica ofrece algunos signos muy apreciables, y durante los tres siglos del régimen español sus destinos se hallaron casi totalmente en poder de la Iglesia. Pero si la capital guatemalteca se daba el lujo de tener una Universidad de San Carlos, a fines del siglo XVIII carecía de escuelas públicas. Si eso ocurría en ella ¿a qué extrañar que hasta 1822 no las hubiera tenido Honduras? Se pueden aducir algunos ejemplos para comprobar la marcha lentísima de la educación pública. La Universidad de San Carlos de Guatemala (1676) precedió a las de León (1812), Granada (1838), San Salvador (1841), Costa Rica (1843) y Tegucigalpa (1847), restaurada después (1882). Su obra se apoyó en la del colegio fundado en Guatemala por el obispo Marroquín (1562), para niños criollos, y en los de los seminarios de Guatemala (1596), León (1675) y Comayagua (1728).

Se fundaron después el Colegio de Infantes de Guatemala (1781), el primer establecimiento de enseñanza superior en Costa Rica (1814), la primera escuela lancasteriana en Guatemala (1830), la primera escuela normal en dicha ciudad (1835), el Liceo de Costa Rica fundado en San José por Máximo Jérez (1864), la primera escuela secundaria de niñas (1877) y la primera escuela normal en Tegucigalpa (1906). La lista puede cerrar con el Instituto Interamericano de Ciencias Agrícolas en Turrialba, Costa Rica (1943), y la Escuela Agrícola Panamericana en El Zamorano, Honduras (1943).

La primera imprenta fué regentada por José Pineda Ibarra (1661) en Guatemala, gracias a gestiones del obispo Enríquez de Rivera, y de allá pasó a Honduras (1829). Debe señalarse entre los primeros libros: en Guatemala un sermón predicado por Fray Francisco

Quiñonez y Escobedo (1660), y "El Puntero" (sobre el añil) por Fray Juan de Dios del Cid, en El Salvador (1641). Fue Guatemala la que tuvo el primer taller de litografía (1833). Y los primeros periódicos fueron La Gazeta de Guatemala (1729), el Semanario Político Mercantil, de San Salvador (1824), la Gaceta del Gobierno, de Tegucigalpa (1830), el Noticioso Universal, de San José (1833) y el Telégrafo Nicaragüense, (1835).

Puede mencionarse entre los educadores de primera calidad al costarricense José Antonio de Liendo y Goicoechea y Natalia Gorriz de Morales, en Guatemala; José Trinidad Reyes (1797—1855), Francisco de Paula Flores, María Francisca Reyes del Palacio y Pedro Nufio, en Honduras; Juan Ramón Uriarte y Alberto Masferrer, en El Salvador; Mauro Fernández, Ángel María Velázquez, Carlos Gagini y Omar Dengo, en Costa Rica; y Miguel Ramírez Goyena, en Nicaragua.

La producción teatral solo puede ofrecer las nueve pastorelas del P. Reyes, algunas farsas de moros y cristianos, de origen anónimo, y varias obras que no han traspasado las fronteras lo-cales; pero hay tres teatros en que han actuado compañías extranjeras: el Colón, de Guatemala (1859), el Nacional, de San José (1897), y el Manuel Bonilla, en Tegucigalpa (1906). La cultura musical ha sido visible en Guatemala, y tanto ésta como El Salvador y Nicaragua ofrecen algunos escultores y pintores.

En la ciencia hay algunos valores distinguidos: don José Felipe Flores, nacido en Chiapas, cuando ésta pertenecía a la capitanía general, y a quien se deben la invención del maniquí anatómico y las primeras investigaciones sobre el cáncer; el guatemalteco Rodolfo Robles, descubridor de la filaria, que engendra la onchocercosis; y los matemáticos Alberto Sánchez, de El Salvador; Santiago I. Barberena, de Guatemala; Miguel Ramírez Goyena, de Nicaragua; el biólogo Clodomiro Picado, de Costa Rica. Algunos extranjeros han emprendido exploraciones biológicas, etnológicas y arqueológicas: José Mariano Mociño, Vicente Cervantes y José Longinos Martínez, miembros de la expedición española que encabezó Martín de Sessé (1796—1798), John Lloyd Stephens (1839—1840), Charles E. Brasseur de Bourbourg, George Ephraim Squier, George Byron Gordon, del Peabody Museum (1900), Alfred Percival Maudslay, del

Museo Británico; Sylvanus G, Morley, de la Carnegie Institution de Washington; y la enviada por la Smithsonian Institution para una exploración del Noroeste, en colaboración con la Universidad de Harvard (1936). Entre los estudiosos de la Americanística: José Lino Fábrega, que hizo la interpretación del Códice Borgiano, en Italia; Mariano Padilla, Alberto Membreño y Jorge Lardé.

Los poetas Rafael Landívar, José Batres Montúfar, Rubén Darío, Juan Ramón Molina (1875—1908), Aquileo Echeverría y Alfonso Guillén Zelaya, resplandecen junto a los escritores Arntonio José de Irisarri, Enrique Hoyos y Enrique Gómez Carrillo. Los oradores de significación: José del Valle, Álvaro Contreras, Lorenzo Montúfar, Ramón Sosa (1848—1893) y José Madriz. Varios historiadores y cronistas: Francisco Fuentes y Guzmán, Francisco Vázquez, Antonio de Remesal, Domingo Juarros, Francisco de Paula García Peláez (1785—), Alejandro Marure (1806- 1851), Tomás Ayón, José Milla, Antonio R. Vallejo, Manuel M. de Peralta, León Fernández, Ricardo Fernández Guardia, Antonio Batres Jáuregui, Rómulo E. Durón y Máximo Soto Hall. Los anales del periodismo señalan, entre otros, a José del Valle y Pedro Molina, que fundaron (1820) los dos primeros periódicos de ideas; Anselmo H. Rivas, Pedro Ortiz, Manuel Coronel Matus, Ramón Mayorga Rivas y Paulino Valladares. Y como escritores políticos, además de los anteriores, Marco Aurelio Soto (1846—1908), Policarpo Bonilla y José Madriz, que deben ser incluidos entre los juristas relevantes, como José María Álvarez, Miguel Larreinaga, Mariano Gálvez, Adolfo Zúñiga, Rafael Alvarado Manzano, Modesto Barrios, Ángel Ugarte, José María González, Alberto Membreño, Mariano Vázquez, Luis Anderson, Ricardo Jiménez y Alberto Uclés. En los anales de la cultura tienen luz propia la Sociedad Económica de Amigos de Guatemala, fundada por Jacobo de Villaurrutia (1794), y la Sociedad del Genio Emprendedor y del Buen Gusto, organizada por José Trinidad Reyes (1845), que fué el germen de la Universidad de Honduras. El avance social y cultural de Centroamérica no podría ser desvinculado del económico. Las masas indígenas de Guatemala, la despoblación — acrecentada por emigraciones violentas y por enfermedades, la carencia de material humano— especialmente para el desarrollo de las industrias y las ciencias aplicadas, han impedido la prosperidad material; pero, sobre todo, la falta de vías de comunicación y de medios de transporte. La lentitud con que han progresado esas vías y esos medios puede advertirse en el siguiente cuadro cronológico en el que se incluyen sueños y realizaciones.

1601. Gonzalo Vázquez abrió el camino de herradura desde Cartago a Chiriquí (Panamá).

1825. El Congreso Federal decretó la apertura del Canal de Nicaragua y para ello aprobó un contrato con Holanda. 1849. Se firmó el primer contrato entre Nicaragua y los Estados Unidos para la construcción del Canal.

1853. El Presidente Cabañas suscribió el primer contrato para construir en Honduras el ferrocarril interoceánico.

1866. Se autorizó a Víctor Herrán y Carlos Gutiérrez para que en nombre de Honduras contrataran un empréstito para construir dicho ferrocarril; gestiones que terminaron en peculado escandaloso.

1870. Funcionó el primer telégrafo en El Salvador.

1873. Quedó al servicio la primera línea férrea entre Santa Tecla y San Salvador.

1882. El cable submarino unió en La Libertad a México y Centroamérica.

1884. Se modernizó en Honduras el servicio postal.

1888. El primer teléfono funcionó en El Salvador.

1908. Quedó terminada la obra del Ferrocarril Interoceánico en Guatemala.

1909. San José de Costa Rica y Puntarenas se unieron por ferrocarril.

1929. La primera estación inalámbrica empezó a trabajar en Honduras. La Prensa Asociada extendió sus servicios hasta Guatemala.

1930. Se estableció el correo postal aéreo entre Centroamérica y los Estados Unidos. La red telefónica unió a Guatemala y El Salvador.

1934. Primer servicio aéreo entre México y Tegucigalpa.

Este es el panorama del movimiento histórico de Centroamérica, aunque dibujado imperfectamente. En su intimidad palpitan los fluidos de la América Antigua, de la que fué parte primordial; superviven errores del mundo imperial español; se siente, cada vez más acentuada, la aspiración de elevar el nivel de la vida, en todos sus aspectos, y de estructurar una confederación jurídica y económica en la que las ideas nobilísimas y los sueños y sacrificios de los antepasados impongan normas de conducta para convivir dentro de la libertad con educación política y para superarse en paz.

PANAMÁ, DEL MÁS ALLÁ

"Tierra de paso, camino del más allá", la llamaron los pasajeros; pero Bolívar vió en ella el futuro "centro del Universo". Punto de intersección, crucero, imán: Panamá ha sido eso, y así es. Por la geología, las raíces históricas, la biología tropical, Panamá es centroamericana, y por su azarosa vida política ha sido parte de Sudamérica.

Su hijo más ilustre, el doctor Justo Arosemena, escribió: "Hoy mismo cuando los volcanes de Centroamérica sacuden fuertemente la tierra, la conmoción se hace sentir en todas las provincias istmeñas, pero rara vez atraviesa los ríos y las montañas que nos separan de las demás que siguen hacia el oriente. La naturaleza dice que allí comienza otro pueblo, otra entidad, y la política no debe contrariar sus poderosas e inescrutables manifestaciones".

Antes de la llegada del hombre occidental la poblaron chibchas y caribes, mayas y nahoamexicanos, terarequis y guararés, carabirós y panamaes. Rodrigo Bastidas (1501), en compañía de Juan de la Cosa y de Vasco Núñez de Balboa, el futuro adelantado de la Mar del Sur, la visitaron por vez primera; y al año siguiente Colón (1502).

Tras el oro y las perlas, se precipitaron los buscadores de tierras nuevas: Alonso de Ojeda (1509), Diego de Nicuesa (1509), Núñez de Balboa, el primero que abrió la ruta interoceánica al descubrir el Pacífico (1° al 25 de septiembre) y su suegro y asesino Pedro Arias de Ávila (1514). Perlas y oro, Castilla de Oro, el Darién, la seducción de El Dorado en la vecindad...

Desde Panamá hizo Hernández de Córdova la conquista de Nicaragua (1522), Gil González Dávila configuró el perímetro de Nicaragua y Honduras (1522—24), y Pascual de Andagoya columbró el Sur espléndido que hicieron realidad Francisco Pizarro y Diego de Almagro. El esplendor alucinante del tesoro del Dabaibe —el motivo más hermoso en la literatura de Octavio Méndez

Pereira— se mezclaba al de Tisingal, acaso en Costa Rica, quizá en Honduras.

Después nadie pudo ya detener (1526 y 1531) el alud de los que codiciaban el Imperio de los Incas al conocer el perfil de una llama sobre la arena... Poco a poco aparecieron las ciudades españolas: Santa María de Belén (1502), Nombre de Dios (1509), Santa María la Antigua (1510), Acla (1515), Panamá (1519) y Natá de los Caballeros (1520), y al final del siglo, la de la feria estupenda, Portobelo (1597).

Panamá tuvo personalidad durante los tres siglos de dominación española. Su geografía política ha sido la más arbitraria de América: al crearse la Audiencia (1538) se le dió jurisdicción hasta el Estrecho de Magallanes y el Golfo de Fonseca (Argentina, Chile, Perú, Cartagena —núcleo de Colombia— y Nicaragua); pero al crearse la Audiencia de los Confines de Honduras, fué parte de ella; pero fué restablecida (1563), abarcando hasta el Fonseca en el Pacífico y el Río Atrato en el Atlántico. A la nueva supresión de su Audiencia, anexándola a la del Perú (1718), siguió el segundo restablecimiento (1722), y poco después su incorporación a la del virreinato de la Nueva Granada (1739); y al estallar los movimientos de emancipación (1810), fué Panamá el bastión más poderoso, como Cuba, de la resistencia española, trasladándose a ella la capital del virreinato de la Nueva Granada (1812), y así le fué dado concurrir a las Cortes de Cádiz con propia representación, y proclamar la independencia (1821), al mismo tiempo que recibía insinuaciones del general Iturbide para unirse a México; pero prefirió pronunciar su unión a Colombia. En cuanto a la Inquisición, dependió de la del Perú (1569-1819).

La vida colonial de Panamá fué idéntica a la de la capitanía general de Guatemala: la incuria administrativa, el contrabando, las invasiones de corsarios (Drake, 1572 y 1596; Oxcham, 1577; Parker, 1602; Morgan, 1668 y 1671; Hawkins, 1680; Harris, 1685); rebeliones de negros cimarrones (1548), rebeliones de indios (1617 y 1815), incendio de la capital (1644), fundación de Panamá la Nueva (1673), intento de colonización violenta por los escoceses capitaneados por Patterson (1698), y rebeliones de indios mosquitos (1732 y 1775).

Aunque la feria de Portobelo era "la más grande, rica y animada feria de comercio del viejo y el nuevo mundo" (hasta 20.000,000 de pesos), a fines del siglo XVIII sobrevinieron la despoblación, la miseria y casi el colapso. El Congreso de Panamá (1826) fué el primer acontecimiento de grandeza interamericana. Unida a Colombia, asomaron los primeros síntomas de separatismo (1830), reintegrándose poco después, repitiéndose al año siguiente el conato (1831), asumiendo la soberanía (1840), convirtiéndose en Estado federal (1855) y proyectándose por el senador Arosemena la constitución de un Estado independiente bajo los auspicios de la Gran Bretaña, Francia, los Estados Unidos y Cerdeña (1857).

Más tarde se separó de la Conferencia Granadina, iniciando al mismo tiempo la reforma liberal, con la desamortización de los bienes eclesiásticos (1861), se reincorporó como Estado (1863), y bajo el régimen centralista de Núñez dejó de serlo (1885), prosiguiendo el profundo malestar hasta la proclamación de la república (1903).

EL CANAL INTEROCEÁNICO

Los exploradores españoles buscaron en Panamá —¡albricias!— el paso interoceánico natural; el comercio del mundo (desde Filipinas hasta Cádiz y Londres) utilizó allí la más angosta tierra continental; los piratas soñaron su posesión para agarrar por el cuello al hemisferio; y al paso de los que iban en busca del oro de California en el siglo pasado, sucedieron las inquietudes irrefrenables de los dominadores de los mares.

El incidente de "la tajada de la sandía" (1856), que culminó en la reclamación norteamericana por 504,603 dólares, no fué más que un síntoma de aquella presión arterial. Unas cuantas fechas pueden precisarla objetivamente:

1539. Real orden de Carlos V por la que ordenaba a Pascual de Andagoya que reconociera el Istmo y calculara el costo de un paso interoceánico.

1835. Carlos Biddle, enviado del Presidente Jackson, hizo estudios sobre el terreno.

1855. Se colocó el último riel del ferrocarril interoceánico (el ingeniero Totten y el empresario Aspinwall).

1878. Concesión a Napoleón Bonaparte Wyse para construir el Canal, quien la vendió a la Compañía Universal del Canal Interocéanico, presidida por el francés Fernando de Lesseps.

1882. Inauguración de trabajos por dicha compañía.

1890. Nuevo contrato de prórroga.

1902. Tratado con los Estados Unidos para llevar adelante los trabajos.

1914. El barco "Ancón" atravesó el Canal, siendo su constructor George Washington Goethals.

1920. Se inauguró formalmente el tránsito interoceánico.

Un país tan apetecido, tan céntrico en el mundo, tenía que sufrir las influencias culturales más contradictorias: desde las diversidades étnicas precolombinas y las ideas y normas españolas hasta las inquietudes de los corsarios y los mercaderes y viajeros del Oriente. Todas las ideas y preocupaciones del hombre han circulado allí; pero debe advertirse que, por rara paradoja, el progreso no tuvo en Panamá un ritmo más acelerado que el de otros países de la América Española. Bastaría comparar algunos acontecimientos:

1513. Erección del obispado.

1749. Fundación de la Universidad de San Javier (duró hasta 1767).

1820. La primera imprenta.

1821. El primer periódico: *La Miscelánea.*

1823. Fundación del Colegio del Istmo.

1872. Primera escuela normal de varones.

1878. Primera escuela normal de señoritas.

1909. Se funda el Instituto Nacional. 1

910. Creación del Teatro Nacional.

1925. Se erige el arzobispado.

1926. Se erige el obispado de Colón.

1935. Se funda la Universidad Nacional.

Las figuras de panameños sobresalientes han sido: el prócer José Obaldía, el jurista Manuel José de Ayala, los educadores Manuel José Hurtado y Justo A. Facio, los estadistas Justo Arosemena y Belisario Porras, el ingeniero Pedro J. Sosa, el poeta Ricardo Miró y el historiador Samuel Lewis.

Cuatro misiones científicas han pasado por esa tierra: la que encabezó el francés La Condamine para la mediación de un grado del meridiano terrestre (1735), y las enviadas por el Museo Etnográfico de Gotenburgo, la Universidad de Harvard y la Smithsonian Institution. Gracias a ellas ha sido posible conocer algunas dimensiones de las riquezas biológica y arqueológica de ese país con tormentas eléctricas en su geografía y en su historia y con diversos estratos de humanidad que han sedimentado con sangre y dolor.

EL MONJE ASESINADO

Aquel día, 17 de julio de 1849, la gente de Mérida estaba consternada por bárbaro suceso. En su celda del convento de franciscanos de la Mejorada, había amanecido asesinado Fray Laureano Loría. Lo hallaron boca abajo, con la cara inconocible por las heridas; el esófago abierto como por hábil degollador; la cabeza colgando de una vértebra y todo el cuerpo invadido por la palidez de marfil de la muerte.

Otras heridas estaban en las manos, de donde se dedujo que, en la angustia, el monje trató de agarrar el arma por el filo. Era de verse el desorden de la celda del padre Laureano: los libros por el suelo, manchados de sangre; el botijo para el agua, volcado junto a la puerta; y en las paredes, lavadas por la cal, cómo asustaban las huellas del asesinado...

En un ángulo, el Señor Jesucristo abría los brazos sobre la cruz de roble; y afuera, detrás de los barrotes de hierro, semejaba un comentario contradictorio de la horrenda púrpura, el canto de los pájaros que se perdían en el azul de la mañana. Sobre las copas de los naranjos, se derramaba la dicha de oro del sol.

Cuando Fray Pedro —hermano carnal del P. Laureano—, llegó a la celda, según matinal costumbre, para pedir las llaves del chocolatero, se asombró al notar que tras su aldabonazo, la puerta se abría de par en par, mostrando sobre una charca roja al monje ensangrentado, cuya intensa palidez hablaba de una hemorragia que no hubieran contenido ni todas las plegarias de los meridanos.

Aquello era para crispar los nervios, un tema para la más espeluznante sinfonía del pincel, un elogio de la púrpura monacal en el terciopelo de la media noche. El señor Juez tuvo sospechas del presidiario Ramón Ávila, quien estuvo fuera de la bartolina sin saberse por qué; de Luis, un hijo del alcaide, y de Gregorio Estévez, otro criminal peligroso; y se decía que alguien les vió salir a deshoras y que regresaron cuando el kikirikí de los gallos se diluía en el amanecer. Ávila, en la mañana del 11, se había deslizado, envuelto en una sábana, hasta la portería del convento y apagó la luz que en el altar de San Salvador temblaba, con un resplandor votivo, sobre el cansancio del aceite. Por otra parte, le encontraron varias contusiones en el cuerpo, que atribuyó α los golpes que había sufrido al colocar el baldaquino de Santa Ana, cuando era sirviente del convento; tenía en la camisa algunas señas de sangre reciente: y en el sombrero se notaba a la simple vista la huella de un dedo enrojecido.

Un cofre que servía para depositar el dinero de las limosnas y sermones, no tenía las onzas de oro que ahí guardaba el P. Laureamo. En el interior del cuartel de caballería, que estaba a espaldas de la celda, se encontraron unas cuerdas de henequén; Y aunque fueron Juramentados los barberos de la ciudad para que dijesen si alguno había afilado el arma del crimen, no fué posible averiguarlo.

Estévez, apremiado en su calabozo, relató lo que sabía: el hijo del alcaide, Sinforiano Aguilar, Pascual Tejero y él, guiados por el antiguo sirviente del convento, escalaron el muro, pasaron por el patio, luego a la escalera de caracol, de un salto a la iglesia y pronto se colaron por el balcón de la celda en que el padre Laureano, reclinado en su hamaca, se entregaba al descanso.

Prendieron al monje, aunque se les quiso escapar; el bandido Sinforiano le dió el primer machetazo, luego otro, y otros, y cuando el asaltado se hincó para suplicarle que no le mataran —"por el amor de Dios"— recibió por respuesta la estocada en el cuello, que fué definitiva.

Entrecerraron la puerta y ya en la calle se incorporaron a Luis, quien había permanecido en acecho; se repartieron las onzas de oro que había en el cofre y cada uno se marchó a su casa con cuarenta y cinco pesos por botín.

Los dineros se hallaron: unos en poder de las barraganas y otros enterrados juntos a una linde. Lo que a Tejero le tocara se extravió, aunque le catearon bien la casa. Se dijo también que por aquellos días, siendo Aguilar uno de los picadores en una corrida en 1alpha fiesta del barrio de Santiago —todavía fresca la hemorragia del Padre Laureano— hirió con el rejón a un toro que no quiso acometer y al presenciar la cruel hazaña, uno que estaba en los tablados gritó: "¡Bárbaro! Puedo jurar que mataste al fraile!".

El 10 de octubre fueron condenados a muerte los asesinos del

Padre Loría. Las tres barraganas pasaron a servir en el Hospital de San Juan de Dios, por cómplices en el crimen. Y luego se supo en la ciudad que el monje portero, al bajar una tarde al patio del convento, para cortar unas flores, vió que entre los naranjos vestidos de azahar se le acercaba el P. Laureano, arropada la cabeza con el sayal que llevaba a la hora de la muerte, y que con voz de pánico le decía: "¡No me mates, hombre! ¡No me mates, por el amor de Dios!".

VALLE: AMERICANISTA, INDIGENISTA, PERIODISTA...

En un remanso de las montañas de Tegucigalpa, donde parece sosegarse el esplendor tropical, se halla la imagen marmórea de un hombre meditabundo y en pie. Los ojos se detienen ante la inscripción de una de las lápidas: "Al sabio que se anticipó a su época y reveló los grandes destinos de Centro América. Al insigne estadista, autor del acta de nuestra Independencia; al hombre de principios que hizo del saber un elemento de gobierno y cuyas obras honran a la América Central".

El hombre se llama José Cecilio del Valle, y sigue atisbando el porvenir, alegre de verse perpetuado en las semillas mentales, a pesar de que en vida fracasó; pero su estatura intelectual era mayor que la de sus contemporáneos, y hubo de resignarse a ser un mártir silencioso entre esa bruma de melancolía elegante que circunda a los que sólo en la posteridad hallan la rica atmósfera en que han de respirar para siempre. Europeo por la sangre y por las ideas, criollo de profundas identificaciones con la tierra americana, Valle se enamoró de la ciencia como de una divinidad hosca y sensitiva. El fuego interior se le quemaba en lejanías de angustia.

Hoy está incorporado a las filas de los que pelean por el triunfo de una América libre, en la que el privilegio, la miseria y la superstición no sigan siendo los peores enemigos del hombre.

Paladín de la razón, pensador optimista, construyó sobre sus lecturas y sus sueños el más vivo esquema de la realidad centroamericana. Creía en lo ilímite del progreso, en la perfección indefinida del hombre, en que el hombre tiene derecho a la felicidad y a ser libre en su efímera residencia de la tierra.

Nadie en Centroamérica ha merecido como Valle el epíteto de estadista, ni nadie ha sabido como él asumir las terribles responsabilidades del intelectual. La historia de las ideas en nuestro hemisferio tendrá que darle categoría de primer orden, y habrá de reinstaurarle, cuando se haga el balance total de su obra, en ese recinto de luz en donde siguen ardiendo, en combustión milagrosa, los cerebros de Melchor Talamantes y José María Luis Mora, del

Padre Varela y de Juan Bautista Alberdi.

En él se conjugaron el hombre de acción y la ponderada inteligencia. Su monólogo nos interesa más cada día, y la patria a quien dirigió sus mejores discursos —hoy despedazada y sin hombres como él— algún día le escuchará, atenta, orgullosa de tal hijo, para reivindicarle con la elevación de la conducta, como si quisiera de verdad rescatar uno de sus lujosos patrimonios.

NOTA BIOGRÁFICA

En la ardiente villa hondureña de Jerez de la Choluteca y Mis Reales Tamarindos nació José Cecilio del Valle el 22 de noviembre de 1780, y murió cerca de la ciudad de Guatemala el 2 de marzo de 1834. Hijo de familia distinguida, por fortuna y abolengo, le tocó crecer en uno de los ambientes históricos más conmovidos, cuando en las entrañas de Europa se debatían las más terribles inquietudes que hicieron bambolearse instituciones y regímenes, y en América se incubaban acontecimientos que con ritmo creciente darían ímpetu a la aventura de las nuevas nacionalidades.

Honduras —la tierra de Valle— era de las seis provincias que integraban la Capitanía General de Guatemala y en las que se agudizaban, como en pocos países de América, los errores del régimen español. "La provincia de Tegucigalpa", dice Ramón Rosa, "estaba falta, en aquel entonces, hasta de escuelas primarias elementales. Con suma dificultad aprendían algunos niños, hijos de padres pudientes, a leer y escribir en escuelas privadas, costeadas por las familias interesadas en su sostenimiento. Respecto a enseñanza superior, tan sólo había en Comayagua, capital de la provincia de su nombre, un Colegio tridentino, fundado por el Obispo Vargas y Abarca, destinado a la enseñanza teológica, a la que se aumentó en 1784, por iniciativa del Obispo Antonio de Guadalupe *(a)* una clase de Filosofía Escolástica. Tales eran los únicos medios de cultivar en Honduras, la inteligencia de la juventud, a fines del pasado siglo".

(a). Fray Antonio Guadalupe López Portillo era de Guadalajara, México. Fue comisario general de la religión franciscana y Felipe V lo presentó para Obispo de Comayagua. Levantó la iglesia y el hospital de San Juan de Dios, erigió el Colegio Seminario, reedificó

la Iglesia y convento de San Francisco de Tegucigalpa y enriqueció la Catedral. Murió en 1742.

Los padres de Valle no querían negarle los beneficios de la escuela y hubieron de trasladarse a Guatemala (1789) en donde, si los libros nuevos de Europa llegaban muy tarde, había imprenta, universidad, un periódico y una escuela primaria de Belén. "Guatemala —escribió Valle— hablando de aquella época no era un pueblo ignorante, ni una capital ilustrada. Era el país del error"; y decía más tarde don José Milla: "Las doctrinas atrevidas que en el antiguo mundo habían producido una transformación completa en las ciencias morales y políticas, apenas eran conocidas en este Reino, que por sus escasas y tardías comunicaciones con la Europa, permanecía casi enteramente extraño al movimiento intelectual del resto del mundo y a los acontecimientos que cambiaban la faz de las naciones. De la tempestad deshecha que destruía las creencias e instituciones seculares, llegaba solamente algún rumor lejano a estas remotas y pacíficas comarcas, que hacían de la conservación de la fe religiosa y de la lealtad al soberano, sus más espléndidos blasones. Las ciencias exactas eran casi enteramente ente ignoradas y los pocos hombres estudiosos que se dedicaban a cultivarlas, excitaban las sospechas del vulgo, que creía ver el resultado de artes diabólicas en las operaciones más inocentes y sencillas de la física experimental. Relativamente adelantados los conocimientos en las ciencias eclesiásticas, la jurisprudencia y en la bella literatura, eran desconocidos los estudios de la economía política y de las matemáticas, y la filosofía no había logrado desembarazarse de los embrollados sistemas de los peripatéticos".

En 1795 don Jacobo de Villaurrutia, natural de Santo Domingo —quien más tarde fundó el "Diario de México"— creó la Sociedad Económica de Amigos de Guatemala; y en 1795 el franciscano José Antonio de Liendo y Goicoechea, después de histórico viaje a España, trajo a Guatemala libros, mapas y semillas raras, y algo más, la renovación del plan de estudios superiores, las revolucionarias ciencias experimentales, un nuevo sentido político. Eran los años en que Carlos III presidía en España y en América un movimiento de transformación en lo físico y en lo intelectual, enviando expediciones científicas, protegiendo artistas y sabios, modificando los organismos eco económicos, México era redescubierto por Alzate y por Mociño, que se preocupaban por el conocimiento de la riqueza biológica de su territorio, poniéndolo el primero al alcance de la curiosidad popular. Don Martín de Sessé, don Vicente Cervantes, don Andrés Manuel del Río, don Fausto Elhuyar, y, poco después el viaje celebérrimo de Humboldt sacudieron con extraña conmoción la vida criolla que se repartía entre chocolates, rezos y saraos. Cuando Goicoechea, maestro de Valle, apareció con su plan reformador, todavía estaban "los jueces seriamente ocupados en procesar brujos"; y aquel franciscano supo mostrar a sus discípulos el camino de la razón y el derecho a la duda. Guatemala recibió la visita del gran botánico Mociño y en su Universidad Carolina había un gran joven chapaneco, José Felipe Flores, quien poco después inventaría el maniquí anatómico y en Europa se interiorizó, el primer centroamericano, de los problemas de la electricidad y la navegación aérea.

En ese ambiente en que resonaban las voces trascendentales de los enciclopedistas franceses y bien pronto se escucharían los mensajes de éstos, avivando la preocupación por el hombre, la dignidad del hombre, los derechos del hombre, el joven Valle comenzó a iniciarse en "el peligroso oficio" de pensar, interesándose por las letras, las artes y las ciencias; se asomó a los clásicos, en el Colegio Tridentino, y más tarde pasó a la Universidad de San Carlos para estudiar Filosofía, Derecho Civil y Derecho Canónico, sobresaliendo en el primer acto público de Lógica, Metafísica y Física Experimental.

Maestros particulares le enseñaron Matemáticas, Literatura, inglés, francés e italiano, y después de graduarse de Bachiller en Filosofía (1794) y en ambos Derechos (1799) se recibió de Abogado en la Audiencia

EL FUNCIONARIO

Diputado interino de la Comisión Gubernativa de Consolidación, defensor de obras pías y censor de la "Gaceta de la Ciudad de Guatemala" (1805), Asesor del Real Consulado (1806), Fiscal del Juzgado de los Reales Cuerpos de Artillería de Ingenieros del Reino (1807), asesor de dichos cuerpos y los juzgados ordinarios de la capital y Abogado del Convento de Santo Domingo y de su provincia (1808), diputado vocal de la Suprema Junta Central de España e Indias, por León de Nicaragua (1809), catedrático de Economía Política (1812), Auditor de Guerra del Ejército y Provincia de Guatemala y Asesor de la Renta de Tabaco (1813); José del Valle, "modelo de lealtad española" (según declaró el Arzobispo Casaus), tenía en plena juventud una excelente preparación para iniciarse en los múltiples problemas del Estado, y su primera presencia en la política fue al fundar el periódico "El Amigo de la Patria" (1820), al amparo de la restablecida Constitución Española de 1812. Así comenzó su carrera de pensador y de estadista, de sociólogo con sueños y de periodista con ideas.

Era desde aquel periódico la voz de la moderación frente al radicalismo del partido de los "Cacos", que capitaneaba el doctor Pedro Molina. Era el verbo de los españoles y los artesanos. Ambos se disputaban las elecciones de los ayuntamientos y los diputado a Cortes.

Al año siguiente el Plan de Iguala precipitó los acontecimientos de Centroamérica, y el 15 de septiembre de 1821, alborotado el pueblo y "siendo públicos e indudables los deseos de independencia del gobierno español", el Capitán General de Guatemala don Gabino Gaínza y las autoridades eclesiásticas y los altos funcionarios civiles declararon la emancipación; redactando Valle el acta y refrendándola en su calidad de individuo de la Diputación Provincial. Suyo fue también el manifiesto que aquel día dirigió a Centroamérica el Capitán General. Poco después, en representación de Honduras, formó parte de la Junta Provisional Consultiva, que se estableció para colaborar con el nuevo régimen.

Ramón Rosa escribe: "Todos los grupos políticos, de diversas y aún inconciliables pretensiones, se habían unido para consumar la independencia de España; distintos fueron sus móviles, pero idénticos sus propósitos. El clero quiso la independencia porque era necesario aceptarla, y porque veía en la emancipación de Guatemala un medio de sustraerse a los rudos golpes que asestaron a sus privilegios las Cortes de España. Los peninsulares y sus adeptos quisieron la independencia porque vieron halagados sus intereses y sus ambiciones. Los liberales, que formaron el antiguo partido de los

'Cacos', quisieron la independencia porque aspiraban generosamente a la práctica de sus radicales ideas republicanas; y los hombres reflexivos, como Valle, quisieron la independencia porque tenían en mira una evolución política que, gradual y prudentemente, hiciese ganar terreno a la educación liberal de los pueblos, para que se crease un sólido régimen de libres instituciones en el Centro de América".

"Tan opuestos móviles —continúa diciendo Rosa—, tan contrarias y enemigas pretensiones, no pudieron menos de romper, bien pronto, el acuerdo, el consorcio feliz que se efectuó para desligar a Guatemala de la Madre Patria. Los liberales pidieron que se derogase, y lograron su objeto, el artículo 3º del Acta de Independencia, por el que la elección de representantes de las provincias se dejaba a la juntas electorales que habían elegido Diputados a Cortes, lo que aseguraba un triunfo para el partido de Valle, para el partido Gazista: pidieron la formación de las milicias nacionales, lo que también lograron: pidieron la destitución de empleados sospechosos de tener afinidades con el antiguo régimen; y quisieron, en fin, extralimitándose, tomar participación de las deliberaciones de la Junta Provisional Consultiva. Los peninsulares y los criollos españolistas, por su parte, vieron con repugnancia, la intervención de las clases populares en los asuntos públicos; se dolían de relacionarse ý mezclarse con hombres que casi el día anterior habían sido no más que sumisos vasallos; y presentían que el arraigo de las instituciones de la República daría en tierra con sus intereses de clase, con sus privilegios de abolengo y con su orgullo cifrado en los hábitos de una antigua dominación. Las exigencias y exageraciones inconsideradas de los unos, y el egoísmo y la vanidad de los otros, crearon, a poco de consumarse la independencia, dos partidos fuertes e irreconciliables: el partido liberal, independiente y republicano, y el partido conservador, autoritario y reaccionario. En germen estaban dos partidos al proclamarse la independencia; pero ese germen desarrollóse de irregular y viciosa manera, y creó hondas y acerbas divisiones que habían de los antagonismos de un pueblo libre, sino las luchas destructoras de la libertad y de la patria".

La invitación de Iturbide a Guatemala para que se adhiriera al Imperio Mexicano y el envío de una División Protectora de dicha anexión, al mando del general Vicente Filísola, dieron pábulo a las aspiraciones de quienes, como el Marqués de Aycinena y el Arzobispo Casaus, deseaban los privilegios, honores y usufructos que podía brindarles el régimen monárquico. En la Junta Provisional Consultiva se alzó la voz disidente de José Cecilio del Valle; pero el 5 de enero de 1822, hecho el escrutinio de votos de los ayuntamientos, que habían sido invitados a deliberar sobre la anexión, la mayoría de los miembros de la Junta la decretó, sin más condiciones que la sujeción al Plan de Iguala y los Tratados de Córdoba.

Tegucigalpa (10 de marzo) y Chiquimula (19 de marzo) eligieron a Valle diputado al Congreso de México, obligándole a emprender un viaje de 81 días desde la capital de Guatemala hasta la del Imperio (7 mayo a 28 julio). Incorporado al Congreso (3 agosto) fue nombrado individuo de la Comisión de Constitución (5 agosto), y sus primeros discursos fueron sobre el nombramiento de magistrados del Supremo Tribunal de Justicia (16 agosto) y el proyecto de ley de colonización (23 agosto). Acusado de conspirar contra el régimen de Iturbide, fue capturado (26 agosto) y durante la prisión en el Convento de Santo Domingo se entregó a las más asiduas y provechosas lecturas. Estando preso fue proclamada en Veracruz la República (6 diciembre) e Iturbide le nombró poco después Secretario de Estado y del Despacho de Relaciones Exteriores (18 febrero 1923). En tal puesto, se consagró a preparar la caída del Imperio, sin sangre ni violencia, habiéndose reinstaurado el Congreso; luego expidió varios bandos sobre cuestiones económicas y judiciales (4 y 9 de marzo) y anunció (20 de marzo) a los diputados la decisión que, para expatriarse, había tomado Iturbide, y suscribió los comisionados del Congreso 23 con marzo) los arreglos para la abdicación, habiendo presentado su renuncia (25 marzo), y volvió a su curul para abogar por la separación de Centro América (22 abril). El Congreso le rindió tácito homenaje al nombrarle miembro de la comisión que redactaría el proyecto de Constitución (3 mayo), y habiéndose resuelto que las provincias de Centroamérica quedaban en libertad de constituirse como deseaban (19 julio), fue electo diputado a la Asamblea Nacional de Guatemala, lo comunicó al Congreso de México (30 junio) y regresó a Guatemala (principio de 1824).

Había sido nombrado miembro del triunvirato que ejercería el Poder Ejecutivo (4 de septiembre 1823) y tomó posesión del cargo (5 febrero de 1824), apareciendo su firma en la primera Constitución Federal (22 noviembre). Centralistas y federalistas iniciaron las disensiones que, a la larga, derrumbarían la Unión de los cinco Estados, y de acuerdo con la convocatoria para elegir autoridades federales, Valle obtuvo la mayoría de los sufragios como candidato a la Presidencia; pero la intriga y el fraude anularon su elección, elevando a la primera magistratura al general Manuel José Arce, el caudillo atrabiliario, que sería uno de los responsables de la era de desórdenes y guerras civiles que asolaron a Centroamérica en el siglo pasado.

Valle se retiró tranquilamente a su gabinete de estudio; pero tuvo la complacencia de que Chiquimula, Santa Bárbara y la capital guatemalteca le eligieran diputado federal (1826). Los atropellos del presidente Arce justificaron la reacción constitucionalista encabezada desde Honduras por el general Francisco Morazán, y después de una lucha sangrienta la capital federal cayó en poder de los liberales y Valle volvió al Congreso (24 de julio 1829). Restablecida la Sociedad Económica, fue nombrado su director. En las elecciones de Presidente de la Federación compitió con el general Morazán, pero fue derrotado (1830); y nuevamente fue su émulo, obteniendo la victoria (1834). Ya era tarde: su muerte cubrió de grandes sombras el alma de Centroamérica. "Habría probablemente salvado la República", dice Ramón Rosa. Se perdió una de las magníficas oportunidades para llevar al gobierno al más apto entre los mejores.

EL HOMBRE DE ESTUDIO

José del Valle no creó un sistema político, un sistema filosófico, una tesis histórica. Tampoco lo hizo alguno de sus contemporáneos en la América Española, porque nuestra América está joven aún. A Valle le tocó vivir en una época tormentosa en que las ideas de Europa encendían las mentes americanas con los fulgores de la nueva utopía social.

"Robaré —dijo alguna vez— a los genios de otras naciones los pensamientos que han influido en su prosperidad". Hombre de estudio, ante todo, divulgador de los hallazgos científicos, se mantenía atento a las vicisitudes de las ciencias en Francia e Inglaterra; releía los clásicos latinos, y daba a sus meditaciones el estremecimiento del optimismo animador, pues creía que la ciencia es un instrumento del bien y que su deber es elevar y deleitar al hombre y darle, con el mayor poderío la mayor suma de felicidad. Por eso le amargaba que los matadores de hombres, como el conquistador Pedro de Alvarado, recibiesen más homenajes que los que merecen el que trajo las primeras espigas de trigo, el que sembró el primer arroz o importó los gusanos de seda.

"Que triunfe la razón y adoremos su estatua", decía con gran voz humana. Pedía "que los hombres dignos de escribir hagan a la patria el servicio que debe hacer un sabio: presentar sus pensamientos y observaciones, indicar el mal que puede hacer una providencia mal combinada, o designar el bien que puede producir otras medidas".

Lo que más asombra es que, en medio de las agitaciones y sobresaltos de la época en que vivió, pudo tener paréntesis de calma para entregarse religiosamente a la lectura de sus autores predilectos: Pascal, Buffon, Condorcet, Rousseau, Montesquieu, Humboldt, y naturalmente, los cronistas de Indias, desde Acosta y Torquemada hasta Ulloa.

Su apetencia de leer, de extractar, de anotar, era inconmensurable. En su biblioteca estaban los mejores libros, planos, gacetas y copias de manuscritos; todo cuanto pudiera darle el mejor panorama de la antigüedad clásica, el pensamiento europeo y la realidad americana. Humboldt, sobre todo, el vindicador de la América y del hombre de América.

La lista de los libros que pidió a Londres (26 de julio 1826) y los que Jeremías Bentham (4) sugirió se le enviaran (15 enero 1827), más la de los libros y otros materiales de estudio que llevó a México (1824) son el mejor inventario de su curiosidad de enciclopedista, de humanista. Es el centroamericano que más corrientes ideológicas ha percibido y aprovechado.

EL JURISTA

Antes de participar activamente en la vida política, su pasión fue la Jurisprudencia. Analizó la legislación del régimen español en tres siglos; trazó un método para el estudio del Derecho; dio un brillante dictamen sobre "Instituciones de Derecho de Castilla y de Indias" por el doctor José María Álvarez; redactó una exposición para oponerse al nombramiento ilegal de jueces profesionales, sosteniendo la tesis de que "triunfa la justicia cuando los ciudadanos son los que directa o indirectamente nombran los jueces que deben decidir sus derechos", y al compenetrarse de una realidad social que todavía nos abruma, demostró que se puede evitar la pena de muerte.

Jurista que dominaba los textos y los códigos de la España medieval, su sitio de honor se halla entre los más eminentes de su tiempo, ya que lo mismo en el Congreso de México, en su calidad de constitucionalista, que en las más altas magistraturas de Centroamérica, Valle supo hallar en las diversas arquitecturas del Derecho esa línea pura de la armonía humana que vibra en los clásicos templos que el filósofo construye con almas y mármoles. Honduras, su pequeña patria, lo ve resplandeciente en los anales del foro en que sobresalen Vicente Ariza Padilla, Rafael Alvarado Manzano, Alberto Membreño, Policarpo Bonilla y Mariano Vásquez.

EL PERIODISTA

Periodista de ideas fue Valle. Sembrador de ideas, se recreaba iluminándolas, comentándolas, desde los periódicos en que dejó esparcido su luminoso pensamiento. Pero ha sido preciso desenterrarlas para que se conozcan más y mejor que en su época. ¿Cuántos lectores tendría? Ediciones reducidas que apenas traspasaban las fronteras de Guatemala y que no se difundían más allá de las montañas en que los quetzales duermen la siesta. Valle amaba la publicidad como instrumento, el más eficaz, para dar afirmación a sus palabras; pero carecía del ámbito continental para que América le escuchara.

"El Amigo de la Patria" (6 de octubre 1820 15 abril 1822), gracias a la Constitución Española restaurada, le brindó el momento oportuno para convertirse en paladín social y enriquecer las dimensiones de su pensamiento. Y más tarde, en la "Gaceta del Supremo Gobierno de Guatemala", en el "Mensual de la Sociedad Económica de Amigos del Estado de Guatemala" y en "El Redactor General" (1825) puso al servicio de sus conciudadanos las doctrinas renovadoras, discurrió sobre los problemas palpitantes, incitó a la honesta meditación.

En "El Amigo de la Patria" no era más que un servidor del pueblo que deseaba darle a conocer las novedades útiles, las riquezas vírgenes, las vastas posibilidades para su mejoramiento. Era el mismo programa pedagógico de José Antonio Alzate con sus "Gacetas de Literatura" y cuando hablaba de los crímenes de José Molina no lo hizo para dar noticias espeluznantes, como lo harían los periodistas de escándalo, sino para dar una docta cátedra de Sociología que conmueve aún.

La historia del periodismo político reconoce a Valle entre los que le han dado más calidad en Centroamérica: Pedro Molina, Ricardo Jiménez, José Madriz, Paulino Valladares, Miguel Ángel Navarro.

He aquí uno de los cuadros espeluznantes que Valle pintó con un matiz de actualidad que nos conturba: "Dígnese V.E. volver los ojos a los barrios infelices de esta capital. En ninguno de ellos hay las escuelas precisas de primeras letras: En ninguno de ellos hay casa de expósitos para evitar el sacrificio de algunas víctimas, y asegurar la existencia y educación de la niñez: En ninguno de ellos hay casas de corrección para los que sin haber perpetrado crímenes han cometido algunas faltas: En ninguno de ellos hay puntos decentes de recreo donde los hombres unidos puedan olvidar sus penas, solazarse o divertirse: En ninguno de ellos hay policía, o el asco y limpieza que debe hermosear una capital y contribuir a su salubridad: En ninguno de ellos hay fondos para proporcionar ocupación al miserable que la pide, y no puede encontrarla.

"En todos se ve la pobreza, la miseria, la desnudez, el hambre y la sed. Un hombre sensible no puede pasear sus calles sin sufrir vivos tormentos. Y faltando casi todo a hombres, individuos de nuestra especie; habiendo hambre y sed, Excmo. Señor será justo que en vez de socorrerla con 3.000 pesos anuales, se destinen éstos para sueldos de letrados?".

SU ESTILO

Don Lucas Alamán escribe: "Valle gozaba la reputación de muy instruido, pero gustaba demasiado de lucir su saber, y tanto en la tribuna como en sus comunicaciones oficiales, usaba un estilo didascálico que hacía muy pesado y fastidioso cuando salía de su boca o de su pluma".

Y en otro pasaje dice: "Este (Iturbide) antes de salir publicó un manifiesto dirigido al Congreso, redactado por Valle, en estilo pedantesco y el menos a propósito para la ocasión, pues lleno de principios generales y máximas inoportunas, no presenta nada de lo que debía sentir Iturbide en aquellas circunstancias".

En esas frases se transparenta la animadversión que Alamán tenía por quien, sin ser mexicano de nacimiento, había llegado a ser Secretario de Estado y del Despacho de Relaciones Exteriores durante el régimen iturbidiano. El estilo de Valle era de la misma arquitectura del de la mayoría de sus contemporáneos.

Apretada de noticias, de hechos, de atisbos, su prosa está henchida de ese tono espeso de la tierra con humus, en la que el pensador se solazó en echar al voleo sus simientes; ese tono de uva maciza, negra, sin más brillo que el que le puede dar el sol. Un estilo cortado, tenso, neto, con la indispensable claridad que necesitaba para que, en una época en que muy pocos leían, fuese comprendido por todos. Estilo con énfasis, con autoridad, saturado de erudición, que algunos como Alamán encontraban enojoso acaso humillante, pero que debía expresar al hombre de Estado.

Cierto que su estilo carece de color, pero es el amalgamiento de los clásicos españoles que Valle leía con frecuencia y de los otros clásicos que traducía en sus meditaciones; extraño compuesto que le dio solidez a quien habló casi en monólogo, para que, acendrado como el vino, lo cataran los que estudian la realidad americana.

EL POLÍTICO

Hay un momento de gran sinceridad en Valle: cuando se declara hombre de bien "en toda la latitud de mi vida". Sus enemigos, muchos de sus émulos y sus inferiores, lo consideraban astuto en la intriga, ambicioso de poder.

"Es un sabio verdaderamente —escribía don Mariano de

Aycinena a Iturbide— y acaso sin igual en Guatemala; pero sin ningún mundo, y de un corazón tan pequeño que agotada la política del gobierno y de los vecinos de probidad para hacerlo útil al común, nada ha bastado. Un orgullo sin tamaño lo pierde. Por este principio se aprovecha de todas las ocurrencias por ver si de ellas saca el partido a que lo inclina su ambición por mandar y ser el primero. Lo he visto en la ocasión atizar por bajo de cuerda las facciones de la República y de unión a ese Imperio, y por el arte que tiene para quedar impune con el que domina, no repara en los perjuicios que ocasiona aún a los que se ha mostrado amigo. Me alegraría y sería el mayor bien para Guatemala que se sacase a este amigo con honor. Podría nombrársele Secretario de una de las Embajadas de Londres, Rusia, etcétera, que se le haría bien particular, y porque su mayor flaco es el del orgullo se puede poner un despacho muy honorifico sobre las noticias que se tienen de sus luces, etcétera".

El general Vicente Filisola, Capitán General de Guatemala, escribió a Iturbide: "Yo juzgo que convendría mucho atraerse a Valle al partido del Gobierno Supremo, empleándole en destino que lisonjee su ambición, pues según se pinta, su carácter es debilísimo en esta parte, así como es tímido cuando encuentra energía".

El centroamericano mejor preparado para ser estadista, era fiel a su conducta de intelectual que ambicionaba el poder. El grave pecado de la mayoría de los hombres de estudio en la América Española, ha sido su desdén por la política, su alejamiento de los problemas que en torno de ellos demandan urgentes soluciones, y prefieren no descender a la arena candente en que la pasión y la ambición buscan su más propicio escenario y de allí que sean responsables de que los impreparados, los mediocres, se adueñen de los destinos públicos y se conviertan una buena mañana de primavera en dirigentes de los pueblos. Desde los primeros días de la independencia en América, los audaces y los ineptos, los simuladores y los improvisados han sido los dueños de la colectividad.

Pertenecía Valle a la inmensa minoría de los capacitados para dirigir, y no podía, por lo impetuoso de su desdén hacia el medio que le rodeaba, permanecer impasible ante la vocinglería de los demagogos o las intrigas de quienes, como Aycinena, deseaban conservar sus antiguos privilegios. Por eso tomó la decisión de participar activamente en la política y oponer su sabiduría y su prudencia a las maniobras de los rapaces y los arbitrarios. Con frecuencia insistió en la necesidad de que gobernaran los preparados en ciencias políticas y sociales; pero olvidaba que el régimen español —una de las excepciones era él— fue el menos favorable para que los criollos elevaran el nivel intelectual y algún día pudiesen dirigir la suerte de su país. Aquel régimen dio facilidades a la obra del artista y del memorista que almacenaba textos sagrados; pero no fue sino en el reinado de Carlos III cuando surgieron hombres de estudio entre los criollos; es decir, cuando ya España estaba en vísperas de abandonar la escena política que durante varios siglos le permitió tener en sus manos los destinos de América. El mismo Valle, al enjuiciar al régimen español, declaró que éste había desaprovechado el tiempo para desenvolver la prosperidad de sus colonias.

Valle creía que "el mundo no puede retrogradar"; predicaba la tolerancia y la evolución, denunciaba la terrible acumulación de inmensas riquezas en una sola mano; era un liberal con hondas raíces conservadoras por su abolengo y su posición económica, un demócrata para quien la democracia debe ser el gobierno de los dignos y de los aptos. Capitalista, era un enamorado de la utopía de Rousseau en "El Contrato Social". Fue su contradicción.

Dos veces puso a prueba su fe en que la prudencia del estadista puede salvar la situación más peligrosa, poniéndose "a igual distancia de las revoluciones que son caos de sangre y muerte y del despotismo que es destructor de todos los derechos": La primera, al redactar el acta de independencia de Centro América, cuando —como los otros que la firmaron— a sus antecedentes de "buen vasallo", y la segunda, cuando evitó que la caída de Iturbide fuese con estrépito y sangre. Tenía temor al despotismo de los de arriba y al de los de abajo. Por eso insistía: "Las revoluciones nacen del choque de los gobiernos con los pueblos. Cuando un gobierno es sabio en observar la voluntad general de la nación y antes de conmoverse ésta manda a ejecutar lo que desea ella misma, no hay revoluciones ni muertes, ni horrores. Las reformas no parecen obra de los pueblos. Se hacen en paz y sosiego por la mano misma del gobierno".

EL ESTADISTA

Para impedir el despotismo de los impreparados de arriba y transformar a las masas miserables, Valle insistió, cuantas veces pudo, en la educación como admirable panacea. La ciencia como democratizadora. El conocimiento como fuente de la felicidad. Creía que la educación hacía dichosos y libres a los pueblos, les alejaba de la superstición y del error milenario, y que, gracias a ella y al trabajo, se podía conquistar la riqueza.

"Cuando los gobiernos posean la ciencia de tornar útiles a los hombres que no lo son, entonces serán menores las miserias de los pueblos".

Era la ignorancia según él la explicación de la pobreza centroamericana. No quería "doctores ociosos", sino hombres que sirvieran a su patria; e insinuaba que los vagos y los genios del "papeleo burocrático", los holgazanes de las oficinas públicas que inventan requisitos y trámites, son los enemigos del pueblo, su peor rémora.

El sabio debe ser de acuerdo con su postulado el que debe dirigir la opinión pública, y así, nada más natural que concibiese al mundo político dirigido por los sabios. Estos eran, a su juicio, los que promovían la dicha del hombre, elevaban su decoro, le rescataban de la miseria, y no "los impostores que han seducido a los pueblos".

Al leer su "Memoria sobre Educación" se puede construir, siguiendo el hilo de sus elucubraciones, esta pirámide en cuyo ápice está la riqueza:

> Riqueza
> Prosperidad
> Libertad
> Espíritu público
> Ilustración

Adalid ciegamente confiado en la grandeza creciente del hombre, clamaba en su espléndido desierto tropical por la ascensión del hombre, "que es el ser más grande de la tierra", a las alturas más hermosas. Que se educara a las madres porque ellas pueden allanar el camino a los educadores, y que lo que para él importaba más era la riqueza humana.

"No es la riqueza el primer elemento del poder escribía. Es la ilustración; pero la riqueza dirigida por la ilustración, aumenta el poder".

Según él "un pueblo ignorante es víctima del charlatán atrevido".

Pero, al reiterar los milagros de la técnica, para aplicarla al gobierno, pedía con urgencia insistente que se hiciera el inventario de las riquezas naturales, se levantaran mapas, se acopiaran las noticias sobre la flora y la fauna, y se estudiaran las gramáticas y los vocabularios indígenas; quería que el plan de gobierno se trazara conforme a los postulados científicos y que los hombres de estudio presentaran sus pensamientos servicio de la patria. y los pusieran al Antes de dirigirse a los altos funcionarios, hablaba a los jefes políticos: "Deben de conocer las provincias, los que administran las provincias. Es el primer elemento de un Gobierno, el conocimiento de lo que se gobierna. No hay, después de tantos años, los datos y observaciones necesarias para formar el cuadro de Guatemala. Gracias al misterio con que se han res- catado los planos y estados que han solido hacerse: merced a la indiferencia con que se han visto las ciencias que más nos interesan, la aritmética política que calcula las fuerzas de los pueblos, la Estadística que presenta la carta de sus tierras y producciones, la Economía que investiga el origen de sus riquezas, han corrido tres siglos; y sin mapas, sin tablas, sin hechos ni observaciones no podemos hasta ahora estimar el valor, o calcular el poder de esta cara provincia. Hagamos, sin embargo, lo posible: tiremos las primeras líneas: otros añadirán las demás: otros formarán el bosquejo: otros darán colores al cuadro".

Valle pretendía que los jefes políticos supieran más que muchos de los funcionarios de hoy: Que conocieran la Geografía y tuvieran un plan de gobierno. Se hacía esta pregunta quemante: "Se han establecido seminarios, colegios y academias para formar eclesiásticos, artilleros, ingenieros, militares y marinos; y no lo hemos tenido para formar hombres capaz de trazar el plan legislativo, o sistema sabio de Gobierno. Ha habido escuelas para enseñar a manejar el cañón o esgrimir la espada; y no se han fundado para enseñar a gobernar. Se multiplicaban los maestros de baile; y no había un profesor para las ciencias legislativa y económica".

Si hubiera ampliado su pensamiento en presencia de la ulterior realidad política, habría sugerido la reforma constitucional que exigiera a los candidatos a Presidente de la República, además de la mayoría de edad, el tener un oficio, o cuando menos, haber sembrado un árbol. Porque en América hemos visto analfabetos en el solio, como Rafael Carrera en Guatemala, y hasta un presidente viajero que en una conferencia pública hizo el descubrimiento sensacional de que en su país había "minas de bronce". Se ha exigido título para fabricar zapatos o restaurar cacerolas, menos para ser el primer magistrado de una nación.

Un estadista que ignore la estadística de su país no era concebible para Valle. Bien decía: "Gobernar no es copiar las providencias que se dictan en otros pueblos de clima, moralidad, carácter y hábitos diversos: no es mandar lo que inspira el humor o interés del momento. Es poseer la ciencia más difícil entre cuantas ha creado el talento del hombre: es saber aplicar sus principios con exactitud: Es hacer aplicaciones de ellos a la totalidad de circunstancias que forman el estado en que se halla la nación a quien se manda".

Para él la base de los gobiernos sólidos estaba en que hicieran el mayor bien posible al mayor número posible; y explicando su sentencia podría repetirse la del pensador francés, parafraseándola: Un país no vale porque tenga tres o cuatro sabios, tres o cuatro ricos, sino porque la mayoría de sus habitantes habla el idioma del país, disfruta el pan de cada día, ahorra, usa zapatos, obedece a los higienistas y tiene diversiones honestas.

Quería Valle que se multiplicaran las imprentas y los periódicos; y que el Estado divulgase cartillas populares para que todos, el campesino y el obrero, tuviesen a su alcance las ideas primarias, los conocimientos más útiles. Pretendía que la emigración europea renovara los materiales humanos y que desaparecieran en Centroamérica las castas; pues era antirracista que deploraba que antes de nuestra emancipación política no se pidiesen "pruebas" de talento, sino informaciones sobre el color de la piel.

¡Tantas eran sus aspiraciones, tantos sus deseos, que en casi todos sus discursos, en todos sus ensayos, insistía en pedir lo mejor para su humilde patria!

"No se diga que no hay caudales para acometer tantas empresas escribía. Uno de los talentos que está ahora brillando en la Península desea que haya un fondo destinado a obras de interés general. Lo hay en otros países; y nosotros no lo tenemos. Pero tampoco lo tenían los hombres piadosos que levantaron los templos que hermosean a esta capital; y si el celo de la religión hace prodigios, el de la causa pública sabe también ejecutar maravillas". Cada vez que su utopía se ensanchaba, sentía el gozo del padre que tiene plenitud de confianza en que sus descendientes gozarán mejor la vida. Pero la historia política y económica de Centroamérica ha sido una constante negación de su ideario generoso. Sus planes eran muchos, y para llevarlos al ensayo no tuvo colaboradores, que tampoco habría podido formar si se lo hubiera propuesto, ya que la guerra civil estaba germinando con ferocidad y tenía que ser testigo mudo de las primeras llamaradas de la conflagración. La suerte le deparó uno de los momentos históricos más difíciles: aquel en que se desbordaban los apetitos y las ambiciones más bajas, rugían los demagogos enfurecidos, y sobre todo, aumentaba el número de los pedigüeños.

Por fortuna, las provincias centroamericanas se habían emancipado sin recurrir, como en otros países, a la violencia; pero habían sido las más desamparadas, acaso las más olvidadas durante el régimen español, que si en otras había construido algunas vías de comunicación para extraer fácilmente los metales preciosos, en las de Centroamérica ni las costas ni las rutas de tierra adentro permitían que países que habían carecido de industria y de comercio exterior, pudieran transformar su economía al solo consumarse la independencia. Con riquezas todavía no explotadas, seguía siendo lo que Humboldt dijo del Perú: "Un mendigo en banco de oro".

EL ORADOR

Si en el ensayo a través del periódico y el dictamen jurídico Valle encontró el mejor centro de gravedad para sus ideas y la más amplia atmósfera para sus sueños, fue en el discurso parlamentario en donde halló la necesaria acústica para hacerse oír en días de vital preocupación. Quizá se ha exagerado mucho sobre sus condiciones de orador, si bien hubo testigos de sus discursos en el Congreso de México.

No fue el primer cuarto del siglo XIX el de los verbomotores, sino el de los discursos pulidos, a veces adiestrados frente al espejo, con felices rasgos de improvisación, al calor de los aplausos circunspectos.

La América Española no dio tribunos resplandecientes hasta que en el tumulto de las conmociones sangrientas los partidos se recriminaban y la imprecación a Catilina volvía a resonar. Altamirano y Ramírez en México, Juan de Dios Uribe en Colombia, Antonio Zambrana en Cuba, Álvaro Contreras en Centroamérica, fueron los grandes tribunos de épocas encendidas en que la palabra tenía la calidad de la antorcha.

"La elocuencia de Valle —escribe Ramón Rosa— no era una elocuencia tribunicia, era, más que todo, una elocuencia parlamentaria, o una elocuencia académica: en sus discursos predominaba la idea que convence, y no la vehemencia y las llamaradas de la pasión que seduce y arrebata; su lenguaje era cortado, lleno de expresiones hijas de la reflexión, pero a veces salpicado de pintorescas imágenes: no usaba los grandes períodos tan propios de la índole de nuestro idioma: no producía esas grandes espirales de palabras, artísticamente combinadas, tan propias para exaltar la majestad de la idea, y para remontar hasta el cielo los vuelos de la imaginación: Valle, con su oratoria, enseñaba, convencía, y a veces deleitaba; pero no arrebataba, no enardecía, no fascinaba, no enloquecía los ánimos, a fuerza de golpes de sentimientos y de pasión: su voz era robusta, sonora, y por decirlo así, cortante, pero no era la voz flexible, que ora se convierte en dulce canto, en una tierna plegaria o en una suave o amorosísima querella, ora se convierte en el estruendo del torrente, en el estallido del volcán, en el rugir del océano, o en el trueno de las tempestades. La elocuencia de Valle no era la elocuencia de la plaza pública ni de las revoluciones: era la elocuencia del parlamento y de la academia: no era la elocuencia de las luchas ardientes, impetuosas; era la elocuencia de la razón que impera, sin grandes arrebatos, sin grandes arranques de entusiasmo, que impera en fuerza del convencimiento".

EL AMERICANISTA

La gran actualidad de José del Valle radica en que, sin haber conocido la convocatoria de Bolívar para el Congreso de Panamá, en ese mismo año se anticipó a enunciar, como si saliese de un sueño, la necesidad de que los pueblos de América se reunieran en concilio. "Soñaba el Abad de San Pedro; y yo también sé soñar" (23 febrero 1822), es el más caro testimonio de su americanidad: "Si la Europa sabe juntarse en congresos cuando la llama a la unión cuestiones de alta importancia, ¿la América no sabrá unirse en Cortes cuando la necesidad de ser, o el interés de existencia más grande la obliga a congregarse?".

Valle pedía una federación de estados americanos, un plan económico para ellos, un plan de defensa continental para impedir las agresiones extrañas y las guerras intestinas. Pero deseaba que en un lugar de Centroamérica, su bello Central de América, se reuniese tal asamblea, cuyo antecedente podía ser las Cortes de Cádiz en que los hombres de América deliberaron sobre problemas idénticos, apenas cambiaron las primeras palabras; y Cádiz vino a ser la cuna de la americanidad. Los próceres de la independencia pensaban siempre en una América en la que todas las razas y las inteligencias pudiesen hallar digno y amplio refugio.

Sólo durante la conquista española el español sintió las fuerzas telúricas de un mundo nuevo en el que había mucho que hacer y en el que cada fruto nuevo era un milagro y cada horizonte una ilusión. Los hombres que habían salido de América a viajar por Europa encontraron un común denominador: lo americano; es decir, un hombre que había estado lejos de los otros por la falta de vías de comunicación, de intereses económicos y por la diversidad de climas y de niveles políticos y culturales.

Miranda, Bolívar, Hidalgo y Morelos, Rocafuerte, Rivadavia, José Antonio Miralla se sentían "americanos" y hablaban un idioma de maravilla. El peruano Talamantes conspira en México a favor de la independencia; el centroamericano Ortiz de Letona es diplomático de los primeros insurgentes mexicanos para hacer gestiones en los Estados Unidos; el mexicano Miguel Santa María es diputado en la Gran Colombia; el ecuatoriano Vicente Rocafuerte lucha en Filadelfia contra Iturbide y más tarde llega a ser diplomático mexicano en Londres; el cubano José María Heredia, sube a la magistratura judicial en México; y el venezolano Bello alcanza en Chile la plenitud de su sabiduría y de su gloria.

Tal era la época en que José del Valle, hijo ilustre de Choluteca, hondureño impar, centroamericano que veía más allá de los estrechos linderos, llegaba a la Secretaría de Relaciones de México, ostentando las valiosas credenciales de su talento y de su cultura, y en aquel Congreso en que había representantes de un vasto territorio limitado por la Alta California y por Costa Rica, llegó a considerársele —dice Zavala— "el corifeo del partido republicano".

Tal era el momento en que, tras hondos diálogos con el Numen de América, Valle emprendía la constante defensa del insigne hemisferio y de sus hijos calumniados por el Abate de Paw, el de "Recherches philosophiques sur les americains"; y formulaba su verdad: "La América es masa compuesta de los mismos elementos, sometida a la misma suerte, llamada a los mismos destinos".

Desde 1810 había hecho esta afirmación: "Somos hombres y por serlo tenemos los mismos derechos que los habitantes de Europa. No es justo que las naciones europeas sean regidas por gobiernos americanos. No es conforme a razón que los pueblos americanos sean administrados por gobiernos europeos. Esta misma identidad hace que en la misma América se empiece a oír otra voz igualmente agradable: nacimos en un mismo continente: somos hijos de una misma madre, somos hermanos; hablamos un mismo idioma: defendemos una misma causa: somos llamados a iguales destinos. La amistad más cordial; la liga más íntima; la confederación más estrecha debe unir a todas las Repúblicas del Nuevo Mundo".

En sus escritos insiste en dar a conocer los mejores exponentes del hombre americano, las insólitas riquezas en que abunda este hemisferio, los vegetales indígenas de "la América que amamos y debemos amar". Para refutar victoriosamente a Paw, Wilson y Buffon, —quienes afirmaban que América sólo producía animales dañinos, país de la putrefacción, de las úlceras y sudor, de las diarreas y fiebres pútridas— hubo de apoyarse en Humboldt y Bonpland, que en la atmósfera americana se sintieron electrizados e invulnerables.

Por eso le interesaban tanto los libros y las disquisiciones del doctor Francisco Hernández, el primer biólogo formal que visitó México; el inca Garcilaso de la Vega, uno de los primeros auténticos escritores con sensibilidad y malicia americanas; y los sabios Antonio Ulloa, Sessé, Mutis, Mociño y tantos otros que habían recorrido estas tierras enamoradas de su magia, de sus sorpresas diarias, de su mundo vital y virginal. Estos valores consagrados no podían pasar desapercibidos ante la curiosidad de Valle; pero una prueba de las difíciles y ya veces nulas comunicaciones interamericanas en su tiempo, palpita en el hecho de que desconocía otros criollos que tienen prestigio consolidado: Mariano Moreno, de Argentina; Eusebio de Llano y Zapata e Hipólito Unánue, del Perú; el padre Juan de Velasco, del Ecuador; Francisco José de Caldas, de Colombia; y los jesuitas que hicieron obra americana en Italia, como el tegucigalpense José Lino Fábrega, que interpretó el Códico Borgiano, y el guatemalteco Rafael Landívar, cuya "Rusticatio Mexicana" le habría deleitado en los ocios en que gustaba releer a Virgilio.

Por eso también, cuando enjuició al régimen español en América, no pudo perdonarle como buen criollo que en tres siglos no hubiera hecho todo lo que pudo hacer para convertir estas tierras en un hogar tranquilo del hombre que trabaja y se emancipa de la miseria. Severa y documentada crítica a dicho régimen, que, si aquí fue nefasto en muchos aspectos en España lo fue también; ya que malos consejeros de Indias allá enviaban malos y pésimos virreyes y capitanes generales. Abominó de aquel régimen, sin desconocer la obra que realizaron muchos de sus gobernantes de gran probidad y capacidad como Antonio de Mendoza, Juan de Acuña y Juan José Vértiz, sólo que a su tarea le faltó la unidad de un plan colonizador: "hizo pobre al país de las riquezas".

Así se explica que frente al desconocimiento que el Estado Español tuvo de su Imperio de las Indias —muy a pesar de las investigaciones incoherentes que emprendieron algunas expediciones científicas—, Valle pedía que se organizara una nueva y que se reuniera una comisión de los sabios más distinguidos en la ciencia legislativa y en el conocimiento de América.

Ese deseo lo hizo público desde 1824, sugiriendo que los gastos de la expedición fueran erogados "por todos los gobiernos de todas las Repúblicas de América". Al año siguiente, apenas supo que el Barón de Humboldt pensaba en un segundo viaje, le escribió invitándole a que lo extendiera hasta Guatemala ; y obsedido por su preocupación sugirió que el Congreso de Panamá estudiara la conveniencia de organizar la expedición. Desde las que encabezaron Hernández, Sessé, Malaspina, Mutis y Ruiz y Pavón hasta la famosa encuesta que por orden de Carlos III se llevó a cabo para conocer los idiomas y dialectos indígenas y que don Lorenzo Hervás dio a conocer en un libro no ha vuelto a efectuarse en Centroamérica más expedición que la llevada a cabo por la Comisión Científica Francesa en México y Centroamérica; pero el pensamiento de Valle continúa en pie como invitación insistente, así como su proyecto de que en cada país americano hubiera una biblioteca pública con las obras americanas.

Al hacer un balance con que demostró que hablaba documentado, Valle pudo escribir, en uno de sus ensayos formales: "Hernández pasó de la antigua a la Nueva España: estuvo siete años observando sus plantas; escribió muchos volúmenes; y no pudo a pesar de esto describirlas todas. Plumier hizo de Francia a la América tres viajes distintos para examinarlas: herborizó dos años en el primero; trabajó dos obras; y tampoco pudo agotar el número de vegetales. Feuille abandonó el mismo suelo para estudiar los del Perú, Chile y las costas orientales de la América del Sur: fueron grandes sus trabajos, y jamás pudo terminarlos. Jussieu viajó 35 años por el Perú y otras provincias de la misma América: hizo colecciones preciosas; y no pudo acabar sus trabajos. Kalm le siguió en ellos: fue infatigable; y sin embargo, de serlo nunca llegó al término, Locfling, el discípulo amado de Linneo, salió de Cádiz el 15 de febrero de 1754: llegó a Cumaná en abril siguiente; y a los seis meses tenía una colección de 550 a 600 especies.

Jackin vino también a la América: descubrió nuevos vegetales; y regresó a Europa en 1759 sin haber clasificado todos los que había. Commerson trabajó igualmente el año de 1773 en las costas del Brasil, Buenos Aires y Magallanes; y sus trabajos tampoco llegaron a tocar en el fin. Ruiz y Pavón recorrieron después por espacio de 11 años el Perú y Chile: formaron herbarios que admiraron Londres y París; y sus sucesores encontraron posteriormente especies nuevas escapadas a sus ojos. Sessé al frente de expedición distinta herborizó en Nueva España: describió y dibujó multitud de plantas; y aquella vasta región tiene todavía vegetales desconocidos, Michaux observó 12 años la América del Norte desde 1785; mandó a Francia 60.000 pies de árboles y 40 cajones de semillas: multiplicó las observaciones; y no pudo apurar el fondo.

D. Luis Noe, ese hombre infatigable que en honor de la ciencia emprendió cuantos trabajos podían arrostrarse, salió de Cádiz en 1789; hizo herborizaciones en Montevideo, Talcahuano, Chile, Chillán, etc.: recorrió la Cordillera de los Andes; llevó a España en 1794, 10.000. plantas; y después de sus viajes dilatados y penosos, han encontrado especies y géneros nuevos. Tafalla y Mancilla extendieron sus observaciones desde el Perú hasta Guayaquil; adelantaron las conquistas vegetales; pero no pudieron llegar a la meta. Mutis, a quien la América del mediodía debe luces y cono-cimientos dignos de gratitud, fue en 1782 director de otra expedición en el nuevo reino de Granada: trabajó 40 años en aquella provincia; hizo un herbario de más de 24.000 plantas el general Morillo; en 1818 mandó a Madrid 105 cajones de minerales, vegetales, etc., acopiados por aquel sabio; y Humboldt y su digno compañero Bonpland encontraron después otras especies en la misma América del Sur. No habían recorrido más que una parte de ella; y su colección en 1803 antes de concluir su viaje pasaba de 4.200 plantas en países, dice, donde la naturaleza se complace en derramar sus gracias y multiplicar vegetales de nuevas formas y de fructificaciones desconocidas".

"Oro, plata, América —dijo— son palabras que significan una misma cosa".

Y en un instante de sabiduría señera exclamó: "El estudio más digno de un americano es América". El "continente venturoso" es otro de sus epítetos, como poniéndolo en el marco de la utopía en digno parangón con el "continente estúpido" de Baroja (otro que, como Paw, no se atrevió a conocernos directamente) y con la "imagen del Paraíso terrenal" de Bouger.

"La América es mi patria", se le oyó decir en uno de sus monólogos. Sentía las vivas palpitaciones de América, su hechizo telúrico, porque había nacido en el centro de Centroamérica, en la tierra que fue dulce imán para Cristóbal Colón en su último viaje, allí donde los mayas alcanzaron una cúspide de su civilización, y había de nacer, por oscuros avatares, el hombre que se atrevió a intentar la primera reforma política en América Española: Francisco Morazán.

Habrán perdido validez varias de las afirmaciones científicas que hizo Valle, han sido superadas otras, pero su alto sentido de americanidad sigue prevaleciendo a pesar de las contingencias que median entre el Congreso de Panamá y las vicisitudes del Panamericanismo. A más de un siglo de haber esbozado su ideal nos damos cuenta de que supo atisbar hacia nuestro tiempo con mente diáfana y visión exquisita.

"La proclama continental de Valle —ha dicho Pedro de Alba— está redactada con profunda y precisa dialéctica: de cada punto se pueden desprender planes de trabajo para el presente. Lo que él vislumbró como el sueño de un abad se ha vuelto realidad viva en la mente de estadistas contemporáneos. Ese ideal es factible en los tiempos actuales, porque se han vencido las distancias entre las naciones de América, porque se han desterrado los recelos entre vecinos, porque se ha adquirido la conciencia plena de que el destino continental es indivisible".

Y cuando en la postguerra sean eliminados, hasta donde sea posible, los regímenes impopulares, el pensamiento de Valle quedará como el ojo avizor que supo precisar que las tiranías no pueden convivir en la familia decente de las naciones. Su magnífica profecía continúa alumbrando: "La América no caminará un siglo atrás de la Europa: marchará a la par primero: la avanzará después; y será al fin la parte más ilustrada por las ciencias, como es la más iluminada por el Sol".

EL INDIGENISTA

La americanidad de José Cecilio del Valle explica su constante defensa del indio. He aquí un criollo que aboga por el más antiguo habitante de América, pues ha sido la costumbre que sean sus personeros los españoles más humanos-humanistas auténticos a la manera de Las Casas, Sahagún y Mendieta.

Con palabras justas, Valle hizo su elogio: "El indio a quien se ha supuesto indolente y perezoso, es activo y capaz de los trabajos más duros. Sus brazos son los que rompen montañas y pulverizan peñas para sacar el oro y la plata que explota el comercio: sus manos son las que han hecho esos millones que suponen tan grande trabajo".

Pedía que los indios se civilicen, que sean llamados a colaborar en el gobierno y que se procure casarlos "con individuos de las otras clases para que vayan desapareciendo las castas"; "que haya honores y distinciones para los párrocos que presenten mayor número de indios civilizados y vestidos como los españoles" y que se reparta tierra en pequeñas suertes a los indios que no las tengan.

Un año antes de declararse la independencia centroamericana, publicó en "El Amigo de la Patria" un breve artículo en que daba cuenta de haberse instalado el ayuntamiento constitucional de Cobán, integrado por indios; y tal noticia le dio pretexto para hacer rotundas declaraciones que le sitúa: claramente entre los indigenistas de hoy:

"El indio después de tres siglos no sabe hablar el idioma de Castilla por dos razones: 1. Porque la ley le ha alejado de los que podían enseñársela; 2. Porque no ha tenido confianza de los ladinos, y cuando no hay confianza, se inventa o conserva una lengua que haga impenetrable la expresión de sentimientos. Merezcamos la confianza del indio: acérquense a él todas las clases: reúnanse en los ayuntamientos de los pueblos los indios y los ladinos; y entonces la porción más grande de estas provincias, la que tiene más derechos a nuestra protección avanzará en cultura, aprenderá el idioma que debe unirnos a todos y será más feliz. Los indios forman la mayor parte de la población, y es imposible que haya prosperidad en una nación donde no la gozare el máximo".

No era superficial su esperanza en el más antiguo habitante de América que pudo elevarse a la categoría de hombre histórico al expresar profundamente su mensaje, que ahora está siendo reconstruido, no sólo en las ciudades como las de los mayas y los peruanos sino en el aprovechamiento de plantas y de animales que enriquecen la economía mundial y en libros sibilinos que poco a poco han ido explicando los escoliastas desde el "Popol Vuh" que halló Fray Francisco Jiménez, hasta la "Nueva Crónica y Buen Gobierno" de Guamán Poma de Ayala, el Códice Badiano en que

Martín de la Cruz y Juan Badiano nos dejaron el más antiguo libro de medicina de América, y lo salvado por la amorosa paciencia de Sahagún, Landa y Durán.

Gran verdad la de Valle cuando en su disertación sobre la flora que conocían los aborígenes americanos proclama que éstos fueron sus descubridores; y si en la greca de Mitla, la orfebrería de Monte Albán, las telas de Paracas, los huacos de Nasca revelaron una estupenda sensibilidad de artistas, en el hallazgo del maíz, la patata, la quina, el pavo y el llama dieron al mundo las preseas de una permanente y fecunda revelación.

Hay un momento en que Valle abandona la investidura del ensayista y se eleva al aire radioso de la poesía bucólica; y es cuando canta la grandeza del plátano —creyéndolo, al igual de sus contemporáneos estudiosos, oriundo de este hemisferio—, con la donosura de Andrés Bello al ensalzar la magnificencia de la Zona Tórrida y la de Juan Montalvo al hacer el elogio del maíz:

"En la originalidad de su fisonomía, en la belleza de su forma, en el esmalte y extensión de sus hojas, en el poco costo de su cultivo, en el corto tiempo que tarda para fructificar, en la fecundidad con que se produce, en la cantidad alimenticia de su fruto, en la harina que da cuando es verde; en los manjares a que se presta cuando es en sazón; en todos los elementos que forman el valor de un vegetal se distingue el plátano, gloria de la América, riqueza de sus hijos, hermosura de su tierra".

Maravillosa musácea que, en el devenir de los años, en vez de ser la bendición que él deseaba para los hijos de Centroamérica, se trocó en tormento y a veces en símbolo de esclavitud y fruto ensangrentado.

EL SOCIÓLOGO

En la cosecha fructuosa del ensayista pueden advertirse algunas esbeltas espigas que el sociólogo no puede desdeñar en su interpretación de la realidad americana. Valle se anticipó a las previsiones del sociólogo; se percibe en las huellas de su pensamiento cuál habría sido, si no hubiera muerto en plenitud cenital, uno de los estudios de su predilección.

Pedro de Alba apunta: "Difícilmente podrá encontrarse en la literatura social y política de América una obra de mayor significado y actualidad que la de aquel ilustre hombre de estudio y político militante de la primera mitad del siglo XIX. Trata centenares de temas con dominio, agudeza y valentía; puede considerarse como uno de los fundadores del ensayo político-social en América. Siendo hombre de severas disciplinas y de sólida formación literaria acierta con la nota comprensiva y fácil y así pasa lista entre los más esclarecidos escritores populares".

Valle decía: "El conocimiento de las sociedades: el de la fuerza, riqueza o poder de los pueblos: el de la capacidad para planes o proyectos no se adquirirá jamás sin el estudio de las ciencias que deben darlo".

Y pudo recalcar esta afirmación: "El poder moral y político de un país, es consecuencia precisa de su poder físico desarrollado por instituciones sociales meditadas con sabiduría".

Conoció, como nadie, entre sus contemporáneos, la terrible realidad humana de su país y lo vio agobiado por herencias crueles que aun impiden la marcha ascendente del hombre. Miseria y crimen, vicios consuetudinarios, enfermedades y endemias, vagancia y desdén por el trabajo, y en algunas zonas, un lento morir: he ahí los numerosos e implacables enemigos de una mayoría abandonada a su desventura, en el esplendor prodigioso de un mundo henchido de riquezas inéditas y en desorden. Discurrió sobre el fusilamiento de un infeliz que en 1820 era la víctima de una sociedad en que son "la miseria y la ociosidad, origen de vicios y crímenes" y sus observaciones continúan en pie, incitando a la meditación.

Al trazar el cuadro político de Centroamérica demostró que la división (económica, eclesiástica, militar y forense) de las provincias había sido hecha arbitrariamente, sin tomar en cuenta la población de los grupos humanos débiles. Ese cuadro permite explicar las rencillas lugareñas, los odios que fermentaron en la entraña de colectividades con profundas disimilitudes en lo económico y lo cultural, y que en breve plazo, darían sobrados motivos para que las animadversiones, agravadas por choques sangrientos, guerras que dieron al traste con la política la Federación Centroamericana.

Dice bien la doctora Mary Wilhelmine Williams: "Centro

América tuvo una ventaja sobre la mayoría del resto de la América Española al asegurar su independencia prácticamente sin guerra e inició su vida nacional libre de deuda pública y de tal desmoralización económica y social como la que fue producida por la sangrienta lucha de aquel tiempo. Sin embargo, las dificultades aparecieron pronto, debido a que los factores geográficos provocaron el separatismo, reanudaron las viejas disensiones y agudizaron las teorías políticas en el conflicto".

Fue Valle un apasionado estudioso de los problemas económicos y el fundador de esa disciplina en Guatemala. La constante lectura de los más respetables economistas de entonces, le permitió hacer gala de conocimientos en una memoria sobre el abasto de carnes, apoyando sus afirmaciones en los textos de Adam Smith, Say, Bentham, Filangieri, Genovesi, Storch y Flores Estrada.

Era un defensor del capitalismo y formuló esta tesis: "Los capitalistas, necesarios para la producción de la riqueza en los artículos establecidos son también precisos en la creación de los nuevos. Ellos aventuran los primeros ensayos de las teorías publicadas por los sabios u hombres de luces: ellos acometen en todos los ramos económicos las primeras empresas y corren los primeros riesgos: ellos hacen las primeras plantaciones de semillas o estacas que no son conocidas ni aclimatadas en un país; ellos establecen las primeras fábricas o manufacturas costosas: ellos emprenden obras que los gobiernos temen o no pueden empezar o concluir; ellos forman compañías de capitalistas millonarios para apertura de canales, construcción de caminos, explotación de minas, etc.; ellos tienen interés en las mejoras de la agricultura, perfección de la industria y extensión del comercio".

Pero antes había advertido: "La mayor o menor cantidad de contribuciones haría que la riqueza fuese el origen de la mayor o menor felicidad de los hombres: uniría a la aristocracia orgullosa de los títulos, la aristocracia insolente de la plata, y arrastraría a ver este metal como la fuente del bien o el principio de los derechos. La división de provincias y secciones de provincia debe hacerse en razón compuesta del territorio, población y contribución. Combinando estos tres elementos con imparcialidad y sabiduría es como puede hacerse una obra que a más de los bienes que promete, parece en el nuevo sistema una de las que exige la necesidad. Ella prevendría los males que origina al fin en el curso del tiempo una distribución irracional de territorio: ella acercaría a todas las provincias en derredor de un centro común; ella establecería la igualdad posible de los pueblos; y esta igualdad apretando los vinculos y distribuyendo la riqueza los haría felices a todos".

Valle proclamaba la necesidad de tener más vías de comunicación; quería que se introdujeran nuevos cultivos y técnicas; que llegaran geógrafos, botánicos y mineralogistas; que se formara una tabla de los valores humanos y un inventario de las riquezas; y estimaba que "el que suda y trabaja es la base genuina de la patria". No disimulaba su obsesión: que las costas fueran pobladas y saneadas y que se construyesen barcos, porque —según decía— Centro América debe ser agricultora y marina; y se anticipó a explicar la importancia que tendría el Canal de Nicaragua en el porvenir de América.

Si el mar le era fantasma —a él, que no había querido cruzarlo, porque desdeñó una plenipotencia en Europa— tenía una dulce pesadilla que le atormentaba: era la imagen de una tierra en que el trabajo crea riqueza y los hombres conviven íntimamente con las fuerzas elementales sometidas:

"Una lágrima menos, una espiga más". Acaso llevaba en su alma el boceto de un paraíso posible en que el hombre sea el rey de sí mismo en el Palacio de los Cereales.

Humboldt, José Joaquín de Mora, Andrés Manuel del Río, Vicente Cervantes, Álvaro Torres de Estrada, el Conde de Pecchio, el Conde de Sack; pero, sobre todo, Jeremías Bentham: tales fueron los sabios con quienes sostuvo correspondencia. Al Conde de Sack escribió interesante carta (3 de octubre 1825):

"El señor don Andrés del Río, mi digno amigo, me ha escrito que Ud. desea la historia de esta nación, escrita por el padre don Domingo Juarros, y dos monitos verdes, macho y hembra, despanzurrados, y remitidos en dos vasijas con espíritu de vino. La recomendación del señor Río es poderosa para mí. En obsequio de ella y de lo que se merece un amigo de las ciencias, que por adelantarlas y cultivarlas ha pasado del Antiguo al Nuevo Mundo, he procurado hacer desde luego lo que se desea. Yo no he visto aquí monitos verdes ni encontrado sujeto que asegure su existencia. Como una rareza verdadera se mandó años ha de Nicaragua (Estado de esta República, donde abundan aquellos cuadrumanos) un monito amarillo. De los verdes nadie me ha dado razón. Un hijo de Nicaragua me ha dicho que los que se han visto son negros, blancos y acanelados o de color canela. He escrito sin embargo a un amigo para que si los hubiese verdes me remita vivos los que desea. No es preciso matarlos o despanzurrarlos. Vivos traen los correos algunos, negritos, que se les encargan, y vivos tendré el honor de remitirlos, si los hubiere.

Dirijo entretanto la Historia que desea Ud., señor Conde. Hay en ella artículos que hubiera sido útil suprimir por no tener interés que afecte, especialmente a los hijos de otros estados: hay también equivocaciones sobre la posición geográfica de algunos pueblos. La Geografía ha sido en Guatemala un campo inculto, que nadie se ha dedicado a labrar como era preciso. Las cartas de estas provincias hechas aquí y en Europa son romances geográficos. La menos inexacta es la que se levantó el ingeniero don Juan B. Jáuregui, y esta es la que procuro corregir en algunos puntos, reuniendo datos y recogiendo noticias.

Con la Historia de Juarros envío algunos papeles que escribí por el destino que tenía o por dar a los extranjeros alguna idea de estos países. Tal es la descripción en miniatura de esta República y la de los campos de Ulúa, que se publicó en los números 1 y 6 del *Redactor General*.

No hay encarecimientos o exageraciones en lo que digo. La naturaleza es aquí grande y fecunda como en los lugares más singularmente distinguidos de la América. Un viajero ilustrado, digno de observarla en todos sus aspectos, viviría en admiración continua, encontrando a cada paso tantos prodigios en los tres reinos.

Otras provincias del Nuevo Mundo han tenido la felicidad inestimable de ser observados por sabios que les han dado nombre y representación en Europa. Las de esta República, por no sé qué fatalidad sensible para quien desea sus progresos, no han gozado igual honor. Que todavía (haya) después de tantos años, diamantes escondidos en la roca de su formación o perlas ocultas en la concha donde han sido producidas. Un viajero que viniese a recorrer campos que no ha pisado hasta ahora la planta de ningún sabio se cubriría sin duda de gloria inmortal. Sería como el descubridor del Nuevo Mundo que daría existencia a países que en este aspecto parecen no tenerla: enriquecería las ciencias, aumentando la masa de conocimientos y observaciones útiles; y haría a la humanidad en general y a mis conciudadanos en particular beneficios que no pueden calcularse en toda su extensión.

Yo me atrevo, señor Conde, a suplicar a Ud. que extienda su viaje a estas provincias, dignas de ser vistas por sus ojos. No es la naturaleza de México ni más rica, ni más fértil, ni más variada que la de Guatemala. De México al puerto de San Blas no es muy grande la distancia: de Blas a Sonsonate es corta y sin riesgos la navegación; y de Sonsonate a esta capital, apenas hay cuatro o cinco días de camino.

Quiera Ud., señor Conde, hacer a mi patria un bien que no sería olvidado. Los Jefes de los Estados por donde transitase darían órdenes eficaces para que se franqueasen a Ud. los auxilios que hubiese menester; y yo tendría la satisfacción de acompañarle en el todo o en alguna parte de su viaje: tendría la de reunir material para para el gabinete de Historia Natural, que quisiera ver establecido en esta ciudad; y gozaría además el placer de ofrecerle la consideración y respeto con que soy su más atento servidor".

SU AMIGO BENTHAM

Pero ninguno de ellos le tuvo más estimación que Bentham, el pensador inglés que influyó profundamente en las ideas políticas y económicas de la América Española, en Argentina con Rivadavia; en Colombia con Santander y en Centroamérica con Valle. La carta que que éste dirigió a Bentham desde Guatemala (3 agosto 1821) podría traducirse nuevamente al español así:

"Mi siempre querido padre: Cómo envidio a mi primo (c); con cuánto placer cambiaría yo mi suerte por la de él para que yo pudiera vivir en la residencia del mejor legislador del mundo. Me ocuparé en hacer circular su Código Constitucional. La luz de Westminster iluminará estas tierras.

Usted desea, como yo, la instrucción universal; y yo trabajo para que ésta avance. Hay autoridades a las que es necesario referirse continuamente, en todas las ramas de la ciencia y usted es una de ellas; en todos los países yo sigo sus huellas".

Cuando la asamblea de Guatemala le nombró miembro de la comisión que debía formar el Código Civil (1826), Valle volvió a pedirle inspiración. Bentham le envió varias sugestiones a lo largo de interesantísimas cartas; y en una le decía (19 marzo 1827): "De acuerdo con los medios de que dispongo para formarme un juicio, si por alguien puede su América Central salvarse de naufragar en el vórtice del despotismo en el que mucho me temo se encuentra ya Colombia, debe ser por usted.

Si yo tuviera el don de hacer milagros, yo lo dividiría en tres personas para mi propósito: Una debería ir a los Estados Unidos angloamericanos, otra vendría aquí a Inglaterra y la otra se quedaría en ese país, en el cual, tal como van las cosas, las fuerzas integras deben indispensablemente ponerse en juego para salvar la Federación".

Y añadía Bentham: "Inclusa envío a usted la copia de una carta que en el año de 1823 recibí de Rivadavia, quien es ahora Presidente del Gobierno de Buenos Aires. Entre aquella fecha y la actual, él ha residido considerable tiempo en este país. Mi frágil memoria no me permite estar seguro de haberle ya enviado una copia en otra oportunidad. En cuanto a aptitudes intelectuales, teniendo en consideración las oportunidades que él ha tenido aquí y en Francia y sus habilidades naturales, no puedo imaginar que tenga su igual en la América Española; pero gracias a las aptitudes morales, además de las intelectuales, usted es en cierto modo mi única esperanza".

Valle le escribió (18 abril 1827) anunciándole el envío de catorce publicaciones suyas y acusándole recibo de las que le había regalado. "Los sabios —le decía— son para mí los primeros seres de la tierra; y su correspondencia es en mi opinión de valor más grande que la de los negociantes que sólo piensan en intereses metálicos que no pueden compararse con los de las ciencias".

La consulta más interesante que Valle hizo a Bentham (19 mayo 1829) era así: "La falta de portadores, producida por la de relaciones entre esta y esa capital, ha sido la causa de mi silencio en los meses anteriores. Yo no he podido dirigir mis letras: no he tenido el honor de hablar en ellas al señor Bentham. Pero he oído su voz respetable en las obras que ha escrito para bien universal del género humano. Usted, señor, se ha centuplicado en ellas; vive en todos los países del mundo civilizado; vivirá en todos los siglos. Un sabio es, entre todos los seres, el que se aproxima más a la Divinidad, que está presente en todo el universo.

Yo aprovecho desde luego la ocasión que se presenta ahora. El señor J. Ackerman va a salir para esa ciudad; y con él tengo la satisfacción de remitirle una colección de las monedas de oro y plata de esta república.

Ni las de aquí, ni las de otra nación del mundo antiguo y nuevo son como yo deseo que sean. En las monarquías tienen el busto del rey y sus armas: en los Estados Unidos el busto de la Libertad y un águila con la divisa del sistema federal. En la república mexicana el gorro de la libertad, y un águila sobre un nopal con una serpiente en el pico: en la de Centro América, el árbol de la libertad, y cinco volcanes representantes de los cinco Estados que forman la república; en la peruana una dama que representa la libertad, y las armas de Lima; en las provincias unidas de la Plata, el sol, el símbolo de la unión, y el gorro de la libertad: en Chile un volcán arrojando fuego, una columna sosteniendo una esferita, arriba una estrella, y más alto la palabra Libertad, etc.

En todas las naciones que no sean oprimidas por tiranos o déspotas debe haber libertad legal. El símbolo que la representa podría a este respecto ponerse en las monedas de todos los gobiernos constitucionales; es por consiguiente demasiado general; y los del país donde ha sido acuñada que de una moneda deben ser tan propios no puedan extenderse a otros. Los demás símbolos de las repúblicas de América tienen igual defecto porque son diversas las naciones donde hoy águilas, nopales, etc.

En las pinturas de serpientes, soles, águilas, etc., veo no sé qué reliquias de la antigua barbarie, y el gorro de la libertad me parece una afectación, innecesaria cuando la hay positivamente, y visible cuando ha llegado a ser nominal.

Yo deseo que en las monarquías y en las repúblicas, las monedas tengan en el anverso una imagen que represente el congreso, parlamento, o cortes, y en el reverso el busto del rey o jefe supremo de la república; que en el primero se exprese el nombre del congreso, parlamento número de diputados y senadores que deban formarlo; y en el segundo se cortes, y manifieste el nombre del monarca y jefe respectivo de la nación.

Las monedas participarían entonces del carácter augusto que distingue a los altos poderes. Serían para la historia monumentos preciosos de los períodos constitucionales, y oprobio eterno de los tiranos que sofocasen la constitución de los Estados para ser absolutos

Otro pensamiento que me ocurre en este instante sería a mi juicio de igual importancia. Podría ponerse en el anverso una imagen que representase los dos Poderes Supremos, el legislador y el ejecutor; y en el reverso el mapa del reino o república, reducido a un punto mínimo.

La carta de una nación daría a sus monedas el carácter más inequívoco de nacionales. Serían más conformes al espíritu del siglo que no se place, como los anteriores, en leones, castillos, escalas y monos, sino que busca lo que es positivamente útil y conforme a la cultura de los tiempos. Se inspiraría gusto por la geografía respectiva del país, y hasta los últimos hombres del pueblo tendrían alguna idea del mapa de su patria.

No sé si usted, señor Bentham, ha vuelto alguna vez a las monedas el pensamiento que ha sabido fijar con tanta utilidad en la ciencia legislativa. Si los míos fueren dignos de sus votos, yo tendré esta pura satisfacción; y en caso contrario, gozaré al menos la de desear que se mejore lo que me parece exigir reforma".

LIBERTAD DE IMPRENTA

La respuesta de Bentham (8 al 13 de septiembre de 1829) tiene singular interés, porque aborda el problema de la libertad de prensa: "Monedas. Lo que Ud. dice sobre este tema muestra la amplitud y elasticidad de su mente. No obstante que más me habría agradado verla aplicada a asuntos en que el trabajo hubiera sido para producir efectos en que fuese más concreta e indispensable la felicidad pública.

Primero, respecto a que exhiban el perfil del territorio del Estado. Por guerras y por tratados estaría éste constantemente expuesto a variantes; y en caso de una cesión lo estaría en peligro de excitar comparaciones y recuerdos penosos.

Segundo, respecto al número de los miembros de las Asambleas Legislativas. También allí, sea cual fuere el número de las asambleas que compongan la legislación, continuamente sufrirían variaciones: natural y generalmente en cuanto a un aumento, tales variaciones se han producido en Inglaterra, en Francia y en los Estados Unidos anglo-americanos, etc., etc., y estoy inclinado a creer que en todas partes.

La libertad de prensa, en la acepción ordinaria de la palabra, hasta cierto punto es buena; pero en ese sentido puede tener lugar y al mismo tiempo ocurrir un estado de cosas opuesto a lo que se espera de ella. Bajo cualquier gobierno, y en particular en un gobierno democrático, el periódico es el instrumento literario más eficaz para el bien y para el mal; y entre las publicaciones periódicas, las más eficaces, aquellas cuya aparición es más frecuente; el diario más que los periódicos cada dos días; luego siguen los periódicos de cada dos días más que el semanario; y así sucesivamente.

Supongamos que sólo existiese uno de estos periódicos y ningún otro, entonces la libertad sería mera ilusión, en vez de ser útil, dicho periódico podría ser peor que inútil. Primero, supongamos que sea más natural que tal periódico sea editado por el gobierno, o bajo la influencia del gobierno. Todas las verdades que señalen las imperfecciones del sistema de gobierno, o la mala conducta de los gobernantes, son suprimidas: todos los malos argumentos y las mentiras, tendientes a que el pueblo apruebe semejantes imperfecciones, o mala conducta, o falta de fe en su existencia, son insertadas; y todas las refutaciones a esas mentiras y las réplicas y las refutaciones de esos malos argumentos, son excluidos.

Aún supongamos que, durante un tiempo, el editor del periódico —este amo de la opinión pública— es honrado y permite la inserción de comunicaciones, que por cualquiera de las causas antedichas, son desagradables al Gobierno. Debido a ese estado de cosas, la duración siempre será precaria. Pues cuanto más activo sea él en esa línea de beneficio, más molesto será para las autoridades constituidas, y más fuerte será el interés que ellas tendrán para ganárselo a cualquier precio.

Una vez ganado, él no será sólo inútil a la causa sino peor que inútil. El bien en la forma de recompensa, tan mal aplicado aquí, duplica el perjuicio que podría hacer el mal, así mal aplicado, en la forma de castigo. Todo lo que el miedo al castigo podría lograr, sería impedir que el hombre sirviese a la causa del pueblo; mientras que la esperanza de recompensa, además de producir ese mal efecto negativo, podría en diverso grado, producir el mal efecto positivo de obligarle a hacer perjuicios positivos a los intereses del pueblo.

Lleguemos hasta a suponerle honrado, y honrado hasta el fin, aún dando publicidad a sus propias opiniones, con exclusión de todas las demás, puede desviar la opinión pública cuando quiera, y estaría seguro así de hacerlo, en un grado más o menos considerable, aún sin proponérselo.

Habría, pues, que alejar este mal, o reducirlo a su menor expresión: o dicho con una de las nuevas palabras que he acuñado, habría que minimizarlo. Esto es poco fácil; y no se ha intentado jamás en parte alguna, que yo sepa.

En cuanto a lo que se escriba firmado por el editor, eso es sin remedio: a este respecto, la tendencia será la que quiera darle por cualquier motivo. El único remedio contra semejante parcialidad es el que pueden aplicar otras personas con el carácter de corresponsales suyos.

De poder arreglarse las cosas de modo que se obliguen a dar igual espacio a observaciones contrarias a las suyas, o a las de otro escritor del lado opuesto a lo que él sostiene, esto sería todo lo que se podría hacer. Cuando Miranda, hijo del célebre general Miranda, con quien estuve en términos de intimidad, salió hace algunos años de este país, en donde había nacido y se había educado, creo que para Colombia, en aquel tiempo Venezuela, a fundar un periódico a la inglesa, le redacté un breve plan, que tenía por finalidad esta especie de imparcialidad e independencia, en cuanto fuese practicable.

Con tan poco tiempo que usted me concede, no he podido encontrarlo, pues si no lo habría enviado a usted, o una copia de él; si lo consigo se lo remitiré por el próximo correo. Mientras tanto, quizá tenga usted tiempo para meditar en qué forma puede obviarse la dificultad, tomando en cuenta la situación de ese país.

El rey de Francia está decidido a esforzarse para restablecer el despotismo. Tengo a la vista las palabras de una conversación breve, pero decisiva, que sobre ese tema tuvo con el Duque de Orleans. Y ello procede de alguien que se la escuchó al propio Duque. El pueblo está resuelto a resistir al rey, caso en el cual, si ellos tienen éxito, el Duque de Orleans le sucederá en la corona; probablemente con anterioridad más limitada que hoy. Y ahí tendrá lugar una guerra civil, a menos que el rey se ausente y ceda, lo que parece más probable. En una prensa que tengo, un empleado está sacando copia litográfica de un folleto en defensa de la aspiración popular, destinado a que circule en Francia. Creo que esta hoja contendrá las últimas palabras de mi larga carta miscelánica. Tome lo largo de ella como una prueba del afecto con que soy de usted, etc".

SU IDEARIO ACTUAL

1—. Elegid a hombres penetrados del entusiasmo heroico de la América: elegid talentos; buscad genios bastante grandes para formar la legislación que deba regiros en lo sucesivo.

2—. Abramos al europeo las puertas de la República, si queremos que Centro América sea ilustrada y rica. Un europeo (sabio, capitalista u cobrero) es un productor nuevo de riqueza.

3—. ¿No habrá algún día medallas o laureles para los que abran un camino, levanten un puente, funden una población o llenen alguna otra necesidad de las muchas que sufren las provincias?

4—. Quemad todos los libros: destruid todas las imprentas: cerrad todos los institutos y academias: formad planes para sofocar las ciencias: trabajad para llenar el vacío de ellas con lo que placiere a tus proyectos. La mano más poderosa no tiene imperio sobre el pensamiento; y mientras haya en el Globo un solo hombre que piense, las ideas de este hombre se irán dilatando por toda la tierra.

5—. Varía las necesidades del hombre. Dale nuevos sentidos o perfecciona los que tiene. Que no sienta ya los estímulos del hambre, ni sea atraído por el sexo que adora. No habrá amor, ni existirán las ciencias que han nacido de esta dulce necesidad; no habrá agricultura ni conoceremos las artes que ha producido el cultivo. La armonía de Haydn dejará de serlo. Los encantos de la música serán sensaciones desagradables.

6—. Los gobiernos que necesitan de la fuerza para sostenerse: los que no pueden existir sin ejércitos permanentes o renovados sin interrupción: los que mandan países donde hay más instrumentos de muerte que de vida, más fusiles que arados, son Gobiernos precarios, efímeros y de corta duración.

7—. Arado, azadón, azadilla, hoz, hacha, piqueta, trillo, agramadera, espadilla: esto es lo que se ha inventado para labrar la tierra y dar riqueza a los hombres. Fusiles, escopetas, carabinas, arcabuces, esmeriles, trabucos, pistolas, espadas, sables, cutos, cuchillos, puñales, machetes, espadines, lanzas, flechas, cañones de batir, cañones de campaña, cañones de crujía, morteros, bombas, balas, granadas, mazas, pilos, arietes, etc.; esta es la nomenclatura horrorosa que ha sido necesario inventar para sostener a los Gobiernos que quieren sacrificar el mayor número al bien del mínimo.

8—.Un operario, obrero o jornalero no es un siervo: es un coproductor de la riqueza. No es una servidumbre lo que se estipula: es un pacto el que se celebra.

9—. Las clases que han gozado serán bastante justas para dividir sus goces con las demás? ¿Las que han sufrido serán bastante racionales para no excederse en su petición?

10—. Los pueblos tienen derecho para saber lo que se ha trabajado en su bien. Ellos son los que trabajando y sudando forman las rentas que mantienen a los funcionarios; ellos son los que uniendo fuerzas individuales forman la fuerza pública que sostiene el orden.

11—. Los que creen que el dinero es preciso para todo, juzgarán imposibles sin él la aperción de caminos, la composición de puertos. Yo veo la colmena hermosa que regala mi paladar; Sin dinero la han hecho las abejas; sin dinero han elaborado tanta miel y formado tantas celdillas unos insectos pequeños, incomparables con el hombre. El trabajo unido y constante que hace colmenas, puede abrir caminos, componer puertos y emprender obras de bien general. Uníos para las obras de común utilidad; y esa mano que Eleva al hombre sobre los tigres y leones os hará poderosos y ricos".

EPÍLOGO

José Cecilio del Valle tiene derecho a que América —su paraíso entrevisto— le estime entre sus mejores hijos. Por sus anticipaciones sobre muchos de los problemas insolutos de América, por haberle interesado la grandeza y la miseria del hombre, porque vivió en una época en que todo le confabulaba para hacerle fracasar, Valle recobra la importancia que en la lejanía del tiempo asumen los héroes de la inteligencia amorosa. Y por lo que va dicho en esta disertación que pretende dar el perfil de su figura, volvemos a oír, claras, nítidas, sus palabras, y nos parece que con la voz más acendrada y con menos angustia, esa figura se desencarna del mármol y vuelve a andar.

JOSÉ CECILIO DEL VALLE

Mientras Centro América viva apegada a sus grandes recuerdos; mientras se tenga idea de Gobierno, y la literatura prospere, y no se olviden nuestras caídas y nuestra historia enseñe a gobernar a los Magistrados de las Repúblicas del Istmo, y haga señales de progreso y los antiguos pueblos que formaron en un tiempo feliz una sola y hermosa nación, se acerquen más y más hacia el porvenir, el nombre del sabio hondureño será respetado y venerado; del numen del ciudadano que ama la tierra en que pasó los primeros días de su vida; será el personaje a quien rendirán culto fervoroso las venideras generaciones. Es porque José del Valle representa la prudencia política, la sabiduría democrática, el desinterés republicano, el deber patriótico.

Es porque José del Valle es el hombre más grande que registran los fastos de nuestra historia pretérita; es el hombre cuya obra perdurará inmarcesiblemente en los anales de Centro América, porque es la obra que se realizará en el futuro que espera a nuestra desgraciada nación; porque José del Valle es el hombre del mañana, es el hombre que no se olvidará jamás, puesto que hizo el bien, puesto que amó a su Patria con ejemplar civismo y aplaudida abnegación.

Vástago de una prosapia noble, Valle fue amante de las ciencias exactas, físicas y naturales en una edad precoz. Su afición a los estudios serios y la fuerza prodigiosa de su asombroso intelecto fueron excepcionales en su tiempo. El conocimiento de las buenas literaturas y de las lenguas vivas fueron el deleite de su genio. Goicochea lo bautizó con el óleo de la ciencia, y la sabiduría depositó sus mieles en la boca del talentoso hondureño. Españolista en un principio por sus tradiciones, por su educación y origen, Valle, que fue el caudillo de los Gazistas, proclamaba la evolución, predicaba la revolución y amaba la idea radical. La independencia se acercaba al antiguo Reino de Guatemala, Gaínza dejó de ser Capitán General, y Valle como dice Rosa, dio la espalda al pasado y se convirtió en independiente probo. Y cuando Centro América fue anexada a Méjico, él protestó con todas las venas de su corazón contra aquella ignominia y aquel acto vergonzoso. Fue a la capital de Anáhuac y el Congreso Constituyente de Méjico lo llamó su Vicepresidente. Valle pronto dio a conocer sus ideas anti-anexionistas y por eso se le recluyó en el Convento de Santo Domingo; pero Iturbide lo hizo abandonar el banco de prisionero político para hacerlo ocupar el sillón de primer Ministro del Imperio. Allí trabajó por el bien de su amada Patria y evitó la funesta caída a don Agustín I.

El Soldado de las Tres Garantías abdicó y la República triunfó. Entonces nuestro sabio fue Diputado al Congreso restaurado y logró se anulará la anexión de su país a Méjico, consumada el 5 de enero de 1822. Luego regresa a Guatemala a formar parte del Triunvirato organizado conforme al Acta de Independencia de 1º. de julio de 1823. La Constitución Federal es sancionada y Centro América concurre a las urnas electorales a designar su Presidente. La intriga favorece a don Manuel José Arce y los liberales sufren merecido castigo en manos de su candidato afortunado. Valle se retira al seno de su hogar y espera. Morazán toma a Guatemala el 13 de abril de 1829 y Valle respira. Se convoca a elecciones de las Supremas Autoridades de la Federación y Morazán, que era el ídolo popular, es aclamado Presidente.

Valle cede sus derechos a la justicia y acompaña al Jefe legal. El soldado de Gualcho concluye su primer período y los pueblos de la Unión asisten a los comicios. Valle aparece en la arena de la política y la suerte le es favorable, pero la muerte le es inexorable. El 2 de marzo de 1834 murió, y fue justamente llorado. Entonces Barrundia hizo el panegírico del sapientísimo Abogado, con aquellas palabras: "Ha muerto Valle. Este hombre es conocido en la Europa. Su cabeza era una luz; su boca, el órgano de la elocuencia en la Tribuna".

Con la muerte de Valle, la Federación se desplomó. Si él no se hubiera extinguido, de seguro que la República se salva. Pero no pudo sobrevivir al desastre del 42, como Lamartine murió sin presenciar la catástrofe de Sedán el año de 1870. Valle fue un estadista insigne que poseyó la difícil ciencia de Gobierno; un modelo de políticos, que tuvo un alma reservada a servir de templo sacrosanto, de altar inmune al Dios de la ciencia.

Admirable es verlo, ya encerrado en los estrechos muros de su cuarto de estudio, deificando al libro que era su mejor y más sincero confidente; ya en el aula, enseñando Economía Política, y lanzando los destellos de su portentoso saber, ya en el Gabinete federal, pensando en los grandes y futuros destinos de su Patria. Admirable es verlo ayudando a Goicochea en la evolución de ideas iniciada por el docto costarricense; redactando el Acta de Independencia de 1821; retirado al silencio de su morada honesta cuando su país fue anexado a Méjico; yendo a la gran Tenochtitlán como Delegado de su nación; preso por orden de Iturbide y encerrado en el convento de los padres dominicos, hojeando códices apolillados, depositarios de la vejez de los siglos, observando manuscritos vetustos, revisando mapas y leyendo colecciones de periódicos; regresando a Guatemala, estudiando fósiles, formando herbarios, ayudándose del barómetro y del termómetro en sus experimentos; coleccionando minerales y plantas y apoderándose como un avaro de grandes y útiles conocimientos; dando a luz folletos luminosísimos, en los cuales probaba la nulidad de la elección de su rival el señor Arce; compitiendo en prestigios con el vencedor de Jocoro y haciéndole oposición desde su bufete de Abogado relacionándose con Bentham y Flores Estrada, y Mora, y Humboldt y los Condes de Pecchio y de Sack; vestido con elegante casaca negra, que adornaban gruesos botones, alto cuello y finísima corbata de seda; buscando en los anaqueles de su rica y selecta biblioteca, libros en donde saciar su insaciable sed de saber para atesorar conocimientos importantísimos en su poderoso cerebro, y deleitar con lecturas provechosas su alma que, como dijo Barrundia, era el altar de Minerva; contemplando los retratos de los genios cuyas ideas servían de lenitivo a sus sufrimientos; expirando en fin, en el camino que conducía a su finca, en medio de grandes delirios, escuchando los entrecortados sollozos de sus hijos que le rodeaban que ansiaban verlo lanzar el suspiro supremo y último, consagrando los votos de su corazón a su pobre, desdichada Centro América.

Pensador austero y solitario, era hasta cierto punto orgulloso y vivía aislado, en perenne y sublime conversación con los libros y en eterno diálogo con los astros, espaciando su mirada en el infinito, como los cóndores que sólo habitan en las regiones inmensas de los inmensos Andes.

El hizo un resumen genial de las ciencias, ante la sociedad que fundara Villaurrutia.

Él pensó al mismo tiempo que Bolívar, en la fundación de una República formada por las naciones de la América Española; y si el caudillo de San Mateo dijo que la América unida se llamaría la "Reina de las Naciones" el sabio hondureño pensó en el espectáculo maravilloso que ofrecía un Congreso compuesto de Representantes americanos; un Congreso, como él mismo decía, no visto jamás en los siglos, no formado nunca en el antiguo mundo, no soñado antes en el nuevo.

Valle, engendró una idea madre, si repetimos lo que de ella dijo Bernardo Monteagudo; y la coincidencia especial de su pensamiento con el que abrigaba Bolívar, es idéntica a la que sucedió años antes, entre Leibniz y Newton, quienes a un mismo tiempo y en diferentes países, descubrieron el método investigador más importante de las matemáticas: el cálculo, que el pensador inglés llamó fluxiones.

Valle como literato esculpían, no delineaba: era grabador, no pintor.

Valle como orador, convencía y deleitaba, pero no entusiasmaba ni exaltaba. Su elocuencia nada tenía de tribunicia: era catedrático y académico. Y si Seire fue, bajo la Restauración de Luis XVIII, el águila de la tribuna, Valle, en la época de la Reforma morazánica, fue el cóndor de la oratoria parlamentaria, y el hombre que, si convencía con el argumento sólido de sus lucubraciones, no seducía con la magia de su verbo, con la brillantez de una fraseología pintoresca: porque su palabra, si no era flor de un páramo americano, ni un pájaro de un boscaje tropical, sí era muro, pedestal, cimiento.

Valle se anticipó a su siglo, se adelantó a su época; es el hombre del porvenir, porque es el hombre de la idea. Por eso, el Presidente Soto y el Ministro Rosa, Magistrados que crearon a un pueblo y tuvieron conmiseración de nuestro hermoso pasado, se apenaron al ver el olvido en que se hallaban relegados los proceres de la Federación, ordenaron que se escribiera la biografía del sabio, y que su silueta se modelara en mármol pentélico, en bloque de mármol que se arranca a las entrañas del suelo de Carrara. Por eso la historia, al revisar con su ojo augusto los catafalcos en que descansan los grandes federalistas de Centro América, se inclina ante la sombra venerada del insigne estadista, y va ante su estatua altiva a despedir corona de azahares y guirnaldas de laureles. 5 de septiembre de 1907.

GENERAL FRANCISCO MORAZAN: HEROE Y REFORMADOR

FRANCISCO MORAZAN es la figura política y militar más brillante de la historia de Centro América, a la vez que el revolucionario que, en la historia de las ideas políticas, sólo tiene un émulo, José Cecilio del Valle.

Hizo la primera tentativa de reforma liberal en Hispanoamérica, cuatro años antes de Gómez Farías en México. Luchaba contra los grupos privilegiados que después de tres siglos de dominación absolutista se empeñaban en ser los usufructuarios del poder y de la riqueza pública, a pesar de que en 1821 se había consumado la independencia política. Las fuerzas antihistóricas, más poderosas que él, lo hicieron sucumbir en el patíbulo, el 15 de septiembre de 1842, hace justamente un siglo. Morazán pretendió la unidad de los cinco países que habían nacido disgregados, al emanciparse de España, a pesar de que el régimen español los mantuvo aparentemente unidos: al efectuarse la anexión al Imperio de Iturbide (1822) las rivalidades estallaron de ciudad a ciudad: Comayagua contra Tegucigalpa, León contra Granada, San José contra Cartago, Guatemala contra la Antigua y Quezaltenango, San Salvador contra Guatemala.

El fracaso de Morazán, después de doce años de lucha armada, le consagró precursor y mártir de un ideal, que aún palpita y que habrá de fructificar cuando la escuela renueve la conciencia histórica y los intereses económicos y morales se vinculen gracias a las vías de comunicación: ese ideal es la unión de Centro América. Morazán fue un desafío violento contra el pasado, en lo que éste tiene de impuro; un revolucionario que recurrió a la violencia, porque el pasado se obstina para que los pueblos sigan inmóviles; y los intereses creados, la pobreza de visión hacia el futuro, el amor a lo inmediato, mediocre, las ambiciones lugareñas fueron sus recalcitrantes enemigos y aún lo son. Por eso, a pesar de los defectos que tuvo hombre fue, seguirá siendo, por la elevación de su pensamiento y por la grandeza de su alma, hasta en la muerte, un héroe de la conciencia que creía en la superación del hombre.

El 3 de octubre de 1792 nació Francisco Morazán, en la ciudad de Tegucigalpa, nieto de un Morazani, italiano, de Córcega, que había emigrado a una isla de las antillas. Modestísima fue su educación, antes de estudiar latín, dibujo y matemáticas y de recibir en la oficina de un escribano ciertas nociones de Derecho. Apareció en la vida pública (1821) al adherirse Tegucigalpa a la independencia de la Capitanía General de Guatemala, siendo, poco después, Secretario General Gobierno del Estado de Honduras (1824) y Presidente del Consejo Representativo (1826) y al ser violada la soberanía del Estado por el Presidente de la Federación, Manuel José Arce, incendiada la capital hondureña, Comayagua, (1827) y prisioneros los gobernadores constitucionales de Guatemala y Honduras —que se oponían a las arbitrariedades del régimen conservador federal—, surgió como paladín de la Constitución y como reformador que, al frente del Ejército Protector de la Ley (1829), con la alianza del Estado de El Salvador, después de algunas batallas memorables pudo adueñarse de la ciudad de Guatemala e iniciar la reforma como Presidente de la Federación (1830 a 1839), habiendo después trasladado a San Salvador la capital federal.

Sus implacables enemigos le presentaron oposición armada en varios frentes, amenazando continuamente la disgregación de Centro América, entre ellos Cornejo (1832) y San Martín (1833) en El Salvador; Gálvez, en Guatemala (1833 y 1834); Arce, a través del Soconusco de México (1833); Carrera en Guatemala (1838); y Ferrera, en Honduras (1839). Salvó la independencia de Centro América, al recuperar el puerto de Omoa, en donde los facciosos habían izado la bandera española, con el estímulo de la Capitanía de Cuba, y envió su adhesión a la República mexicana en los días en que, Barradas, dueño de Tampico, pretendía reconquistarla para España.

UNA CARTA DE MORAZÁN

El 18 de marzo de 1830, el Presidente Morazán escribió al Secretario de Estado y del Despacho de Relaciones Exteriores de los Estados Unidos Mexicanos, don Lucas Alemán, una nota en la que ofrece los recursos que puede brindar el Gobierno de Centro

América para la defensa continental contra el plan invasor español. Esa nota debe ser releída:

"Guatemala, 18 de marzo de 1830. Al Excelentísimo señor don Lucas Alemán, Secretario de Estado y del Despacho de Relaciones Exteriores de los Estados Unidos Mexicanos. No cabe ya ninguna duda de que se prepara una nueva y fuerte expectación contra la América, alentados sus enemigos, seguramente por las tristes desavenencias que han trastornado su orden interior. Ellos calcularon su primera tentativa sobre la división en que creyeron encontrar esa República; y aunque el fracaso debió haberles hecho conocer que, cuando se trata de defender su independencia comprada a costa de sangre y dolorosos sacrificios, los mexicanos olvidando todo sentimiento, no tienen otra pasión que la libertad de su Patria sus enemigos son incapaces de penetrarse de esa verdad, aunque la han palpado muy a su costa. Persuadido, pues mi Gobierno, de que la unión entre las dos repúblicas las hará más inaccesibles a la fuerza española ofrece, desde luego al de esa nación en el caso de ser atacada, todos los auxilios de que pueden ser susceptibles los recursos de Centro América y aunque resentida toda. vía, por la guerra civil que acaba de sufrir y la que hizo retroceder en su marcha política, mi Gobierno está en aptitud de reunir sus fuerzas a las de esa República para sostener su cara independencia.

Sírvase aceptar las consideraciones más distinguidas que me merece y con que soy de Ud., su atento servidor. F. MORAZAN".

ÚLTIMOS DÍAS DEL GENERAL MORAZÁN

Invicto desde las batallas de La Trinidad (1827), Gualcho (1828), San Miguelito (1829) y Guatemala (1829), hasta las Vueltas del Ocote (1830), Jocón (1832), San Salvador (1832 y 34), El Espíritu Santo (1839) y Perulapán (1839), Morazán despreció la dictadura que le ofreciera el Partido Conservador (1838), y aunque volvió a sitiar la ciudad de Guatemala (1839), fue contrasitiada por el indio analfabeto Rafael Carrera y abandonó Centro América, dirigiéndose a Colombia, desde donde lanzó el luminoso manifiesto de David (1841) en que se compendia su ideología.

Estando en el Perú, sus partidarios le llamaron en los momentos en que era más agresivo el cónsul británico Chatfield (1841) y así como había sido Jefe de los Estados de Honduras (1829) y de El Salvador (1832 y 1839), lo fue de Costa Rica, al derrumbar al dictador Carrillo (1842). Había convocado una Asamblea Constituyente y hecho los preparativos para la reconstrucción de la República de Centro América, cuando una insurrección en la que prepararon las intrigas de los separatistas de los otros Estados triunfó sobre él, llevándolo al cadalso sin formación de causa (1842). Así quedó cerrado el ciclo de la revolución de Centro América en la que Morazán había sido máxima figura. Después de él, con algunas excepciones (Vasconcelos y Barrios en El Salvador, Cabañas en Honduras), durante treinta años los dictadores se adueñaron del poder; pero la revolución liberal de 1871 en Guatemala, que hacía Honduras proyectaron Marco Aurelio Soto y Ramón Rosa, pusieron otra vez en marcha la idea morazánica. Las diversas tentativas que después se han hecho hasta 1921 son un testimonio de que Morazán sigue animando la esperanza de quienes desean que Centro América sea una y haga posible el cumplimiento de su viejo lema: "DIOS, UNIÓN Y LIBERTAD".

MORAZÁN REFORMADOR

Inspiradas por Morazán, o directamente promovidas por él fueron posibles en Centro América, desde 1829 hasta 1842, las siguientes reformas: 1829. La Asamblea de Honduras decreta la abolición del diezmo. Desamortización de los bienes de las comunidades religiosas. Se establece la primera imprenta en Honduras. 1830. Roatán es devuelto a Centro América por Inglaterra, gracias a las gestiones de Barrundia, y éste logra que se adopte el Código de Livingston, que había traducido. Se funda la Academia de Ciencias, reuniendo en ella la Universidad de San Carlos, el Protomedicato y el Colegio de Abogados. Se frustra el intento de reconquista española emprendido desde Cuba, con la complicidad de traidores centroamericanos. 1831. Se fundan en Guatemala la Escuela Normal de Maestros y las cátedras de Cirugía y Matemáticas.

1834. La Asamblea de Honduras decreta la libertad de imprenta.

1835. El Congreso Federal decreta la libertad de conciencia.

1837. La Asamblea de Guatemala expide la ley de divorcio y

decreta la libertad de testar. Se amortiza en Honduras la moneda provisional. Sobre estas reformas ha dicho, con gran acierto, el historiador mexicano Luis Chávez Orozco, lo siguiente:

"Cuando en México, el sudamericano Vicente Rocafuerte vivía oculto por haberse atrevido a publicar un folleto en que tímidamente sostenía la tesis de la tolerancia religiosa, en Centro América se decretaba en mayo de 1832".

"Cuando uno de los capítulos más importantes de la Memoria del Secretario de Justicia y Negocios Eclesiásticos de México lo constituía el tema de la recaudación de diezmos, en Centro América se decretaba la abolición de ese tributo".

"Cuando en Centro América se decretaba la desamortización de los bienes de comunidades religiosas en 28 de julio de 1829, en México estaba a punto de escalar el poder la administración que mayores concesiones hizo el clero".

"Cuando en México se confesaba el Gobierno incapaz de reformar la educación superior y se entregaba en manos de particulares la elemental, en Centro América se dictaban los decretos de 9 de junio de 1830 y de 1o. de marzo de 1832. Ahora bien, ambas disposiciones, pero sobre todo la segunda, significan, dentro del movimiento cultural de la América Latina, la primera fórmula legislativa para estructurar la educación popular en un sentido francamente democrático. El espíritu de esta ley, comparable con la que reformó la educación nacional francesa, inspirada por Condorcet y aprobada en abril de 1792 por la Asamblea Legislativa, fue para México el apoyo ideológico gracias al cual los Gómez Farías y los Mora y los Gorostiza y los Rodríguez Puebla, se entregaron a la empresa de redactar la ley de octubre de 1834, creadora de la fecunda Dirección General de Instrucción Pública".

"No acierta uno a saber quién subió más alto. Mientras Morazán y los hombres que se movían a su alrededor desquiciaban la estructura feudal centroamericana, haciendo de la educación un instrumento para forjar una sociedad democrática más justa y más humana, Bolívar, en el Sur, se preparaba a morir garantizando para el futuro de la América nuestra el advenimiento de un régimen de libertad. Ni más arriba ni más abajo —Morazán está al par de Bolívar y nosotros los hermanamos en un sentimiento de veneración —".

Morazán no fue militar de escuela, pero sí gran guerrero. Escritor Político, en sus mensajes y proclamas campean énfasis y elegancia. Generoso con sus enemigos, no fue cruel, como la mayoría de los caudillos hispanoamericanos. Su "talento y sus modales insinuantes" eran magnificados por su valor en la guerra y en la paz. Los hombres más importantes de Centro América fueron sus más fieles secuaces: Dionisio de Herrera, Trinidad Cabañas, José María Gutiérrez, Gerardo Barrios, Diego Vijil, José Miguel Saravia, Isidro Menéndez, Miguel Álvarez Castro, Máximo Orellana; y sus continuadores ideológicos han sido también los mejores hombres de Centro América: Máximo Jerez, Miguel García Granados, Justo Rufino Barrios, Francisco Menéndez, Marco Aurelio Soto, Ramón Rosa, Céleo Arias, Policarpo Bonilla.

Si se ahonda en el estudio de las ideas de Servando Teresa y Mier y de Joaquín Fernández de Lizardi, en las de los intelectuales de la insurgencia argentina, las del peruano Toribio Rodríguez de Mendoza —el reformador del Convictorio Carolino—, las de Francisco Miranda y las del ecuatoriano Vicente Rocafuerte, puede ser que el historiador del ideario político de América encuentre allí los primeros esquemas de una lucha que aún no llega al epílogo; pero es evidente que Morazan fue el corifeo en quien la acción y el pensamiento renovadores se vincularon con profunda historiedad.

SU IDEOLOGÍA

Rápidamente desglosemos del ideario de Morazán lo que mejor expresa su mensaje: "Nuestras leyes llaman al hombre ilustrado e industrioso, sin examinar su origen, ni su religión; el centroamericano lo recibe con sus brazos abiertos, y el Gobierno lo protege".

"La instrucción pública que proporciona las luces, destruye los errores y prepara el triunfo de la razón y de la libertad. Nada omitiré para que se propague bajo los principios que la ley establezca. Por desgracia, hasta ahora mucha parte de la juventud se ve entregada en manos de la ignorancia y la superstición. Los funestos vicios del sistema colonial se trasmiten entre nosotros, de padres a hijos, y el trastorno y las revoluciones que se han repetido en los Estados desde su independencia, son la escuela en donde aprende a conocer sus derechos esa desgraciada y preciosa porción de la República que es la destinada a consolidar el sistema que nos rige".

"La alianza de los pueblos americanos, aunque se ha frustrado hasta ahora, no está lejos el momento de ser puesta en práctica esta combinación admirable. Ella hará aparecer el Nuevo Mundo con todo el poder de que es susceptible por su ventajosa posición geográfica e inmensas riquezas, por la justicia de los gobiernos y por la identidad de sus sistemas; por su crecido número de habitantes y sobre todo, por el común interés que los une".

"Aun aquellos que poseen los profundos conocimientos que constituyen la difícil ciencia de gobierno, han desacreditado muchas veces esos descubrimientos que pasan ya como verdades, cuando no han consultado con la experiencia para su aplicación".

"Una ciega obediencia a las leyes que he jurado, rectas intenciones para buscar el bien general, y el sacrificio de mi vida para conservarlo, es lo único que puedo ofrecer en obsequio de tan deseado fin. Cuento para ello con los consejos de mis amigos, con el voto de los buenos y con la cooperación de esos pueblos, cuyas virtudes cívicas y valor acreditado en las circunstancias más difíciles, han formado ya una patria para los verdaderos centroamericanos, y han dado lecciones tristes a sus enemigos, de que no se atenta contra ella impunemente". (16 septiembre 1830).

"... el pueblo inglés, ese gran pueblo que ha cifrado siempre su gloria y su riqueza en la libertad del comercio y en la independencia de las naciones".

"Las artes, la agricultura y la industria, han vuelto a recobrar los brazos que estaban armados de la espada que las destruye".

"Un pueblo que, rompiendo las cadenas de la esclavitud, se arroja, digámoslo así, de repente en el camino de la esclavitud, no puede marchar sin tropiezos por él, sino buscando en la educación el cultivo de su inteligencia e instruyéndose en el cumplimiento de sus deberes. No hablo aquí de la educación culta y esmerada que exige grandes establecimientos literarios, y se acomoda tan bien a toda clase de Gobierno; hablo de la sencilla educación popular, que sin tener por objeto las ciencias exactas, que han dado celebridad a muchos hombres, es el alma de las naciones libres. Humilde en sus deseos y simple en sus aspiraciones, la juventud se contenta con saber leer, escribir y contar".

"Elegidos por la libre voluntad del pueblo para mejorar su suerte, meditando entre los escombros y ruinas que han dejado las guerras pasadas, los medios de evitar otras nuevas; para buscar en las cenizas de los que perecieron en ellas las chispas que sirven para inflamar el corazón de los hombres virtuosos; para enjugar las lágrimas que se derraman aún sobre los restos venerables de tan ilustres víctimas; para romper y pulverizar, en fin, esa funesta cadena de revoluciones y de desastres, forjada por la mano de la venganza, por el mezquino interés privado, por el monstruo implacable que preside a los partidos, y principalmente por las pasiones innobles de los que no ven en el orden actual de cosas sino la ruina y exterminio de sus antiguos privilegios". (21 de marzo 1836).

"Ni el oro del Guayape, ni las perlas del Golfo de Nicoya, volverán a adornar la corona del Marqués de Aycinena; ni el pueblo centroamericano verá más esta señal oprobiosa de su antigua esclavitud; pero si alguna vez brillase en su frente este símbolo de la aristocracia, será el blanco de los tiros del soldado republicano". (16 julio 1841).

SU SEMBLANZA

El diplomático viajero norteamericano John L. Stephens le conoció en Guatemala, en momentos en que Rafael Carrera, al frente de sus tropas ponía sitio a dicha capital; y en su libro "Incidents of travel in Central America, Chiapas and Yucatán" (New York, 1841), relata su encuentro con el héroe: "Tenía como 45 años, cinco pies diez pulgadas de alto, era delgado, con barba y bigotes negros y llevaba espada y casaca militar abotonada hasta la garganta. Estaba sin sombrero y la expresión de su cara era suave e inteligente. Aunque joven aún, por diez años había sido el primer hombre de su país y durante ocho Presidente de la República. Se había levantado y se había sostenido por su pericia militar y su valor personal; siempre dirigía sus tropas; había estado en numerosas batallas y a menudo había sido herido, pero nunca derrotado. Un año antes, el pueblo de Guatemala, de ambos partidos, le había implorado que acudiese en su auxilio, como el único que podía salvarles de Carrera y de la destrucción. En aquel momento había añadido otro ejemplo más a los innumerables de la volubilidad del favor popular".

Y terminaba Stephens así: "El gran clamor contra el General Morazán era por su hostilidad a la Iglesia y a los empréstitos forzosos. En cuanto a lo primero hay la justificación de que en la actualidad es ella un desaliento en el espíritu de las instituciones libres, que degradan y rebajan el carácter cristiano en lugar de elevarlo; y en cuanto a los empréstitos forzosos, se puede alegar que las guerras eran constantes. Aun sus peores enemigos están de acuerdo en que era ejemplar en su vida privada y lo que ellos consideran no pequeña alabanza, que no era sanguinario. Ahora está caído y en el destierro, probablemente para siempre, sentenciado a muerte si regresa; todos los aduladores y los adoradores del sol que nace, maldicen su nombre y su memoria; pero yo creo, y sé que atraeré sobre mí la indignación de todo el Partido Centralista por lo que digo, que ellos han arrojado de sus playas al mejor hombre de Centroamérica".

Jorge Efraín Squier, habla de él en estos términos: "Su educación fue toda la que pudo obtener en el país en aquella época; pero su rapidez de entendimiento y la sed de saber, pronto le colocaron muy por encima de sus compatriotas. Fue un temperamento impetuoso y poseyó al mismo tiempo gran decisión y perseverancia. Su conducta fue libre y varonil y sus maneras francas y abiertas. Estas cualidades no podían dejar de captarle, como así sucedió, el amor y el respeto de sus compatriotas, dándole sobre ellos una influencia inmensa".

Tal ha sido la opinión de dos representativos de la democracia del Norte; pero la que sobre su personalidad apareció en "El Siglo Diecinueve" de la ciudad de México, a los dos meses de su muerte es una de las más pondera das: "Fue independiente decidido y liberal de corazón, sin defección de ningún género. Gobernando no se sobrepuso a las leyes. Llevaba la economía administrativa al punto de exponer (sic.) el orden público por falta de fuerza permanente. Olvidaba las injurias y las ofensas. Era familiar, llano y sobrio.

Activo e infatigable en la campaña, parecía dormido en la paz. Confiado en ella, nada lo inquietaba ni alarmaba, hasta que los peligros tronaban delante de sus ojos. Su reserva era sin ejemplo, hasta el punto de concentrarse a sí mismo en los grandes negocios. Indeciso y tímido en las divisiones de partido, se le acusaba por todos. El retrógrado le ha hecho imputaciones falsas y vagas. Como a todos los hombres grandes que han figurado en América, lo difamaba de haberse apropiado lo ajeno; pero jamás se indicó siquiera cosa u objeto que hubiese tomado para sí, o que permitiese apropiarse a sus subordinados. Su nombre pertenece ya a la historia de los jefes célebres del Continente, por el valor frío con que entraba él primero al combate, por su civismo sincero, por su moderación y sus talentos".

En homenaje al hombre que en el martirio ratificó la grandeza de su ideal, se puede repetir la profecía de Anatole France "La humanidad realiza lenta, inexorablemente, los sueños de los sabios".

(Tomado de la Revista del Archivo y Biblioteca Nacionales
Tomo XXI, No. 7 enero 1943
Págs. 459-468).

MORAZÁN EN EL PERÚ

La primera noticia que se tuvo en el Perú, sobre la salida de Morazán apareció en el "Comercio", de 30 de julio de 1840:

"Noticias de Centro América. —Sabemos que el Presidente de la República—. (General Morazán) se halla en Chiriquí (sic) pueblo de Nueva Granada. El General Carrera le ha sucedido en el mando de su República, cuyo país está en una completa guerra".

No era purista el escritor que dio la nueva, pero ella es de gran interés para la cronología morazánica. El 11 de agosto el mismo diario insertó una "Nota que el general Morazán dirige al Gobierno al separarse de la Jefatura del Estado del Salvador, fecha 3 de abril de 1840".

Morazán salió del puerto de La Libertad el 8 de abril, depositando el Poder en el Consejero Cabañas. En su séquito iban los hombres más prominentes del liberalismo militante. El 16 de julio de 1841 dirigió su célebre Manifiesto de Chiriquí y estando ya en dicha población, entonces colombiana, el Presidente del Perú General Gamarra (siguiendo al biógrafo Martínez López, quien lo supo de don Cruz Lozano) le hizo varios ofrecimientos para ir a dicha república, entre ellos el de que "fuera a hacerse cargo del Ministerio de la Guerra, o el mando de 5,000 hombres que estaban para marchar al encuentro de los chilenos (entonces estaban en guerra Perú y Chile) o el empleo que él quisiera, pero Morazán le contestó manifestándole su gratitud y diciéndole que no podía aceptar porque sus deseos más ardientes eran regresar a su país". Si lo de la oferta del Ministerio fue cierto como lo de que los chilenos estaban en Guerra con los peruanos, entonces hizo malos recuerdos el señor Lozano. El General Gamarra, que había estado desterrado en Centro América, quería corresponder en la persona de Morazán las atenciones que nuestra hospitalidad le había dispensado.

Entre los compañeros de exilio que no pudieron desembarcar en Costa Rica figuraban el General Máximo Orellana, el General Miguel G. Saravia, el Coronel Cruz Lozano y José Antonio Ruíz, hijo del héroe. Me atrevo a creer que Orellana llegó primero que ellos, porque en el diario "La Bolsa", publicado en Lima No. 102 del

19 de mayo, publicó el siguiente remitido:

"Respecto a la amnistía general de que habla El Comercio que debía decretarse en el Estado de El Salvador para el General Morazán y sus partidarios, debo decir que no estoy conforme con el nombre de partidario y pienso que mis demás compañeros de desgracia lo repugnaran también; porque nosotros no hemos sido partidarios sino de la justa causa que acaudilló victoriosamente aquel digno y esclarecido general. Él se propuso sostener el honor y dignidad de la nación, defender las instituciones que creaba un gobierno general, destruir el fanatismo que vimos en su última agonía, contener las atrevidas y ambiciosas pretensiones de algunas familias, que por todo mérito alegan un despreciable pergamino; debido muchas veces al oro o al favor, y conquistado muy pocas veces por el mérito de sus mayores en frenar a las masas ignorantes que tan mal uso hacen de las hechiceras palabras de LIBERTAD E IGUALDAD, y en fin, fomentar el comercio y la agricultura y hacer positiva la educación pública. Tan nobles y útiles proyectos tuvieron únicamente partidarios; el general Morazán sólo leales amigos y admiradores de su acendrado patriotismo y singular desinterés a cuyo número se honra de pertenecer M. ORELLANA".

No tenía Morazán mayor prisa de llegar a Lima, a pesar de su amistad con Gamarra que estaba entonces en el apogeo de su gloria y de sus títulos; Presidente, Gran Mariscal y Restaurador del Perú. Los buques del norte que llegaban al Callao en vez de llevar en su pasaje al General Morazán iban cargados de arroz y aceite de esperma. Los días que se perdía el caudillo proscrito en aquella tierra calurosa de David. La vida era muelle y fina en Lima. La Rossi y la Pantanelli hacía gorgoritos en el Teatro Principal, importando esa curiosidad de mal gusto que se llama la Opera. Los periódicos de la época hacían sonar todas las campanillas en honor de las cantatrices y a diario surgían admiradores desenfrenados de Bellini que lloraban en su butaca con Romeo y Julieta. En esos días llegó al Callao el primer buque de vapor que iba hacer el servicio del Pacífico, y la población Porteña entusiasmada al ver andar un buque sin necesidad de velas, quemó cohetes y llevó lanchas con bandas de música que en torno del buque (se llamaba "El Perú") celebraban el magnífico suceso. Un suntuoso banquete y un rasgo de elegancia que se perdió de presenciar, por no haber llegado a tiempo, el General Morazán. Al General Gamarra le ofrecieron un gran almuerzo a bordo del vapor, pronunciándose brindis larguísimos, y la sociedad limeña, entusiasmada con la novedad contrató el buque para hacer una excursión a Chorrillos, el balneario de moda entonces, excursión en la que la mayor parte de las señoritas se marearon horriblemente con gran sentimiento de los aficionados a valsar.

El 16 de septiembre "La Bolsa" dijo:

"GENERAL MORAZAN: Hacen pocos días que este distinguido americano pisó las playas peruanas honrándonos con su visita. El General Morazán, a quien sus propios enemigos no le pueden negar este mérito positivo, que hace enmudecer a la rabiosa envidia, supo cuando estuvo en la cima del poder y de la fortuna, dulcificar la amargura del destierro a muchos peruanos, entre ellos a S.E. El General Gamarra. La gratitud, pues, la civilización y todas aquellas simpatías que hace brotar en el ánimo la presencia del mérito desgraciado, nos obliga a dirigirle este pequeño pero sincero homenaje de estimación y de respeto. Ojalá el general Morazán encuentre entre nosotros aquellos nobles sentimientos únicos capaces de consolar al hombre filósofo lejos de su Patria y de su familia E.E".

La falta de crónica en los diarios de la época nos priva del placer de las noticias sobre su desembarco, acogida y hospedaje. El artículo es bastante cariñoso y demuestra el aprecio que se necesita por el caudillo centroamericano (pues el diario se daba pocas veces el lujo de esos comentarios editoriales). Ya no encontró en Lima a su distinguido amigo Gamarra, quien el 14 de julio había salido de la Capital a pacificar las provincias vecinas a Bolivia, constantemente inquietadas por Santa Cruz y donde pocos meses había sido sofocada sangrientamente una revolución. Era entonces Presidente del Consejo de Estado don Manuel Menéndez, y Gamarra siguió en el sur hasta que se declaró la guerra en Bolivia (no con Chile como aseguraba el Coronel Lozano, pues Gamarra era amigo de los chilenos). Parece difícil que Morazán haya ido al Sur a saludar a Gamarra. Los periódicos limeños (mejor dicho "La Bolsa") nada vuelven a decir sobre Morazán hasta fines de 1841 y acerca de su estado en la capital no sabemos de importante más que cultivó buenas relaciones con el general José Rufino Echenique, más tarde presidente (amistad estrecha dijo Lozano a Martínez López), los señores Escalantes y el General Pedro Bermúdez, cuñado de éstos, que había estado tomando parte activa en Centro América bochinchera y que de regreso a Perú recibió de Costa Rica varias cartas de enemigos del Jefe de aquel Estado, enemigo de Morazán, para que fuese intermediario entre ellos y el general emigrado a fin de lograr su regreso en armas.

Cuatro meses permaneció Morazán en Lima, de septiembre a fines de diciembre, y el 18 de noviembre había muerto Gamarra en Incahue o Ingavi, única batalla contra Bolivia. Nuestro General tenía cita para septiembre de 1842 en San José de Costa Rica y le era urgente cumplirla, había recibido en vísperas de su viaje a Chile una proclama del Supremo Director del Estado de Nicaragua en la que se llamaba con urgencia a todos los centroamericanos que se encontraban fuera, para que acudieran a defender la soberanía de la nación, pues los ingleses se habían apoderado del puerto de San Juan del Norte, y también había recibido una comunicación del Ministro general de Nicaragua en la que instaba para que viniese a prestar su contingente valioso. No aparece el nombre de Morazán en ninguna de las listas de pasajeros salidos del Callao en esos días, y eso hace creer que fue a pie de Lima a Guayaquil donde se hizo de algunas provisiones: bajó a tierra y se encontró con el Presidente del Ecuador General Juan José Flores, quien lo rodeó de atenciones y lo felicitó por su regreso. El 15 de febrero de 1842 Morazán arribó al puerto de La Unión, después de 1 año y 7 días de ausencia.

EL HONDUREÑO RAMÓN ROSA

La historia de Honduras puede escribirse en una lágrima. País de pinos en primavera eterna y de montañas difíciles, por él han corrido largos ríos de sangre en una larga noche de odio y de dolor; en él han nacido, flores llenas de luz, algunas de las almas insignes de América: el pensador José del Valle, ciudadano de un mundo antípoda; Francisco Morazán, hombre telúrico que construyó antes que muchos héroes de la América Española la ciudad utópica en que todos los hombres deben nacer libres y vivir como hermanos; José Trinidad Reyes, el sabio y educador que vivió en su nocturna, poniendo en el pecho áspero de las fieras un corazón de miel; y Marco Aurelio Soto, el estadista que hizo la reforma liberal, decapitando corta cabezas y alzando sobre el filo de los machetes salvajes un trono provisional a la cultura.

En ese país, bajo ese cielo suave que no ha podido entenderse aún con esa tierra, nació una hermosa claridad: Ramón Rosa. Hace un siglo justo, un 14 de julio, advino en Tegucigalpa, sin áureos dones en la cuna, porque sus diamantes hereditarios eran otros: humillado por no haber surgido como fruto de bodas, el hombre que ha enriquecido a Honduras con el oro de su pensamiento, la plata de su lirismo, el hierro de su voluntad.

Entre sus antecesores tenía cuatro ilustres: José Simón de Zelaya, el teólogo que construyó con su dinero el mejor templo católico de la ciudad en que el Patrono San Miguel no ha podido aún exterminar al Diablo; Felipe Santiago Reyes, maestro de música, que puso llave de sol en el acta de adhesión a la independencia de 1821; el Dr. José Trinidad Reyes, uno de los pilotos espirituales que más han hecho por la redención de su pueblo y cuyo nombre está vinculado a la fundación de la Universidad de Honduras; y otro de los fundadores, discípulo y maestro a la vez, el Dr. Máximo Soto.

Era Tegucigalpa en 1848 una de las ciudades más olvidadas por los ángeles y por los hombres: una ciudad hundida en los Andes, con dos ríos que inútilmente siguen dando su lección de fraternidad al juntarse bajo los arcos del Puente Mallol; con aires que bajan a su regazo desde las copas de los pinares; con lentas campanas melodiosas presidiendo las tareas domésticas y los chismes de los politicastros que se agazapaban detrás de los balcones para ver madurar, sin riesgo, la nueva rebelión contra el régimen; y unas palomas que ponían su nota blanca en aquellos días negros. Las gentes se asomaban a la puerta cuando se sentía el paso de los correos expresos que llegaban de Comayagua con noticias del complot frustrado o con las hojas volantes en que algún general en estado de merecer la presidencia hacía a sus queridos conciudadanos una de esas promesas que parten el alma o que cambian el curso de las estaciones: Así era Tegucigalpa, remota y feliz con su plaza y sus portales, su Calle del Comercio ya sin la bonanza de las minas, y con 10,000 habitantes que oían atentamente los sermones del Padre Reyes, pagaban puntualmente diezmos y primicias; pero eran míseros pecadores, algunos de ellos en pecado mortal. Al otro lado del río Grande vivían, como si fueran habitantes de otro mundo, los indios de Comayagüela, que enseñaban su complejo de inferioridad al sólo oír, los apellidos en que temblaban recuerdos de días argentíferos: Vásquez, Zelaya, Midence, Ferrari, Fiallos, Vijil.

En una de las casas más humildes se crio el hijo de doña Isidora Rosa y don Juan José Soto ¡las damas primero!, a la sombra de su madre amorosa y así que pudo concurrir a la escuela de la maestra Escolástica que enseñaba a leer, escribir y las cuatro reglas de la aritmética, además de elementos de urbanidad- sintió que en el alma se le abrían unas puertas azules, para atisbar con nostalgia creciente las ciudades de otros países, y los dos ríos que le transportaban en canoa de sueños hacia el mar. Siete años tenía cuando vio, rodeado de cirios, exánime para siempre a su tío el padre Reyes, y presenció sus funerales, que durante siete días hicieron llorar a las campanas de las siete iglesias. Su niñez y su adolescencia transcurrieron en un clima mortal, entre lamentos de heridos que habían dado su sangre para prolongar la vida de los generales que volvían del destierro o de los que caían del solio codiciado, sin que ninguno de ellos hubiese hecho la felicidad de su amado pueblo.

Había nacido el mismo año que nació otra Constitución Política, y no cabían en los 120,000 kilómetros cuadrados de la República los tres próceres: Juan Lindo, Francisco Ferrera y Santos Guardiola. El cónsul inglés, Mr. Chatfield, aparecía de pronto, en la escena, adueñándose de una isla en la que había un tigre fantasmal. De 1848 a 1867 —en que se trasladó a la capital de Guatemala—, para seguir sus estudios de jurisprudencia la hemorragia de Honduras fue intermitente. Alianzas de los caciques con banda presidencial y abundante carne de cañón, intrigas menudas, engañifas, alharacas, toques de clarín, divisas rojas o verdes en el sombrero, anarquía a tambor batiente. Se seguía hablando de la unión centroamericana en discursos pomposos y en pactos que, al día siguiente de firmados, se convertían en reliquias de archivos. Aún vivían algunos de los epígonos del General Morazán, otros habían peleado en Nicaragua contra el filibustero William Walker, y al regresar bajo arcos triunfales e incienso de tedeums, se sentían más presidenciales que de costumbre; y así fueron, vinieron y volvieron Xatruch y Guardiola, Cabañas y Juan López, Arias y Medina, medinitas y medinense. Mientras se desangraba Honduras y se hablaba de una nueva reforma de la Constitución y los antropófagos deglutían y el país continuaba en bancarrota, el odio en Centroamérica seguía su marcha triunfal, de barrio en barrio, de ciudad en ciudad, de país en país.

Ramón Rosa vio florecer su angustiada adolescencia en aquella atmósfera de espanto y toques de sematén y en la memoria se le quedó indeleble el grito de terror que, al rayar el alba o entre la noche quieta, surgía de pronto: "¡Los indios! ¡Los indios!", eran el "coco" de los niños y de los adultos, pues de súbito hacían irrupción hablando castellano de Curarén o de Texíguat, las hordas sanguinarias.

El 28 de mayo de 1893 murió Ramón Rosa, y al saberlo no pudieron contener el llanto las campanas de Tegucigalpa. El presidente Vásquez ordenó que en los funerales se le rindieran honores de General de División. Para cumplir uno de sus últimos deseos, fue sepultado bajo un enorme libro de piedra, como si quisiera que lo acompañase simbólicamente uno de sus más fieles amigos; y ahí descansan sus huesos que tanto sufrieron. En tierra hondureña, bajo la paz del cielo más azul del mundo, está convertida en polvo la lengua que derramó ambrosía en esos instantes en que la luz arroja sus escalas hacía Jacob dormido.

Vida fugaz la de Ramón Rosa, que se quemó en la angustia de no poder servir a su patria como lo habría deseado, porque era dueño de las mejores calidades para ser estadista de influencia entrañable, como lo fueron los constructores de América que dieron dura batalla por la inteligencia. Vivió 45 años. Fue una de esas ráfagas de luz que evidencian la aurora que cuida su tesoro Vivió en una espantosa noche continental, en la que rugían las fieras humanas y las familias feudales se disputaban el poder: los hermanos Monagas en Venezuela los López del Paraguay o los Pérez de alguna otra tierra americana en desventura. Los dos partidos históricos — conservadores y liberales— hacían los mismos juramentos y cometían idénticos desmanes.

Cada uno de ellos imponía, al día siguiente de la "revolución libertadora", su capricho en forma de Constitución y de leyes. Desde México hasta el Paraguay se escuchaban los mismos alaridos de terror: Santa Ana en México, Carrera en Guatemala, Melgarejo en Bolivia, Rosas en la Argentina, el liberal Mosquera en Colombia, el conservador García Moreno en el Ecuador; y ninguno de los problemas capitales en vía de solución, ninguna esperanza de organizar el Estado, la anarquía en derredor. Las noticias que llegaban sobre las revoluciones en Europa seguían alentando a los que en América deseaban más que un cambio de normas políticas, el advenimiento de hombres nuevos. La invasión francesa a México, la invasión española al Perú, las agresiones por falta de pago de intereses de alguna deuda extranjera; persecución de los jesuitas en Colombia, Guatemala y Ecuador; fusilamientos a granel, periodistas vomitando chismes en vez de vitalizar ideas, caudillos aclamados por el mismo pueblo que aplaudió la víspera al vencido; y en el fondo de aquel caos, el odio feroz, la miseria aguda, el afán de destrucción, las prime ras aventuras del capitalismo en busca de los países fructuosos.

En ese medio histórico vivió Ramón Rosa, alma selecta, que hallaba en los libros el supremo deleite y en la meditación espinosa y callada el grato solaz. Su vida fue un breve amanecer. Asomándose a un paisaje frío y gris, en el que sólo la luz de su paisaje interior modificaba pasajeramente la tristeza despiadada en torno. Murió como había nacido: en medio de una tempestad de llanto y de sangre.

En el primer centenario del nacimiento de Ramón Rosa, los hondureños que aman la Honduras que él amó y pensó, deben releer las mejores páginas del patricio ilustre cuyo espíritu sigue en marcha hacia la luz y cuyos huesos reposan en la ciudad en que se meció su cuna, a la sombra de un cielo que deja caer su más fino azul sobre la flor que él llevó en su apellido y en su emblema.

LA JUVENTUD DE ÁLVARO CONTRERAS

Casa humilde, infancia repartida entre la travesura y el baño en la quebrada, la escuela de primeras letras en su casa y el rosario después de la merienda. Comía pan de los pobres, vestía ropa decente los domingos aromados por la misa del cura Bobadilla; adoraba los libros desde que era pequeñito, y en la cuna las hadas le acariciaron la frente, pues aquel don oratorio le venía de un remoto ancestro, tal vez por parte de doña Josefa Membreño, su madre, una señora que tenía porte gentil y conversación seductora, porque don Gregorio, el progenitor, aunque hombre honrado, no era de mucho seso, y como en la estirpe del Padre Reyes se cumplió el dicho del pueblo: que la raza viene de la gallina.

Era alocado en sus ademanes y en su parla, y por loco lo tenían el vecino de enfrente y la señora Candelaria en cuya casa había goteras por culpa del niño Álvaro que apedreaba los pájaros. Leía de prisa y a todas horas, con una exaltación que más parecía una niña sentimental que de precoz glorioso, y su embeleso consistía en recorrer los capítulos de un volumen y pasearse por la sala repitiendo las ideas delante de su diablo azul, de su genio invisible; pues como el Nouma Roumestan, de Daudet, vibraba en éxtasis cuando, a la manera de aquel gran sensitivo, se escuchaba el timbre de su metal interior. Tal vez de su padre venía, por misterioso zigzag, esa fiebre de parlante, ese delirio crisostomico que acaba por encarnarse en un vástago a quien la boca es un panal henchido de ambrosía. Sobrinos locos dejó, aunque no dementes, sino azogados y dueños de manías que son famosas en la tierra de la patria: loco fue desde niño y tal vez por eso se acostumbró a decir la verdad desde muy joven y nunca dejó de ser niño loco, de los más inocentes y de los más cuerdos, de esos niños a quienes se les perdona todo, porque al prójimo no le quitan el pan, ni tienen manos de cera cuando manejan fondos públicos, y de esos locos que se hacen seguir por las muchedumbres y llevan en la frente el síntoma de la enfermedad que llaman genio los doctores de la patología intelectual.

Le enseñaron a orar siempre que se levantara del lecho, a no mentir, a ser hombre honrado. Creyente fue el que más tarde sería un santo del santoral cívico; hablaba, y ponía su corazón en las palabras; vivió honrado y murió como había vivido, aquel que fue látigo de llamas para los pícaros y al sacudir la cabeza enmelenada era como esos tipos extraordinarios que han nacido con el gorro frigio o el penacho, porque llevan la cabeza con decoro y sólo alargan las manos hacia las frondas de laurel.

Una señora, Manuela Figueroa, tenía en casa de los Contreras la célebre escuela de niñas de entonces, y mi abuela materna, que me contaba con todo esto, se acuerda cómo, después de la costura en el cañamazo y los palotes en la cuartilla, miraba con sus condiscípulas, por el ojo de la llave, a un joven galán que se paseaba en uno de los cuartos, declamaba a solas, se encaramaba a una mesa, e imaginándose la muchedumbre alborozada, exponía en palabras frenéticas lo que había leído en los libros de historia, que eran los mismos que todos leían en el hogar y fueron la delectación de don Julio, el hermano adusto que después fue catedrático en la Universidad.

—Álvaro, ya está el almuerzo —decía una de las hermanas, a las doce del día.

Murió doña Josefa, pero en los brazos del hijo que, junto al lecho mortuorio, partía corazones con su llanto. Murió la mujer bíblica en cuya leche bebió la vida el que más tarde sería un cachorro de la libertad; aquella señora que, cuando estaba agonizante y oyó que alguien la lloraba en un ángulo de la casa, incorporándose exclamó: "¡Díganle a Rafaela que no me perturbe!".

Así, estoico a manera de la madre, fue el gran hijo. Así vivió su talento, adorando su tesoro intelectual, midiendo la anchura de sus alas por la magnificencia imperial del cielo que rodeaba sus montes. Aquellas actitudes que tomaba ante las ingenuas vecinas eran otras manifestaciones de su locura, pues llaman ensimismamiento al entusiasmo del muchacho ambicioso que un día superara a los de gloriosa parroquial.

Cuando marchó a Comayagua, a buscar su poco de luz nueva, se despidió de una vieja amiga a donde siempre llegaba a repetir sus lecturas, mientras su interlocutora ponía un fleco de encaje a las enaguas blancas.

¿Aquí es la casa del señor Álvaro Contreras? —preguntó, a las gradas del hogar humilde, un mensajero que le llevaba la orden de marcha a la capital de la República.

Adiós a Chabela Alvarado, la novia que dejaba en Esquías. Adiós a las montañas tutelares, a las puestas del sol que en la ausencia le bañarían de oro y rosa la dulce lejanía de los recuerdos.

"Me voy, Mariquita", fueron sus palabras para la joven interlocutora. "Ya vas a oír cómo sonará mi nombre en Centro América. Al llegar a Comayagua escribiré para la su perfidia política, la matanza de 3,000 indios en Cholula —antes de entrevistar a Moctezuma— y el tormento y muerte del último señor azteca, Cuauhtémoc, y hasta insisten en que asesinó a su mujer, doña Catalina.

Los hispanistas, por su parte, declaran que la verdadera historia de México comienza con la llegada de Cortés. Entre sus argumentos, para demostrar que es el héroe más grande de la cultura occidental de América en el siglo XVI, recuerdan: fundó varias ciudades (Veracruz, México, Tepeaca), introdujo numerosos cultivos agrícolas (uno de ellos, el de la caña de azúcar), estableció el primer municipio (el de Veracruz), fundó el hospital más antiguo de América, (el de Jesús Nazareno que todavía funciona), inició el comercio con el Perú, exploró el Pacífico, previendo que ese mar era el que serviría más a México; hizo las primeras obras de ingeniería y de metalurgia, construyó barcos, logró que el Rey le enviara la primera misión franciscana para catequizar a los indios, y es el primer nombre que figura en la historia literaria de México y en la historia de la Antropología, por haber escrito las famosas "Cartas de Relación" al Rey.

Parece que fracaso la idea de los diputados que han propuesto el homenaje público y nacional a Cortés. Los autores de la idea estiman que ese homenaje no se opone al reconocimiento de los valores humanos precortesianos, que el mexicano actual tiene a la vez sangre de indio y de español, y que ese tipo, el mestizo es la mayoría de la población.

Es evidente que Cortés fue el más grande de los conquistadores españoles en este hemisferio. Ni siquiera se puede precisar el sitio en que, desde 1829, han quedado escondidos los restos del conquistador, porque es un secreto de familia (El Duque de Pignatelli, que reside en Italia, es el descendiente directo de Cortés, y ostenta el título de Marqués del Valle de Oaxaca). En cambio, en otros países de América, los conquistadores tienen estatuas y hasta figuran sus imágenes en las monedas: Balboa, descubridor del Pacífico, está a la entrada del Canal de Panamá; la tumba de Francisco Pizarro, conquistador del Perú, es visitada continuamente en la Catedral de Lima; en Chile hubo fiestas para conmemorar el centenario del descubrimiento del viaje de Magallanes, el primero que dio la vuelta alrededor del mundo; las ciudades de Quito y Bogotá han rendido homenaje en bronce a sus fundadores, Benalcázar y Jiménez de Quezada; y en Honduras el puerto principal se llama Puerto Cortés, que recuerda el paso del conquistador por aquel país.

Los hispanistas de México llaman la atención hacia los homenajes que en los Estados Unidos se ha tributado a Hernando de Soto, descubridor del Mississippi, a Pedro Menéndez de Avilés y Juan Ponce de León, que tienen relación directa con la conquista de La Florida, y últimamente al gran explorador de Kansas y Nuevo México, Francisco Vásquez de Coronado. Por cierto, que los Estados Unidos son el país en que se estudia más y se celebra más la hazaña de Cristóbal Colón, a pesar de que éste nunca pisó tierra de los Estados Unidos, ni siquiera la vio en el horizonte.

México, septiembre 1940.

NUESTRO RUBÉN DARÍO

Otra vez palpita en su hemisferio el nombre tan amado de nuestro Rubén Darío, el poeta que ha pulsado más alta lira humana entre el coro de musas de la Lengua. Lo escuchamos con el recogimiento que nos inspira el genio cuyo actual resplandor bastaría para disipar la tiniebla de la más humilde patria; y con ese cariño con que ven los intelectuales de la época a los que, como él, han ejercido el ministerio de la Belleza fecunda y derramado sobre los corazones abiertos la semilla de gloria de los santos artistas.

Ya no pertenece sino a la familia celeste de los apolónidas, de los mensajeros de lo ideal, de los que nacen con el astro del verso en el corazón y tiene la errabunda nostalgia de los dioses. Ya nos lo imaginamos, aunque lo nimben las canas de los 50, con la augusta hermosura de los que no tuvieron ascendencia y desde la aureola hasta las sandalias iban proclamando su advenimiento largamente augurado. Parece que hablara en el idioma que usaron los infalibles, y se creería que en él se hace patente el indefinido presentimiento que, según ha contado, le rumoreaba en la infantil cabeza, allá en la tierruca tropical, como diciéndole que ostentaría corona en este mundo, y que con espada ó lira (no sabía con qué) el hado conductor lo llevará a la altura de unos vastos designios.

Acaso toma forma evidente en su humanidad la solemne melancolía de los abuelos predilectos; pues ya está la letra temblorosa, esa letra de geómetra y vate que ha esculpido tanto ideal alado y tanto soplo etéreo; —tiniebla— en sus últimos versos la dignidad doctoral y potente que animaba los versículos de ciertos evangelistas; y no son solamente versos, sino letanías de contrición, gritos lanzados para que Dios los oiga, reflejos de la luz que al irse extinguiendo le matiza los oros interiores del alma.

Aún le escuchamos con amor en este Continente suyo, que se encantó con la música inaudita de sus poemas y de tanta melodía ignorada se penetró en la juventud de la inefable lira. Porque entre nosotros, ¿quién más grande que nuestro Rubén, ni más digno del amor de la espina y el laurel, ni más ensalzado al Norte y al Sur, ni más encarnecido por los negros que odian la blancura de los pedestales?

Vino de donde brotan el día y las alondras, para anunciarnos una nueva fé poética, para deslumbrarnos con la aurora opulenta de su numen; vino por el Oriente. Tenía un nombre raro, que alguien imaginó de piedras preciosas. Había crecido viendo un volcán de mitología, un lago de caciques y en la casa de la tía Rita los naranjos, floridos de corolas que estallaban al sol, interpretando el ritmo fundamental que lo designaba su artífice y su verbo. ¿Quién, antes de él, ha tenido en su América una más definida apoteosis ni en vida ha contemplado una más segura estatura? Habrá otros, el libertador, el orador, que puedan emularle en la acción y en éxito; pero nadie podría disputarle la primacía en la obra de fuerza y de belleza que en nuestra edad y en nuestro idioma ha emprendido de tan audaz manera, con vigor tan humano y batallar creador, que ya puede estar seguro del cumplimiento del vaticinio en que asegura que con las piedras que le han arrojado los malditos se podría construir un rompeolas capaz de contener a los ríos del tiempo.

Él es nuestro grande y amado Poeta. Después de él, que ha sido como el amanecer en nuestras conciencias ¿a quién vamos a amar tanto así, con todo el cariño que la juventud de ambos continentes de lengua española, hace tocar en la idolatría? ¿Después de él, qué ha sabido de las hieles bárbaras y las mirrinas esencias, del infierno del mal y el paraíso azul de la oración, de la alcoba de las incógnitas y la cama de los hospitales; y qué, como el héroe del mito, lleva la túnica de llamas de su pensamiento?

Acaba de salir de un hospital neoyorkino. Se acobarda, en la convalecencia, al recordar la mano fría que lo tentó para llevárselo. Las niñas rosadas que salen de la escuela, el sol del Señor, el brazo del amigo que lo hace respirar el aire forastero, son tesoros que lo reconfortan y lo rodean. Y mientras alza los ojos hacía Mateo, —el más profundo firmamento de la Biblia— y vuelve a temblar su nombre en los oídos de las gentes, allá en tierra natal le esperan los que le son fieles en emoción y en recuerdo, los que no le han negado el vino, el óleo y la morada, pues saben que es el más puro blasón de una lírica estirpe; y si vuelve le tenderán los brazos abiertos como cuando, semejante a los viajeros célebres, —Ulises ó Alighieri— retornó a la patria pequeña que, para le hijo pródigo, se convirtió un día en un gran incensario. Allá lo aguardan las cuatro paredes de la casita de León, desde cuyas ventanas contempló, en la madrugada de la niñez, la algarabía de los clarineros que le enseñaron el primer canto y el rosicler de las nubes que le colorearon el primer idilio.

Ha sufrido y amado mucho, y aún le amamos. Están su gloria sin ocaso, su genio sin noche y sus amigos sin ingratitud. Y lo rodean en la gran hora crepuscular, aquellos leales que tienen las manos prontas para cortar laurel naciente y los labios listos para recitar, con su antiguo encanto, aquellos versos que labrara sobre las gemas de sus lágrimas vivas. Aun vibra la universal lira, la que lo inmortalizó en las letras castellanas y así lo mantendrá ante el olvido de las generaciones. Y aún le oigamos; pues sus versos, que son el complemento de muchas almas, ya no son solamente una divina música en la Poesía, sino que son la poesía misma.

(Tomado de la Revista Ateneo de Honduras, Año II, No. 20, Tegucigalpa, 22 de mayo de 1915).

MUJERES DE AMÉRICA

En la bruma de la América antigua aparecen los rostros de algunas divinidades: Diosinantzin, la madre de los dioses; Coatlicue, con su falda de serpiente; Centeótl, la diosa del maíz; o los de la reina Xóchitl, la que hizo la revelación del pulque, el licor blanco de los sueños negros; y la imaginaria reina Calafia, que estaba sobre el solio de una isla de plata, junto al mar.

A la llegada de los hombres blancos y barbados, la aparición de Malinche (doña Marina) es la de una sibila indígena que tiene la rueca de los destinos: predice y aconseja, conduce y espía; es para Cortés un poderoso ejército aliado. Después de ella surgen María de Escobar, la que sembró el primer trigo en el Perú, y las que practicaron los primeros oficios; y hacia 1541 muere la que fue primera gobernadora, la viuda de Pedro de Alvarado, conquistador de Guatemala, doña Beatriz la Sin Ventura, que sólo tuvo par en la Condesa de Lemos, doña Ana de Castro, única gobernadora peruana.

En la atmósfera de la vida colonial sobresalen la figura misteriosa de Amarilis, que se carteaba en verso con Lope de Vega, y la de Sor Juana Inés de la Cruz, criatura que pasó con un halo de oro por el mundo de la poesía, ruiseñor celeste con garganta de nube. Y luego Rosa de Santa María, Rosa de Lima, vestida de blanco extraterreno, como en la Leyenda Dorada.

Se habla de los derechos del hombre en los comienzos del siglo XIX; y al calor de la tertulia con chocolate Zoschismes antinapoleónicos, resplandecen mujeres de épica hermosura: Josefa Ortiz de Domínguez y Leona Vicario de México; o suben al patíbulo, como Policarpa Salavarrieta, en Colombia.

Y a medida que la América Española modifica su personalidad, van pasando otras heroínas, algunas hadas, varias medusas: Manuelita Sáenz, el ángel de la guarda de Bolívar; la Mariscala Gamarra, a caballo y enamorada del oro del Perú, tal como la pinta Flora Tristán; Josefa Lastiri de Morazán, que acompañó al héroe centroamericano en sus días más sombríos; María García Granados, la Niña de Guatemala, que es un meteoro en el alma de cielo de José Martí; y la otra Manuelita, la de Rosas.

Matilde Montoya es la primera que en México recibe el título de doctora en Medicina y Trinidad Enríquez la primera doctora en Letras en el Perú; Teresa Carreño pasea triunfalmente por el mundo musical el nombre de Venezuela; María Abreu y Juana Alarco de Dammert escriben sus nombres con áureas letras en los anales de la bondad humana; Rosario de la Peña hace irradiar en su salón el parnaso mexicano de su época; y después, todas las que han sido orgullo de las letras: desde Merce des Cabello de Carbonera y Clotilde Matto de Turner, Juana Manuela Gorriti e Isabel Prieto de Landázuri, hasta Delmira y Alfonsina, Juana y Gabriela.

Pero entre todas ellas, sin ser escritora, sin más arma que los recuerdos vigilantes, Adriana de González Prada ha escrito sus memorias para contarnos cómo fue su vida al lado del hombre que llevaba junto a los carbones ardientes la ternura del más puro romanticismo, porque era lava y aroma, látigo y arpa. "Mi Manuel", recientemente editado en Lima, es un ejemplo alzado a la memoria del amor por una novia eterna. Romero de Valle, Emilia (compiladora) "Mujeres de América".

EL NOMBRE DE HONDURAS

AMÉRICO VESPUCIO, en su segundo viaje (10 de mayo 1497 al 15 de octubre 1498) visitó la costa de Honduras, según una de sus cartas, editada por Manuel Toussaint ("Parece —dice éste— que se trata de las costas de Honduras"). Pero dudase que Vespucio hubiera descubierto la tierra firme antes de Colón.

Honduras ha tenido, cronológicamente desde 1502, los nombres siguientes: Maia, Guaymura, Higüeras, Hibueras, Golfo de Higueras, Cabo de Casinas, Cabo de Higueras, Figueras, Cabo de Honduras, Honduras e Higueras, Higueras y Honduras, Ygueras e Cabo de Honduras, Provincia de Honduras, Gobernación de Comayagua y Honduras, al final.

El adelantado Bartolomé Colón supo de "cierta provincia llamada Maia: que así la nombraban los indios jicaques, y estaba frente a Guanaja".

Guaymura fue llamada porque era ese el nombre de un pueblo en la costa (1527) y la pretendió Pedrarias Dávila ("Historia de la América Española", por Carlos Pereyra, Madrid, 1924, V: 123).

Higüeras —por corrupción Hibueras— por haber encontrado en el mar gran número de calabazas flotantes, que llamaban "higüeras" los de Santo Domingo, Higüey, en Fernández de Oviedo (Capítulo 20, libro XVI, y Herrera, libro séptimo, capítulo IV) es otra prueba de que el nombre primitivo era "Higüeras" y Honduras, porque después de haber navegado un gran trecho, en medio de duras tormentas, al encontrar un fondeadero, Colón exclamó: "¡Gracias a Dios que hemos salido de estas honduras!"; es decir, de estas aguas hondas. Por eso el cabo aledaño en Nicaragua sigue llamándose Gracias a Dios.

Ygueras e Cabo de Honduras (Real Cédula del 20 de noviembre 1525) y Golfo de las Ygueras e Cabo de las Honduras (Cédula 31 de agosto 1526). Golfo de Higueras dice Hernán Cortés en su quinta carta al Rey (1526). El nombre de Higueras e Honduras aparece en la crónica de Bernal Díaz del Castillo, quien llegó en compañía de Cortés (1524) y en la relación del Obispo Pedraza (1544). Honduras e Higueras lo fue bajo el Gobierno de Cereceda (1534). Todavía se dice en ciudad de México y en Michoacán "las Hibueras" al referirse a las tierras o las frutas que proceden de la tierra caliente, es decir, desde Cuernavaca y Tehuantepec hacia el sur. Pedro Mártir escribe Figueras (carta del 14 de diciembre 1524). Y Fernando Colón: "... la provincia que se llama ahora Cabo de Honduras, aunque el Almirante la llamó entonces Cabo de Cansinas".

La primera tierra hondureña que Colón descubrió fue la isla Guanaja (30 de julio de 1502), la segunda Punta Caxinas o Trujillo (14 de agosto), la tercera Río Tinto o Negro, que llamó Río de la Posesión (17 agosto); y la primera fundación española fue en San Gil de Buenavista, por Gil González Dávila (1524).

El mapa más antiguo en que Honduras aparece es el que trazó el adelantado Bartolomé Colón (1506), y allí figura "Banassa" o Guanaja. El Almirante la llamó Isla de Pinos o Guanara. Ese nombre ha tenido la siguiente variante Guanacca, Guanassa (Pedro Mártir en "Décadas", Basilea, 1533), y Guanaxam (id., id., Londres: 1612).

Juan Díaz de Solís y Vicente Yáñez Pinzón pasaron por Guanaja (1508) y a sus habitantes los llamaron los Guanacos. ¿Ese nombre no se habrá extendido a los habitantes de todo el país o no se habrá designado así por los pobladores de las ciudades del interior, en la capitanía general de Guatemala, a quienes vivían lejos de la capital, como el griego llamaba "meteco" a quien no era de Atenas? El "guanajo", es decir el pavo en Cuba, quizá pasó a ésta desde la isla hondureña.

José Milla advirtió: "Llamamos guanaco, no sólo al que ha nacido en los estados de Centro América que no son el de Guatemala, sino a los naturales de los mismos pueblos de la República. Así, oímos hablar frecuentemente de guanacos de Guastatoya, de Guajiniquilapa, de Amatitlán, etc.; y algunos hay que llevan el rigor localista hasta el extremo de calificar con aquel apodo a los habitantes de los barrios de esta ciudad".

La primera relación histórica en que aparece Honduras es la que dejó Diego de Porras (1502), escribano de la expedición de Colón; y la primera relación concreta sobre Honduras fue escrita (1544) por su primer obispo, Lic. Cristóbal de Pedraza (1538). El (Capítulo de "Historia de Honduras") primer gobernador de la provincia fue Hernando de Saavedra (1526), y la gobernación de Comayagua fue parte de la capitanía general de Guatemala. Al declararse la segunda independencia se erigió en Estado Federal (1823), siendo su primer jefe Dionisio Herrera; y al separarse de la Federación (26 de julio 1838) se constituyó en República, y su primer presidente fue el General Francisco Ferrera (1841).

Las capitales de Honduras han sido: Triunfo de la Cruz, fundada al desembarcar Cristóbal de Olid (3 de mayo 1524); Naco, en donde Olid instaló su sede y fue asesinado (1524); Trujillo, fundada por Francisco de las Casas (18 de mayo 1525), Buena Esperanza (1534), Gracias a Dios (1544) y Santa María de Comayagua, fundada por Alonso de Cáceres (diciembre 1537), hasta que el Presidente Soto la trasladó a Tegucigalpa (30 de octubre de 1879).

ETIMOLOGÍA DE LA PALABRA TEGUCIGALPA

La discusión que sobre el origen de la palabra Tegucigalpa, ha promovido el investigador guatemalteco, señor Flavio Rodas N., se ha formalizado con las opiniones que ha solicitud mía acaban de formular dos hombres de estudio mexicanos, de clara reputación, los señores licenciados J. Ignacio Dávila Garibi, catedrático de náhualt, en la Universidad Nacional, y el profesor Alfredo Barrera Vásquez, fundador y director del Museo de Etnografía, Arqueología e Historia de Yucatán.

Quiero señalar dos hechos que deben ser tomados en cuenta para la solución de este problema etimológico: el término "Totogalpa" hace referencia a "tototl" (pájaro, en nahuatl), y a "Toncontín" a poca distancia de Tegucigalpa, señala el "tocotín", otro nahuatlismo indiscutible, que se refiere a un baile de los indios mexicanos. Van a continuación las opiniones que permitirán poner en orden esta discusión interesante.

"Efectivamente, aquí en México, se tiene la creencia de que el vocablo Tegucigalpa es de origen azteca, pero las etimologías que se le han dado no son muy claras. La que parece mejor es la que le da Pañafiel en su "Nomenclatura Geográfica", página 250. En los palacios reales. El descompone el nombre de este modo: "tecutlicalpan" pero conforme a las reglas de composición en náhuatl, al quedar el vocablo tecuhtli subordinado al regente calli, debió perder el sufijo formativo tli, si bien en casos excepcionales se conserva éste en calidad de enlace eufónico.

"Por otra parte, no conozco otros toponímicos nahuas, por adulterados que estén, en los cuales tli se haya convertido en ci.

"Yo me inclino a creer que varios toponímicos centroamericanos, aunque tienen apariencia de nahuas, reconocen otra procedencia lingüística.

"Y no he estudiado la lengua quiché y no podría decirle si la interpretación que del vocablo Tegucigalpa ha hecho el distinguido filólogo, don Flavio Rodas N., es correcta.

"Su estudio me parece juicioso y fundado, no solamente en

razones lingüísticas, sino también, históricas. Sin embargo, esta etimología tampoco me parece demasiada clara, quizá por mi ignorancia en la lengua kiché, pues no se explicó por qué "venerables" que en la estructura de la palabra está inmediatamente después de "cerros", no se le concuerde con este sustantivo, sino con otro muy distante "padres". J. IGNACIO DAVILA GARIBI".

"Leí el artículo del señor Flavio Rodas N., sobre la etimología maya de Tegucigalpa, y sinceramente creo que está demasiado hechiza. Conozco poco de lo que se haya escrito sobre el nombre de la capital de la República de Honduras, pero a mí me suena a puro náhuatl. No sé de dónde se ha sacado que Tegucigalpa signifique "cerro de plata" pero en cuanto a que sea un nombre quiche, con el significado de "la región de los cerros de los venerables ancianos", será muy poético, pero no tiene bases suficientes para ser verdad. Según lo que sé, la región del Valle de Tegucigalpa, nunca fue ocupada por los mayas y hasta ahora no se han hallado vestigios arqueológicos que lo prueben. E.T. Hamy, (1896 y 1898) describe algunos objetos hallados en el Valle de Choluteca, de los cuales dos aparecen haber sido mayas (con seguridad una cabeza de estilo de Copán, cuya fotografía publicó) aunque él las relacionaba con Nicaragua. De los otros objetos —dos metates cóncavos—, parecen haber provenido de la región chorotega de la bahía de Nicoya (Costa Rica) y una cruda escultura de figura humana con los brazos al pecho- no puede decirse nada acerca de su probable origen por no haber ni fotografías ni descripción de algún detalle que pudiera servir para identificarlos. De todos modos, el hallazgo, de ser verídico prueba que, cuando menos, llegaron al Valle de Tegucigalpa, objetos de la cultura maya procedentes de la región Noroeste, donde esta cultura sí floreció, como llegaron, también objetos del Sur y de algunas otras regiones. El hallazgo de una o dos piezas de arte maya en contraste con la falta de monumentos arqueológicos en el valle, indica que aquellas fueron transportadas y no hechas en la región. La única referencia conocida de construcción arquitectónica es la del minero norteamericano W.V. Wells, (1857) quien de camino desde Tegucigalpa rumbo a Olancho, por el camino de Talanga y después de cruzar el río Ilama, continuó una legua al Norte, donde halló una como cueva, "apparently built by an extint race. The stones of granite are laid regulary as by the hands of architects. Within these are squared blocks, overgrown with shrubbery...". El dibujo que ilustra su descripción muestra un edificio más que una cueva, que según y de, de quien tomo estos datos, recuerda los templos de Utatlan... "although the temptation to ascribe the latter to the activities of on account of its location beyond the borders of what is a non Maya people is very strong, generally supposed to be the Maya Area". (Yde)

"Es también verdad que no se han encontrado vestigios de cultura mexicana en Tegucigalpa y no sé qué se hubiesen encontrado junto a los numerosos lugares que llevan nombre claramente náhuatl en Honduras.

Conozco la etimología que da Membreño: para éste, Tegucigalpa significa: "en las casas de las piedras puntiagudas", y deriva este significado de lo que significan los elementos en que descompone el nombre que toma de origen "azteca". Los elementos en que hace la descomposición, son: tetl, "piedra", huistli, "espina"; calli, "casa" y pan, "en". En efecto, te puede ser la forma incluida de tetl, como hay muchísimos ejemplos en la toponimia de México, y las dos últimas sílabas pueden, también venir de calpan, (calli, pan) como en el nombre de Nauhcalpan, "en las cuatro casas", que no parece muy claro es que guci sea una variante de hultztli (huitz en forma incluida). Yo sólo quiero mencionar que tecuztic, significa "piedra amarilla", pero no sabría decir si en el nombre de Tegucigalpa está presente el adjetivo "amarillo" (cuztic; cuz en forma incluida). Aunque Membreño dice que en 1536, don Pedro de Alvarado, consigna en el Repartimiento Teguycegalpa; Fray Alonso Ponce escribe en su relación Tegucigalpa (Circa 1588).

El señor Rodas, hace quiché a Tegucigalpa, descomponiéndolo así: teguitz-kal-pa. Dice que "te" se deriva de kate, un término reverencial para ancianos; que guitz, está compuesto de güi e itz, siendo el primero "cumbre, periferia, superficie, cima, extremo, vértice, pelo y todo elemento que cubra una superficie", y el segundo significa "magia, sortilegio", todo lo que tiene procedencia u origen divino o sobrenatural; que kal viene de kakal, "lo que se adora" y que pa es lo mismo que pan, que significa "región, espacio especial con determinados límites", bolo de la Patria", y además, "bandera como símbolo de la Patria" .

"En toda la toponimia maya que conozco, te, es un locativo; witz o güits, es montaña a secas y es un solo morfema. Los otros dos elementos, kal y pa, podrían significar muchas otras cosas con un poco de buena voluntad. También, te, podría ser clasificador numeral, como en el nombre Bolonteuitz, que aparece en el Chilan Balán de Chumayel y que parece ser el nombre maya de las salinas de Nueve Cerros pero sólo en posición incluida y no inicial. No sé si el señor Rodas podría citar otros ejemplos en los que apareciesen los mismos elementos morfológicos en nombre del lugar.

"El señor Rodas termina diciendo que el nombre alude, "sin duda alguna a especial región donde los patriarcas chortis tendrían sus templos o sus altares sobre la cumbre de los mencionados cerros". Pero ni de los chortis ni de ningún otro grupo maya sabemos que hubiesen poblado las montañas que rodean Tegucigalpa y menos el monte Zapuzuca, a cuya base se encuentra.

"La influencia náhuatl en Centro América, fue tan fuerte, que no solamente se nota en los nombres de lugar sino, también, en nombres de plantas, de animales y de muchos elementos culturales. Cuando Fray Alonso Ponce visitó Honduras, halló en la misión de Comayagua, indios de lengua mexicana y muchos animales con nombres de esta lengua. Estos nombres persisten aún hoy". ALFREDO BARRERA VASQUEZ.

Lo que dice RODAS:

"Aunque hasta la fecha desconozco la topografía de los aledaños donde actualmente se encuentra situada la capital de la República de Honduras, para intentar un estudio sobre su etimología, solamente tengo que hacer uso de mis estudios del idioma kiché y de sus dialectos derivados, que como el Chorti, tiene un mismo origen mayense.

También debemos tener en cuenta, las corrupciones que en el transcurso del tiempo y del espacio, han venido sufriendo la mayor parte de los nombres primitivos autóctonos, especialmente los de carácter toponímico, y con los cuales se designaban las regiones más importantes de estos países habitados por descendientes de los antiguos maya-kichés, bajo estos conceptos creo, pues, que el primitivo nombre de Tegucigalpa, debe escribirse por

TEGUITZKALPA O TEGUIPZKALPAM, y teniendo en cuenta, también, que tanto en el idioma kiché y otros idiomas y dialectos derivados del maya, su morfología gramatical es esencialmente monosilábico aglutinante, el referido nombre de te-güitzkalpa, la exégesis de su etimología la describiré como sigue:

TE, se deriva de KATE con cuya expresión, desde la más remota antigüedad los maya-kichés y sus descendientes, citaban el de sus patriarcas como padres y madres de la raza. Hasta la fecha los nativos kichés y cakchiqueles, bajo este nombre de KATE, saludan a los ancianos venerables; pero cuando se trata de expresar la dualidad de anciana y anciano los designan con la sola palabra de TE O TEKadobo vod GUITZ se deriva de: Guito ITZ. GUI en kiché y en casi todos sus dialectos derivados significa: "cumbre, periferia, superficie, cima, extremo, vértice", fisiológicamente significa también, "pelo y todo elemento que cubra una superficie" ITZ con sus declinaciones de ATZ, ETZ y OTZ, significa: "magia, sortilegio, todo lo que tiene procedencia u origen divino o sobrenatural". Los chortís así lo llamaron y siguen llamando a los cerros bajo el nombre de GUITZ.

KAL, se deriva de: KAKAL, que significa: "lo que se adora, lo que se venera con amor o fe ardiente". En la novena tradición del Manuscrito de Chichicastenango, Popol Vuh, en el versículo 86, se cita el PIN ZOM KAKAL, O sea, la sagrada envoltura inconsútil que, los cuatro capitanes mayas dejaron a sus descendientes como un recuerdo de sus enseñanzas venerables.

PA, en este caso no debe interpretarse gramaticalmente como proposición, sino derivado de PAM, que significa: "región, espacio especial con determinados límites y como por antonomasia a este concepto bajo el nombre de PAN, los antiguos mayas y sus descendientes así llamaban a la bandera como símbolo de Patria. Con las anteriores interpretaciones de los monosílabos del nombre de TEGUITZKALPA, su etimología significa: "LA REGION DE LOS CERROS DE LOS VENERABLES ANCIANOS", refiriéndose, sin duda alguna, a especial región donde los patriarcas chortís, tendrían sus templos o sus altares sobre la cumbre de los mencionados cerros. Hasta la fecha, casi todos los nativos maya-kichés y sus hermanos de raza, sobre las cumbres de los cerros es donde van a depositar sus oraciones espirituales y sus ofrendas de un POM sagrado y sus flores de aromas especiales, y a cuyos antiguos altares, equivocadamente, los blancos llaman vulgarmente: "BRUJERIAS".

EL ORIGEN DE LA TIRANÍA EN AMÉRICA

El Alba Democrática en América.

Se habían sosegado los grandes ríos de sangre, frente al alba de Ayacucho, en que Sucre y Córdoba —a paso de vencedores— remataron la derrota de los generales más importantes de España. Se diría que nada faltaba por conquistar y que las palabras del gran orador Choquehuanca, aquel día en que Bolívar recibió la más bella guirnalda que pueden tejer las manos de la profecía, aseguraban a los hombres de América que ya no habría más opresión, que el hombre sería para el hombre un tesoro sagrado, como la flor magnífica de un mundo henchido de grandeza y de esperanza.

Pero la maldad era más astuta en el nuevo paraíso en que la Libertad ofrecía, al alcance de todos, el oro de la manzana prodigiosa. No eran suficientes las promesas de redención; no bastaban los llantos y alaridos de los indios que besaban las manos de los verdugos en los de los esclavos semidesnudos que en las minas de oro recibían su salario en cobre vil, y en las ergástulas continuaban, tristes hasta la muerte sumidos en la ignominia y baldón.

La dignidad humana es una larga conquista; deslumbra con su brillo a quienes la creen fácil posesión; tiene una clave misteriosa que sólo pueden poseer los que son dueños auténticos de su mundo interior o los que por ella son capaces de morir, en desesperada agonía, inermes cuanto más se conjuran contra ella los perversos que se burlan de las palabras más limpias y la convierten en carne de ludibrio. No bastaba proclamar que se habían "roto las cadenas", porque detrás de los himnos que hablaban de ella y de los festejos con que conmemoraba el triunfo de los proceres, se agazapaban aquellos que iban a prolongar el tormento y la infamia. Aún hay almas que viven en pleno siglo XVIII y oyen por la radio las vibraciones de los pueblos que se incorporan a la luz y que, sin embargo, no se conmueven con las palpitaciones del mundo que les circunvala.

Los jóvenes que participaron en las victorias de la insurgencia contra los detentadores del poder, los opresores que descuartizaban y aherrojaban, se desconcertaron al llegar al solio. Otros de ellos —Francisco Javier Mina, el más relampagueante, el más audaz— habían muerto en el patíbulo. Los otros, envejecidos prematuramente, al ver como bajo los nuevos regímenes el pudor comenzaba a perderse, siguieron manchándose de sangre y se incorporaron a la vanguardia de la rapacidad. No pocos de ellos olvidaron que la sangre humana había fluido torrencialmente y que la medida de las lágrimas se había colmado. Bolívar les imprecaba: "He arado en el mar". ¡Grande alma humana terrible y melancólica en su soledad, desolada en su lúgubre silencio, envuelta en la púrpura imperial de su melancolía! Conductor de muchedumbres sedientas y hambrientas de justicia, con labios de fuego para hablar y para amar y con tormentas desatadas en cólera, Bolívar se convirtió en el símbolo perfecto de la desilusión; el silencio de San Mateo o ya en vísperas de entrar al lecho de muerte en San Pedro Alejandrino. Porque había arado en el mar...

Y, sin embargo, todos los secuaces que se le rebelaron —desde Páez el guerrillero impar, hasta el intrépido Córdoba— estaban envidiosos muchos años después de verle magnífico en su imperio. No se habían conformado con el mirto y el laurel, ni con el título de general o de mariscal que el Libertador les confiriera, y con haberles hecho partícipes de su gloria, a pesar de que pudieron ser grandes como él. Habían triunfado en las batallas, pero no habían podido triunfar sobre si mismos. Entre los pocos ejemplos de la pureza cívica y del desprendimiento sublime, fueron San Martín —que a todo renunció— y Antonio José de Sucre, que seguía hermoso de sencillez, de lealtad, de limpieza invencible. Con ellos amanecía la grande alba de una América enamorada de la gloria, de la probidad, de la verdadera grandeza heroica.

CAUDILLOS Y DICTADORES

Pero la espada había vencido a la espada y los hombres que "rompieron las cadenas de nuestros cuatro siglos de opresión", no contaban para la nueva empresa cuya dirección asumían, con el material humano que se necesitaba para que aquellas cadenas fuesen rotas de verdad. Siglos de servidumbre, de ignorancia, de miseria física y moral, agobiaban al hombre de América. Unos cuantos sabían algo más que leer y escribir, se hallaban al tanto de las ideas renovadoras de Francia y de Inglaterra; habían viajado con un vasto equipaje de inquietud hacia los mundos remozados; comenzaban a asomarse a la realidad tremenda de un continente habitado por gentes disímbolas. Eran unos cuantos y sólo podían estar al habla de una lenta comunicación epistolar. Los nuevos generales comenzaron a usufructuar los bienes del Estado, a imponer más contribuciones que las españolas y a disputarse la presidencia de las repúblicas flamantes como si ella fuese un premio de la patria agradecida. En torno de los más osados y atrabiliarios, se fueron agrupando los demagogos codiciosos y los abogados intrigantes que dan consejos y hacen leyes a la medida; los capitalistas que veían llegada su hora para enriquecerse más; los que buscaban granjerías y condecoraciones. Los generales comenzaron a nombrar senadores y diputados; y los congresos a declarar "Beneméritos de la Patria" y "Héroes de la Paz", y los que se improvisaron periodistas ¿qué podían hacer con la libertad de imprenta si tenían a su disposición un tesoro que no podían explotar? Los apetitos del capital extranjero se asomaron en forma de diplomáticos que viajaban con el disimulado propósito de estudiar la geografía y la biología, y de admirar los indios con plumas y los paisajes con maravillas. Y como ni el criollo ni el mestizo estaban preparados para desamortizar las riquezas naturales, ni siquiera para inventariarlas, y como el comercio les brindaba menos frutos pingües que el empleo público en que no se trabaja pero se cobra, la adulación al poderoso se ofrecía como una meta más brillante que la plata y el oro. El virrey y el capitán general tenían ya sus dignísimos sucesores y bien pronto pudieron éstos despreciar la ley exclamando: "Se acata pero no se cumple". ¿Qué soberanía popular podía haber en países henchidos de analfabetos y de palúdicos, y en los que la pereza ancestral, las diferencias raciales y culturales eran tan profundas? Los caudillos y los dictadores estaban en potencia propicia. Iturbide y Santa Ana, Rafael Carrera y Francisco Malespín, los mariscales bolivarianos, Juan Manuel de Rosas, Rodríguez de Francia, Portales, Melgarejo, García Moreno, tenían razón de ser. El dictador—vanidoso, megalómano, dipsómano, cruel, astuto, pintoresco, a veces neurópata—, sólo era el fruto espontáneo de la ausencia de la ciudadanía, del desdén del trabajo, y más que todo, de la intolerancia, de la falta de educación mínima para comprender que los problemas de un país no pueden ser resueltos por un partido político, por una camarilla de amigos y de compadres, y mucho menos por un solo hombre. En tal atmósfera de voluptuosidad morbosa, de intemperancia, de sensualidad, de adulación, surgió el tirano, con los bustos que le erigían, con los ditirambos que le endilgaban, con su cerro de farándula en que el brillo de las condecoraciones cegaba y el ruido de "las cadenas de cuatro siglos" se escuchaba mejor, ¿Qué podían hacer agazapados en el silencio de su biblioteca, en aquel paisaje histórico tan preñado de desolación, los cuatro o cinco o diez estudiosos de una realidad tan atormentadora? ¿Qué podían hacer José María, Luis Mora en México, José del Valle en Centroamérica y Sarmiento en la Argentina, Manuel González Prada en el Perú, Juan Montalvo en el Ecuador?, ¿qué, sino seguir estudiando, soñando con una América decente, que algún día fuera dueña de lo suyo, capaz de articular su mensaje?

En aquel medio sólo era posible escuchar en toda su integridad las voces de la poesía romántica y reproducir de labio en labio las fábulas con que las gentes castigan a los déspotas. La noche sería larga, amarga; larga como las cadenas reconstruidas, amarga como tantos siglos de servidumbre y de rencor. Porque la tiranía estaba bien instalada, con sus sacerdotes y sus ritos, sus templos y sus adoradores, y aunque tenía vísceras organizadas a la perfección, carecía de entrañas. Todos los elementos de poder hallábanse a su disposición. Nunca como entonces, pudo la América española merecer la afirmación que se ha puesto en labios de Luis Bonaparte antes de que fuese Napoleón III: "La América Central y Turquía son los dos países más bellos del planeta; lástima que se encuentren en poder de los centroamericanos y los turcos". La América Central, es decir, México y los cinco países centroamericanos; mejor dicho, los países que tienen iguales progenitores, iguales niveles de cultura, idénticos problemas sociales y económicos, el mismo material humano, el indio abatido, el criollo manirroto, el mestizo fiestero. He ahí los orígenes de la tiranía en esta América cuyos antepasados no eran coma los de las trece colonias inglesas, un grupo de perseguidos que salieron en busca de altares para admirar sin temor y de tierras para trabajar con amor.

Después surgieron las luchas por regímenes más humanos; pero para iniciar la reforma tuvieron que instaurar dictaduras paternales, quienes comprendieron que para afianzar las conquistas jurídicas era preciso la mano estranguladora sobre el adversario. Creían en que bastaba tener las leyes más avanzadas del mundo para que la mentalidad de su pueblo se transformase. En la lucha terrible tuvieron que sacrificar el bello tesoro de la bondad y poco a poco incurrieron en el pecado que habían combatido; exageraron la arbitrariedad y bien pronto demostraron que no tenían preparación ni paciencia para combatir los intereses creados. Se dejaron seducir, se entregaron a la ferocidad y la impudicia y comenzaron a tergiversar el significado de las palabras insignes: Democracia, libertad, justicia. Pero aparecieron algunos que si fueron crueles eran honrados frente a las arcas nacionales, como Benito Juárez, y eso bastó para testimoniar que América Española es capaz de producir almas grandes, nacidas para dar luz o para pasar por la tierra enriqueciéndola, engrandeciéndola, almas grandes como la de José Martí, capaces de ir hasta el sacrificio para pregonar la excelsitud de la sangre cuando se derrama en sublime ternura, almas como la de los pensadores silenciosos que han llevado la diadema de espinas en la intimidad de la tragedia de nuestra América.

DICTADORES FRUSTRADOS

Hubo otros, que defraudaron a quienes en ellos depositaron fe; que pudieron ser conductores, que aparentaron tener una rica llama espiritual; pero que a la postre no eran más que dictadores frustrados que se aliaron a los caudillos para escalar fácilmente el solio, que descombraron con su brillo apócrifo y no supieron demostrar que eran hombres buenos. Se habían puesto caretas de libertadores y no eran más que ensimismados que buscaban el poder a todo trance; algunos de ellos eran abogados, que adiestraron a los caudillos en embrión, para manejarlos como peleles. Estaban enfermos de "presidentitis", el mal que ha hecho más víctimas en Hispanoamérica y que, según Calderón Ramírez, a quien le ataca no le abandona ni en la tumba.

EL RETORNO DEL ALBA

Pero a lo largo de este calvario, vuelve a resplandecer, tímida, el alba. No en vano han padecido tanto los que dan su sangre y su llanto en la tremenda lucha para la conquista de un mundo mejor; un mundo de modesto decoro, de seguridad para hablar, para servir, para encontrar el camino de la convivialidad. La ciencia ha tomado como nunca antes en la historia, un puesto de combate contra la ignominia y el desencanto; y cada invento es un triunfo de ella al servicio de la democracia. La última gran guerra ha sido la más dura batalla que el hombre ha librado por la felicidad del hombre. Siempre habrá problemas, desilusiones, contradicciones; pero cada día será más fácil entenderse. Las dictaduras no serán del todo inútiles, como no lo son la enfermedad y el terremoto. Ellas son necesarias para saber librarse del mal siempre en acecho, para entregarnos a la contrición y a la rectificación. Y la juventud vuelve a tomar su puesto en la larga batalla por la libertad; y en ella hay que depositar la ardiente esperanza.

Es ella la que hizo la Revolución Cristiana, la Revolución Inglesa, la Revolución Francesa, la Revolución de la Independencia de América y la que está haciendo en estos días supremos las máximas tareas. Estamos viendo cómo en todo el mundo la juventud ha sido la primera en demostrar que en sus manos arde, desde los días de Grecia, la antorcha de la vida. Jóvenes como ese viejo Churchill que no vaciló en defender su grande isla cuando las fuerzas del mal parecían invencibles: jóvenes como ese Carlos De Gaulle frente a los que dudaron de la juventud eterna de Francia.

Este es el retorno del alba, y no importa que de ella duden los que no tienen ojos para ver, no importa que en algunos países haya quienes se empeñan en defender los últimos reductos de la opresión y en negar la presencia de esta alba nueva que puede ser ensombrecida por nuevos dictadores; pero que al fin resurgirá más hermosa, con más ímpetu de creación, quemándose en sacrificio y en austeridad y capaz de convertirse en pan, en alegría y en canto para quienes ahora la niegan; cada vez más segura de iluminar la tierra con más limpio fulgor, porque ha sido conquistada con paciencia y con sangre, y por eso es más firme y más segura.

CRISTÓBAL DE OLID: CONQUISTADOR DE MÉXICO Y HONDURAS

No fue Cristóbal de Olid el héroe central de una epopeya como la del Anáhuac o el Perú; no dijo discursos elegantes como el que don Antonio de Solís puso en labios de Cortés, ni tomó posesión de un mar como Balboa, ni ganó título de nobleza como Pizarro. Fue, sin embargo, uno de los capitanes que más tierras recorrieron, que más peligros desafiaron, y uno de los más heroicos y generosos, más conquistados por América y más españoles a la vez.

En la galería de los héroes de la España medioeval e imperial están bien instaladas las imágenes de Cortés, Pizarro, Jiménez de Quezada y Balboa; y como si hubieran sido los únicos fulgores de aquella constelación, se diría que los de segunda fila se han ido eclipsando en ese cuadro mural tan rico de individualidades. No segundones sino émulos resultan Olid y Sandoval, Valdivia y Alvarado, González Dávila y Hernando de Soto. Tienen su propia luz, se movieron en sus propios ámbitos, ganaron y todo lo perdieron. En ellos encarna el español guerrero del siglo XV y el caballero que lleva sobre el pecho la llama del Nuevo Mundo.

Todos pelearon a la par, y aunque hubo algunos que siguen siendo impares, sus batallas se consumaron con el heroísmo de los que eran también la sangre viva del pueblo español, su misterio y su grandeza, su cordura y locura, todo lo que España pudo dar en sus grandes días de nación predestinada. Habían sido hechos con materiales humanos que resistían la prueba del agua y el fuego y estaban tallados para la incomodidad.

Eran seres de otro mundo. "¡Cuánto Lope de Vega de la espada!" —dice Blanco Fombona—. Pletóricos de vida, ricos de imaginación, enamorados de lo misterioso, y con "cierta indiferencia hacia el porvenir" (Salvador de Maradiaga). Por una rara alquimia se mezclaron en ellos la codicia y el desprendimiento, el goce eufórico de la vida y el temor a la muerte, el amor a la gloria y al poder, la astucia y la imprudencia. Pelearon diariamente contra la ociosidad, la tierra dura, los presagios, y también contra la Naturaleza, contra el indio y el español. Abrieron la brecha a los civilizadores que llegaron después.

En ese cuadro la figura de Cristóbal de Olid tiene distinción esclarecida. Sin la ferocidad de Alvarado, sin la perfidia de Pedrarias, Olid toma parte en la conquista de Cuba, el Anáhuac, Michoacán y Honduras. Fue hacia diversos rumbos, en busca de una estrella escondida entre brumas, alucinado y a tientas... No dejó cartas, ni tuvo epígonos, ni le preocuparon el tiempo y la distancia; pero carecía de dotes para el mando.

Era imprudente e insaciable de curiosidad, actor insensible de un drama que nos conmueve aún. Imprevisor, resignado, fabulosamente viril, y uno de los que —como los astros al sol— hacen crecer la mitología de Cortés. Era joven cuando subió al patíbulo, soportó siempre la áspera vida, en espera de que alguna vez la tendría confortable, y ya era rico para haberse retirado a la calma de su palacio y sus recuerdos, y, sin embargo, la pasión por la aventura nunca le dejó en sosiego, ni pudo resistir una seducción, la del Sur cada vez más distante, el mismo a donde viajan las aves que buscan no se sabe qué y van hacia él con los ojos deslumbrados.

Cortés traicionó a Velásquez, Olid a Cortés, Briones a Olid ¡qué pecado original de la conquista! ¿Y su honor? No sólo era de Dios, sino también del Rey; y por eso todos le invocaban al rebelarse entre sí. Sólo dos temores les unía: el Rey y Dios: y por eso Velásquez, Cortés, Olid y Briones se amparaban en esas dos lealtades al traicionarse. A medida que se les ensanchaba América se sentían reyes de un reino encantado, en que el oro fulgía muy adentro de las sierras y de las utopías, y se iban metiendo en las entrañas de un mundo distinto que les encarceló con su magia, y al adueñarse de él demostraron eso que dice Altamira: la cualidad de asimilación que acaba de traducirse en creación original.

Olid ya no volvió a España, porque aquí le faltaba tiempo para hacer lo suyo, para vivir su vida, derramar su exuberancia. Y en una tierra henchida de fuerzas telúricas, el bravo capitán se quedó para siempre, circunscrito por el imán invisible que había dado cita a varios capitanes: Hernández de Córdova y Hernando de Soto que llegaron del Sur, González Dávila procedente de las islas, Las Casas desde México, Alvarado desde Guatemala, y, por último, Cortés. Sí, todos buscaban el oro; pero también algo más resplandeciente: el paso de las grandes aguas oceánicas, por donde cruzarán para iluminar el mapamundi los hombres de todas las tierras convocando a todas las culturas, iluminando los nuevos sueños.

DE ANDALUCÍA A CUBA

El solar andaluz. Entre moros y cristianos. San Cristóbal y el Alto Mar Océano. La media luna en campo azul.

Si fue en Baeza, de la diócesis de Jaén[1], su gentilicio tuvo las más variadas formas: baezano, baztetano, betiense o vincense. Era Baeza en el siglo XV, rica de cebada y trigo y vino, pingüe por los jamones y las carnes, abundante de aguardientes, cebollas dulces y aceites, la cabeza política y eclesiástica, defendida por los dos órdenes de murallas antiguas a cuyos flancos se alzaban torreones esbeltos que, al igual de los de otras ciudades que varias veces pasaron de las manos de los moros a las de los españoles, quedaron al fin en ruinas.

En ella hubo universidad, templos y palacios, y como en ella se entrelazaban muchos de los caminos de España, su comercio y su bullicio le daban un color singular, bajo el cielo de Andalucía, y su gente era una de las más enamoradas del sol, la risa y la aventura, desde mucho antes de que la media luna se eclipsara ante el poderío de la Santa Cruz.

Baeza entre dos valles, con sus fuentes, su tierra feraz, allí cerca el Guadalimar. (Geografía Moderna de Nicollé Croix, Madrid 1739).

Pero si no fue Baeza su tierra natal, lo fue Linares, en Jaén.

Tres moricas me enamoran en Jaén.

Baeza, a la falda de la Sierra Morena, con sus bosques de encinas y su pasto para las vacadas (Geografía Moderna de Nicollé Croix, Madrid 1739), es la suave ciudad en que Antonio Machado

---

[1] Bernal Díaz dice que en Baeza o en Linares (55, II, 386) y Torquemada (117, 1, 538) y Oviedo y Valdés (60, II, 188).

dejó volar su alma hacia los plenilunios.

> *Desde mi ventana,*
> *¡campo de Baeza,*
> *a la luna clara!*
> *¡Montes y Cazorla,*
> *Aznaití y Magina!*
> *¡de luna y de piedra*
> *también los cachorros*
> *de Sierra Morena!*

De todos modos, de Baeza o de Linares, Cristóbal de Olid era andaluz.

> *Al andaluz*
> *hacerle la cruz;*
> *si es cordobés*
> *con manos y pies;*
> *si es sevillano*
> *con un pie y la mano;*
> *si de Baeza*
> *con manos, pies y cabeza.*

Andaluz de sol y de piedra, alegre y duro, Olid se asomaba al Guadalimar para tener bajo sus ojos aventureros el mar, que le llevaría hacia América, el fantasma cuya sombra le golpeaba en el pecho.

"La estructura general de Jaén, antigua residencia de un virrey, o reyezuelo moro, es esencialmente morisca, como debe suponerse. Por todas partes calles estrechas y tortuosas, empedradas con grandes guijarros de ríos, un terreno desigual, fuentes abundantes (porque los moros amaban mucho el agua), casas con azoteas y miradores, galerías de arquitos en forma de herradura, o con troneras muy reducidas, y extrañas y caprichosas construcciones". (Historia de la conquista de México de Ignacio Salazar Olarte, Madrid 1786).

En aquella ciudad, en la que "se hace sentir cierto rigor en los inviernos y los veranos no son tan ardientes como el fondo de la campiña" (El país y los habitantes de México de Leonardo Martín Echeverría), pudo también haber nacido aquel que fue uno de los hijos brillantes de Andalucía, la tierra que "goza de sol espléndido... respira aire sutil" (Retablo español de Ricardo Rojas, Buenos Aires 1938).

Era del linaje de los Olid de Navarra, que tenían en su escudo la media luna de plata en campo azul y al pie de ella una estrella de oro.

El apellido derivaba de la antigua sede de la villa de Olite, en aquel reino, y de la corte de sus reyes; y su nombre era uno de los más populares en las postrimerías de aquel siglo y en todo el XVI: Cristóbal Colón, Cristóbal de Olea, Cristóbal de Oñate, Cristóbal de Guzmán, Cristóbal de Tapia, Cristóbal de Pedraza... La imagen de su santo —un gigante paseándose por el mar de la fabulosa Atlántida— le hizo señas para que atravesara las aguas del Alto Mar océano que desde el mapa de Juan de la Cosa sosiega su cólera bajo la sonrisa del santo.

EL APELLIDO DE OLID

"Sea andaluza o navarra la procedencia de la familia de Cristóbal de Olid, o sea Olid u Olite la forma original del apellido, su valor etimológico me parece siempre el de ´olivar´.

Hay numerosos toponímicos españoles que evocan el cultivo del olivo, clásico en el mundo mediterráneo: recordemos sólo a Oliva (Valencia, Cáceres), Olivares (Sevilla), Olivenza (Badajoz), Oliván (Huesca), Olivar (Oviedo), Olivas (Tuy), Oliveira (Coruña) y el Olivella catalán.

Se pretende que el nombre de la ciudad navarra de Olite sea una contracción de Ologite, ya que así se llamó la ciudad fuerte que mandó a edificar el rey y visigodo Cíntila, a principios del siglo VII. Sin embargo, se me antoja más bien una forma sincopada de Oliveto u Olivete, ya que Olite antiguamente fue conocida también por estos nombres. En apoyo a esta etimología recordaré que una de las principales producciones de la llanura de Olite es el aceite de olivo; en el escudo de armas de la ´Flor de Navarra´ figura precisamente un olivo verde coronado, entre dos leones.

Y que también Olid tenga la misma etimología parece

demostrarlo otro toponímico español: Valladolid, latinizado en Vallisoletum, es decir *vallis—oletum*. Rechazadas las versiones según las cuales Valladolid es un valle de olor o de lides (alusión a las luchas contra los moros) o que procede del árabe Vilad Ulid (tierras de Ulid), evocación del caudillo Ulid Ablapaz, es decir Valid Abul Abbas, muerto a manos del rey Ordoño II en el siglo X, queda la explicación de *Oletum* como síncopa de olivetum.

Es verdad que Cicerón llama *olivetum* una heredad plantada de olivos, pero su contemporáneo Catón ya usa, en su De Re Rustica, la forma contraída *oletum*.

Vallis—oletum corresponde al vulgar Vallad—olid. Es probable que en otros lugares de España el *Oletum* se volviera Olid en la boca del pueblo, acaso bajo la influencia de la pronunciación árabe, como el Maioritum latín, según algunos autores, se transformó en Madrid.

Cristóbal de Olid: como quien dijera: Cristóbal de Olivar.

Nada se sabe aún sobre sus padres; pero algo se ha podido averiguar sobre su familia en México, y algunos de esos nombres permiten asegurar que lo más probable es que su tierra natal fue Baeza. Mi amigo don Rafael Nieto y Cortadellas me traslada gentilmente algunas impresiones que ha encontrado:

1) María de Olite y don García de Salma, naturales de Olite, fueron padres de Juan de Salma, que pasó en la Armada de Cartagena el 13 de junio de 1534 (4554, tomo I del Catálogo de pasajeros a Indias).

2) María de Olid y Diego Mexía, vecinos de la ciudad de Baeza, fueron padres de Rodrigo Mexía, vecino de Baeza, que obtuvo permiso para pasar a la Nueva España el 27 de agosto de 1536 (asiento 2896, p. 173, tomo II del Catálogo de pasajeros a Indias).

3) Pedro de Olid (otras veces escrito Olite), vizcaíno, "posiblemente sobrino del conquistador", insinúa Nieto y Cortadellas, y su mujer Isabel de Toro, fueron padres de María de Olid y Toro, quien fue bautizada en la parroquia de la Catedral de México el 15 de julio de 1576 (Sección de Inquisición, año 1561, volumen 17, expediente 17 y volumen 223, expediente 735; y año 1572, volumen 225).

4) Juan Bautista de Olid casó en la parroquia del Sagrario de la Catedral de México el 1o. de abril de 1585, con doña Francisca

Martínez[2].

EN TIERRA DE CUBA

Un olivo verde entre el león. La seducción de América. Cómo era Olid. Olas y presentimientos. Un barco frente a Yucatán.

Y esta fuerte, y magnífica, y ágil y bella espada, que fue en el talabarte de Cristóbal de Olid. **—Antonio Mediz Bolio.**

Cristóbal de Olid tenía 30 años cuando pasó a la América, a bordo de una de tantas carabelas que se dirigían hacia Cuba en busca del oro y de las perlas y también de las cosas nuevas y magníficas que podían ser anticipación de la felicidad[3].

Era gobernador de la isla don Diego de Velásquez, quien desde su hamaca pretendía emprender la conquista de las tierras que estaban al occidente y se imaginaba que le sería fácil atraparlas como fáciles presas con sólo enviar halcones amaestrados que a una de sus señas debían regresar al puño de encajes.

"Si fuera tan sabio y prudente como era de esforzado y valiente por su persona —decía Bernal Díaz hablando de Olid— ansí a pie y a caballo fuera extremado varón; mas no era para mandar sino para ser mandado... y su presencia e altor de buen cuerpo, muy membrudo y grande espalda, bien estallado e era algo rubio e tenía muy buena presentaía en el bozo de abajo siempre como hendido a manera de grieta. En la plática hablaba algo gorda y espantosa y era de buena conversación y tenía otras buenas condiciones de ser franco". (Historia verdadera de la conquista de la Nueva España,

---

[2] Encuentro otro nombre que puede relacionarse con esta genealogía: "Luis Olid de Viedman, natural de Almagro, de cuarenta años a que está en esta tierra ocho o nueve años, es lengua huasteca, porque ha estado siempre proveído en la provincia de Panuco y ha trabajado en ella mucho por ser tierra caliente y trabajosa, reside en Oxitipa". Era clérigo residente en el arzobispado de México, según carta del Arzobispo Moya y Contreras a Felipe II, el 24 de marzo de 1575 (126 p. 215).

[3] "...había sido vecino y conquistador en la isla de Cuba". (Historia general y natural de las Indias, isla y tierra firme del Mar Océano de Gonzalo Fernández de Oviedo y Valdez, Madrid 1851).

México de Bernal Díaz del Castillo). [4]

"Era gentil soldado y hombre de grandes fuerzas. A la hora de su tragedia usaba barba", según Bernal. "Era un Héctor en esfuerzo para combatir persona por persona, y que si como era esforzado tuviera coraje, fuera más temido, más que habría de ser mandado".

"Presumía de valiente, y que le tenía sin armas, recio y de grandes fuerzas. Insigne capitán —le llama Francisco Antonio Lorenzana". (Historia de la conquista de México de Francisco López de Gómora, México, 1943); "gentil soldado y hombre de grandes fuerzas". (Historia general de los hechos de los castellanos en las islas y tierras firme del Mar Océano de Antonio Herrera y Tordesillas, Madrid, 1935).

"Insigne capitán", le llama Francisco Antonio Lorenzana (Historia de la conquista de México de Francisco López de Gómora).

El de 1518, decisivo en la vida de Cristóbal de Olid, fue un año crucial para la conquista de América, porque en él se precipitaron los acontecimientos bajo el tumulto de los marinos y los barcos que entre Santiago de Cuba y el cabo de San Antón merodeaban en busca del oro que fue anunciado en 1502 a Colón por un viejo indio maya a poco de salir de la isla de Pinos.

Cuba era entonces el sitio en que se percibía muy bien el pulso de las olas y los presentimientos; y los bravos jóvenes impetuosos que en ella acechaban el instante de hacerse a la mar reconocían que entre ellos había uno de nariz y olfato de ave marina, ojos avisores que se encendían alucinados ante los crepúsculos bermejos del archipiélago: Cristóbal de Olid, en la plenitud de su querer y de su ambición "era muy capaz de meterse al infierno, seguido de su chusma hambrienta y heroica"[5].

La tierra de Cuba, sonora de luces y de palmeras, con aguas de vidrio verde y quebradizo, visitada por aves raras que desde la Florida hasta Yucatán llegaban con sus mensajes misteriosos, ya no

---

[4] Bernal tachó en el original: "que no traía cosa suya sino que todo lo daba".

[5] Bartolomé Argensola dice en su libro Conquista de México que Olid sí encontró a la armada de Grijalva y que "desde el puerto de Matanzas, salieron juntos", y que llegaron a Cuba ocho días después, casi al mismo tiempo que Alvarado.

era suficiente, a pesar de las hamacas y de sus indios, para satisfacer las ambiciones de quienes la habían conquistado. Casi a punto de morir bajo el dulce peso de la caña de azúcar y de los soles arduos, aquellos jóvenes candentes se embelesaban oyendo relatos fabulosos sobre las tierras que al occidente acababa de encontrar sin buscarla Francisco Hernández de Córdoba, Juan Ramón Molina en una carta después de 23 días de penosa navegación, procurando atrapar indios para hacerlos esclavos. Entre aquellos jóvenes llamaba la atención Cristóbal de Olid, como "persona de valía y muy esforzado" y "capitán de mucha opinión, persona muy esforzada y valerosa, recio y membrudo y de muchas fuerzas", que por entonces residía en la villa de Trinidad, después de haber sido paje del gobernador Velásquez y conocedor de la lengua de los indios de Cuba. Al no tener éste noticias de Juan de Grijalva, que había salido hacia las tierras halladas sorpresivamente por Fernández de Córdoba, dispuso enviar en su busca a Olid, con siete soldados, debiendo proseguir la ruta que el descubridor había encontrado.

Salió éste a bordo de una carabela[6] que bien pronto estuvo cerca de la costa de Yucatán, "para saber cómo andaban las cosas". (Colección de Documentos para la historia de México de Joaquín García Icazbalceta).

Y mientras Velásquez se hacía conjeturas sobre el paradero de Grijalva, el barco de Olid, surto cerca de la costa yucateca, fue sorprendido por un recio temporal, y "el piloto que traía mandó cortar los cables y perdió las anclas y tuvo que retornar presuroso a Santiago de Cuba a dar cuenta del desastre al señor gobernador.

"Velásquez despachó el navío y por capitán de él a Cristóbal de Olid, el cual partió con mucha gente, aderezado de armas, artillería y bastimentos; y, no hallando rastro de Grijalva, se volvió".

Dijo Grijalva a su gente: "Mi parecer es, salvo el vuestro, que pues Diego de Velásquez no ha enviado a Cristóbal de Olid, como prometió, que debe querer que nos volvamos, y que no poblemos hasta que vea la relación que llevamos". Pero Gonzalo de Ilescas dice que Velásquez envió a Olid en busca de Grijalva "para que le trajese, o, si la tierra descubierta fuese tal, para que poblase allá y

---

[6] Figura Álvaro López entre los que pasaron a Yucatán acompañando a Olid.

comenzase la conquista y descubierta Cozumel tomó posesión de ella y la llamó Santa Cruz".

Velásquez se hallaba muy abatido al no saber el paradero de Grijalva, pero "muy malo estuvo después que lo vió volver (a Olid) sin recaudo"; se hallaba entregado a sus preocupaciones cuando reapareció Pedro de Alvarado ponderándole las nuevas que tenía sobre la riqueza del país. Mientras Velásquez y Alvarado se entregaban a regocijos y fiestas, quedó Olid atisbando la ocasión para hacerse de nuevo a la mar en busca de otra aventura, mientras el viento del Caribe zumbaba en las arboladuras de las naves. Era el mes de junio de 1518 y en la tierra y el mar había un ir y venir de fascinaciones. Casi no dormía bien su siesta don Diego de Velásquez, el serenísimo gobernador, asediado por la presencia de las tierras ricas en oro y por todo lo que Grijalva le había contado al regreso y las preseas que le entregó Alvarado. Después de meditarlo bien y de hacer caso a los consejos de su secretario Andrés de Duero y del contador Lares, resolvió enviar una nueva armada al mando de Hernán Cortés.

En la cláusula XV de las instrucciones que éste recibió de Velásquez, se le recomendaba que ubicase a Olid y su carabela, si bien se puede comprobar que Cortés "se hizo a la vela cuando ya Grijalva había regresado" (Hernán Cortés de Salvador de Maradiaga, Buenos Aires, 1941).

Velásquez temía que Grijalva u Olid se le hubiesen levantado en armas... Su primera idea al organizar la flota que había de mandar Cortés debió ser sin duda salir al paso de esta posible maniobra, ya de Grijalva, ya de Olid. Pero es evidente que Cortés dio "su negativa tácita a participar en las aventuras de Grijalva y de Olid" y "prefirió reservarse para cuando llegase su hora". (Hernán Cortés de Salvador de Maradiaga, Buenos Aires, 1941).

Se recuerda, por otra parte, que Olid, hombre de edad, como Alvarado, Dávila y Montejo "andaban ya en atrevidas carabelas en Yucatán" y que "bien sabía él (Cortés) qué clase de hombres eran éstos que probaban fortuna en la Rica Isla", agrega Maradiaga-

Más aún: "El regreso de Olid derrotado por el mar y Grijalva derrotado por su propia falta de tesón —dice Maradiaga— avivaron la impaciencia de Cortés".

Y es posible formular esta pregunta: el haber sido postergado Olid para dirigir la empresa de la conquista de México ¿no fue esa la raíz del resentimiento que años después se agudizaría en su traición contra Cortés y su entendimiento con Velásquez?

LA EXPEDICIÓN A MÉXICO

Pregones de Cortés. Un caballo castaño oscuro. La brújula al oeste.
Vino, cazabe y alegría. La isla blanca y la isla verde. Santiago
repartiendo mandobles.

Hechos todos los preparativos de la expedición, vencidos los escrúpulos y sospechas de Velásquez —que a última hora temía una traición de Cortés— los diez navíos salieron de Santiago de Cuba el 18 de noviembre de 1518, y dieron vuelta hacia el norte, y en la villa de Trinidad les estaban esperando, ansiosos para incorporárseles los más intrépidos jóvenes de la isla, entre ellos los cinco hermanos Alvarado y otros que sabían muy bien montar a caballo como el apóstol Santiago, uno de ellos Olid, "el muy esforzado". (Historia verdadera de la historia de México de Bernal Díaz del Castillo).

Olid, como vecino de la Trinidad, era uno de los que tenían sus estancias de pan cazabe y manadas de puercos, cerca de aquella villa, y cada uno procuró de poner el más bastimento que pudo.

Al pasar por la Habana, ya listos el maíz y la yerba seca para los caballos, se fueron a bordo con éstos, siendo el de Olid un "castaño oscuro, harto bueno", prosigue Díaz del Castillo.

Y cuando a los pocos días Velásquez envió a la Habana órdenes para impedir la marcha de la expedición, tuvieron que echar las cartas para saber por quién se decidían, si por Velásquez o por Cortés, y Olid fue uno de los que, reticencias, se puso de parte del segundo, que ya estaba, a pesar de sus coqueteos epistolares, en franca ruptura con el gobernador.

Sin embargo dice Argensola: "Hernando Cortés aportó en Macaca, a donde se libró con valor de las manos de Alvarado y de las de Olid, que lo quisieron prender, tanto porfió Diego Velásquez". (Historia de México de José Antonio Gay).

Según Gonzalo de Ilescas en De la conquista de México, los

quisieron prender, "más él los entendió y se puso en salvo".

El 10 de febrero de 1519, después de haber oído misa, los nueve barcos se hicieron a la mar por la banda del sur, con rumbo al cabo de San Antón; viraron hacia Cozumel, y bien provisto de cazabe, vino y alegría, Olid iba al mando de uno de los barcos y de una de las once compañías en que se dividió el ejército.

Recibió de Cortés, como los otros pilotos, las instrucciones "por donde se habían de regir y lo que habrían de hacer, y de noche las señas de los faroles", escribió Díaz del Castillo. Sería largo de contar todo lo que ocurrió hasta que el 4 de marzo abandonaron Cozumel, entre las hostilidades de un vendabal deshecho.

"Y yendo navengado con buen tiempo, revuelve un viento, ya que quería anochecer, tan recio y contrario, que echó cada navío por su parte con harto riesgo de dar en tierra, y quiso Dios que a medianoche aflojó, y desde que amaneció luego se volvieron a juntar todos los navíos" (Historia verdadera de la conquista dela Nueva España de Bernal Díaz del Castillo).

Estaban frente a la desembocadura del Grijalva el 12 de marzo y allí pusieron a prueba su serenidad para sortear las acechanzas de las flechas, y quien más bizarramente las desafiaba era Olid, como lo demostró al ser uno de los trece caballeros que capitaneaba Cortés en el combate de Centla. Iban con pretales de cascabeles los caballos, y Olid movía su lanza, airosamente, a lo largo de una llanura pantanosa. Otro de los trece era nada menos que el futuro conquistador de Guatemala, otro el que sería adelantado de Yucatán, y hasta Ortiz demostró que no es cierto que los músicos sean malos jinetes. De pronto, entre los ayes de los heridos y la alharaca de los tambores y las trompetillas de los indios, se apareció a los moribundos, repartiendo mandobles, el apóstol Santiago. Desde aquel día Cristóbal de Olid sintió que —parodiando el verso de Zorrilla— América se iba ensanchando al paso de su corcel; y sus ojos comenzaron a fijarse, deslumbrados, en las suaves piedras azules que los caciques entregaban como prendas de paz. Oreada la sangre que había corrido en Centla, alzada sobre el altar la imagen de la Virgen María —era Domingo de Ramos en el pueblo de Santa María de la Victoria— los expedicionarios tomaron tregua y entre las cosas gratas que Olid saboreó iban pavos, pescados y frutas, con los que poco a poco iba tomando posesión de la tierra y cambiando su estilo de vida. Siguieron hacia el norte, a lo largo del litoral, y de repente aparecieron, en lontananza, la isla blanca y la isla verde, y fue entonces cuando vibraron los primeros versos bajo el cielo del Anáhuac:

> Cata Francia, Montesinos,
> Cata París la ciudad,
> Çata las aguas del Duero do van a a la mar.

> Y yo digo
> mirad bien las tierras ricas
> y sabeos gobernad.

Cortés, haciendo gala de su ingenio, contestó el desafío: "Denos Dios ventura en armas como al paladín Roldán".

FRENTE A VERACRUZ

El Jueves Santo de 1519. Olid, maestre de campo. Oro del sol y plata de la luna. En el paraíso prometido. Tlaxcala, tierra de pan. En la capital de Moctezuma. Una cacería bulliciósa. Narváez a la vista. El regreso a Tenochtitlán. La noche tenebrosa. Una herida en el muslo. Peripecias de la campaña. Con la cara llena de sangre. El dia de San Hipolito. Un banquete en Coyoacán. Chismes y pasquines.

...este famoso capitán que tanto renombre había ganado en el sitio de México y en las importantes comisiones que Cortés le había confiado en Michoacán y otros puntos. —Lucas Alamán.

El Jueves Santo de 1519, Cristóbal de Olid se hallaba frente a San Juan de Ulúa, mientras en las gavias de los navíos surtos la luz retozaba con los pájaros. Los embajadores de Moctezuma aparecieron cargados de oro, plata y jade. Cortés, envió al señor que así le recibía la copa de vidrio de Florencia, labrada y dorada, en la que había árboles y escenas de cacería. Olid fue nombrado maestre de campo, y al mismo tiempo fueron elegidos el capitán para las entradas, el alguacil mayor, el tesorero, el contador y el alférez.

Doña Marina y Gerónimo de Aguilar eran los intérpretes y el padre Olmedo quien perdonaba los pecados. Poco después, al nombrarse las autoridades del primer Ayuntamiento de la Villa Rica, Olid resultó electo regidor: (Como tal firmó la probanza hecha en "la Nueva España del Mar Océano", a pedimento de Juan Ochoa de Lejalde, en nombre de Cortés, sobre las diligencias que éste hizo para que no se perdiesen el oro y joyas de S. S. Majestades que estaban en la ciudad de Tenochtitlán. *Colección de documentos para la historia de México de Joaquín García Icazbalceta*).

Zimpacingo, Cempoala, Ulúa... Estos nombres melódicos enigmáticos escuchó Olid en aquellos días de prueba. Se dio cuenta cabal de las intrigas de Velásquez para desbaratar la expedición; presenció el ir y venir de los embajadores de Moctezuma que le habían entregado, en metales finamente labrados, la imagen de oro del Sol y la de plata de la Luna; y muchas tardes, a la hora del ángelus, su alma se quedaba en suspenso escuchando la palpitación de la campanita que tañía en el real.

Las picaduras de los mosquitos, el calor anonadante, la incomodidad, la ilusión febril le atenaceaban cuerpo y alma, fundiéndoselos en una sola pieza. Y cuanto más arreciaban las intrigas de los partidarios de Velásquez, que deseaban regresar lo más pronto a Cuba, el señor capitán sentía que le horadaba el llamado patético de una tierra vasta, rica, honda de infinito.

Un día tuvo conversación con Cortés, poniéndose de acuerdo con los Alvarado y con Escalante, Lugo, Hernández Portocarrero y Alonso de Ávila, para proclamar a Cortés capitán general y justicia mayor (55, 1:174). Conoció al cacique gordo y ciego de Cempoala, que quería palpar y oír a Quetzalcóat redivivo, a Cortés, el usufructuario de la antigua profecía mexicana. El cacique les recibió en Cempoala con una fiesta rumbosa. Estaban en el país de los totonacos, enemigos de Moctezuma; y, al igual de los otros capitanes, Olid iba de sorpresa en sorpresa. Comenzó a sentir los primeros síntomas de una enfermedad que sólo se curará con el bálsamo del oro; pero también le acariciaba un aire de maravilla, que bajaba desde las altas sierras hasta sus pulmones y le invitaba a subir, como un invisible imán. Estaba en México, tierra misteriosa, con grandes nubes sobre las sienes, con lejanías seductoras que suavizaban como vidrios remotos del ardor de las pupilas entre el resistero.

Los partidarios de Velásquez insistían en la conveniencia de regresar a Cuba, temerosos de haber caído como ratones en una trampa de queso. Olid ya era maestre de campo, y había jurado seguir a Cortés hasta la muerte. A medida que el ejército español pisaba la tierra del Anáhuac, le parecía que el casco y la armadura le quemaban la imaginación. ¿Qué significaba para los astrólogos aquel pez grande que se quedó varado cerca de la costa de la Villa Rica? En el aire caliginoso de Cempoala había grata efusión de flores... y uno de los caballeros alucinados al ver las casas de Villaviciosa, untadas de cal brillante, las creyó de plata maciza...

A media legua de Quiauiztlán, ayudados por los indios, dispusieron levantar, desde los cimientos, una fortaleza. Olid fue uno de los que acarrearon agua y madera e hicieron ladrillos, tejas y tapias (cuenta Bernal Díaz del Castillo en su libro). Olid era uno de los "teules" (dioses) que no sólo manejaba el trueno, el relámpago y el rayo, sino que podía ganarse el pan cazabe y la gallina de la tierra con el trabajo de sus manos mortales. Así fue cómo participó en la construcción de la primera ciudad mexicana, con iglesia, plaza y carnicería.

A dos días de marcha desde Cempoala entraron en Zimpacingo. Fue ahí en donde los aliados cempoaleses intentaron vengarse de viejos agravios; y al oír los argumentos de los cingapacingas que le pedían defenderlos, envió Cortés a Olid, Alvarado y otros soldados para que impidieran el saqueo, lo cual no pudieron evitar porque al presentarse ya se había iniciado ("Mandó Hernando Cortés al Maestre de Campo Cristóbal de Olid, que detuviese a los cempoales, para que no hiciesen mal; y por mucha diligencia que puso, ya rodaban las primeras estancias a donde habían llegado". Historia General de los hechos de los castellanos en las islas y tierra firme del Mar Océano de Antonio Herrera y Tordesillas).

De Zimpacingo regresaron a la Villa Rica de la Veracruz. Pocos días después dispuso don Hernando que se trepanaran los barcos y los hundieran para que los partidarios de Velásquez no tuvieran fácil escapatoria. ¿Cómo se llamaba el que había piloteado Olid? ¿Qué sentiría el fiero maestre de campo al verlo doblegarse entre las olas?

Atrás quedaba Cuba con sus palmeras y sus blandas hamacas; al frente el paraíso prometido. El 16 de agosto Cortés abandonó Cempoala para dirigirse a la capital de Moctezuma. A medida que iban ascendiendo sentían el efluvio balsámico de la zona templada, el olor de los liquidámbares, la placidez del sol en las tierras alegres, y, cuando menos lo esperaban las primeras rachas del frío, ya en los linderos del altiplano. La imaginación de Olid comenzó a resplandecer en cuanto se le iba dibujando en lontananza la imagen de Tenochtitlán: una ciudad anfibia, con ciudades aledañas, jardines flotantes, guerreros poderosos, aposentos abarrotados de plumas, oros y jades, y las gentes comiendo carne humana en las fiestas religiosas. Mientras tanto iba rumbo a España la carta dirigida al Rey en la que los capitanes —uno de ellos Olid—, le ponderaban las cualidades de Cortés para llevar a término venturoso la expedición, contrarrestando así las intrigas de Velásquez.

Desde Jalapa siguieron este itinerario: Socochima, Tejutla, Zacatlán (¿Socotlán?), Teguacingo... Olid siempre estaba alerta para combatir, pues dormía calzado con las alpargatas, vestido con su armadura, soportando serenamente el granizo y el viento que caía como un látigo desde la sierra; pero la impaciencia por desafiar la ventura ponía a prueba el temple de su alma española. Iban desafiando todas las intemperies y zozobras; pasaban entre pueblos silenciosos, sin encontrar bastimentos; pero cada día les regalaba el talismán de una sorpresa. El enorme lebrel de Francisco Lugo traspasaba con sus alaridos el cendal de las noches calladas y los indios se asomaban a verlo, creyendo que era un tigre o un león. Entretanto, seguían llegando embajadores de Moctezuma, cargados de cosas espléndidas. La intrépida hueste iba, como un ciclón, rumbo a Tlaxcala. El caballo de Olid oteaba, ensillado día y noche, para estar a salvo de un ataque. El 2 de septiembre fue el primer encuentro con los tlaxcaltecas. Olid se portó tan bien, que no se puede decir si era un tigre o un león. Y como era hombre y temía la muerte, más de una vez se confesó. El 5 de septiembre mientras los guerreros enemigos hacían ondear sus penachos, fue la segunda batalla, entre un estruendo de bocinas y de trompetillas, y en ella Olid tuvo la pena de ver herido a su caballo. En el tercer combate, que fue de noche —porque según los adivinos tlaxcaltecas cuando estaba ausente su padre el Sol, quedaban paralizados, inmóviles— Olid fue herido. ¡Qué emoción sentiría al saber que en Tenochtitlán les estaban esperando para comérselos con salsa picante! Victoriosos, al fin, el 23 de septiembre entraron en Tlaxcala, tierra de pan. Acaso porque estaban sudados y malolientes, los indios acudieron a encontrarles con sahumerios de copal y rosas de la tierra, haciéndoles tres graciosas reverencias. Olid se sentía fuera de la realidad, como un dios hechizado.

—Malinche —exclamó el viejo Xicoténcatl delante de Cortés—, con que más claramente conozcáis el bien que os queremos y deseamos con todo contentaros, nosotros os queremos dar nuestras hijas para que sean vuestras mujeres y hayáis generación con que queremos teneros como hermanos.

Y al siguiente día los viejos caciques reaparecieron llevando cinco doncellas ataviadas, y después de que recibieron las aguas del bautismo en el templo de Oclotelulco, fueron entregadas a Cortés y éste dio una de ellas a Olid. Los cuatro señores de las cuatro cabeceras en Tlaxcala fueron bautizados (En la lámina 8a. del Lienzo de Tlaxcala —en que se dice "Ya se bautizaron los señores" — aparecen tres capitanes), por el P. Juan Díaz, capellán de la armada, y los padrinos fueron Cortés, Olid y Sandoval. "Hubo carreras de caballos, luminarias, comida y regalos" (Historia de Tlaxcala de Diego Muñoz Camargo).

Sellada la paz con Tlaxcala, dispuso Cortés continuar la marcha hasta Tenochtitlán; pero había que detenerse en Cholula. El 13 de octubre las tropas españolas, con sus 100.000 tlaxcaltecas y 500 cempoaleses aliados, avanzaron rumbo a la ciudad enemiga. Con gran prudencia y atendiendo a los deseos de Cholula dio Cortés instrucciones a Pedro de Alvarado y a Olid para que los tlaxcaltecas se acuartelaran fuera de la ciudad y únicamente dejasen entrar a los que llevaban la artillería y a los aliados cempoaleses; "y les dijesen la causa porque se les mandaba era porque todos aquellos caciques papas se temen de ellos" (libro de Bernal Díaz del Castillo).

Cholula les recibió en son de paz, aparentemente. Pero, en medio de zozobras, comenzaron a escasear los víveres; se ausentaron los caciques y tuvo Cortés que redoblar sus precauciones para no caer en una celada. Los espías anunciaron que los de Cholula pretendían matar a los españoles y darse un gran banquete con sus carnes, sal y ají y tomates, pues "ya tenían aparejadas las ollas". Cuando Cortés se convenció de que se había tramado una conspiración, se dio prisa para anticipárseles, ordenando una matanza que duró cinco horas y en la que sucumbieron "más de tres mil hombres2, según su carta a Carlos V.

Los tlaxcaltecas abandonaron el campo y saquearon la ciudad, y entonces "Cortés mandó a Olid, que le trajese todos los capitanes de Tlaxcala para hablarles, y les mandó que le cogiesen toda su gente y que se estuviesen en el campo". No parece que Olid hubiese tomado parte en aquella carnicería, porque estaba fuera de la ciudad refrenando la codicia de los tlaxcaltecas que deseaban algodón, sal y carne humana. Los caciques pidieron la paz y Cortés avanzó el 1º. de noviembre hacia Tenochtitlán, por la ruta de Calpan. Al pasar entre el Popocatépetl y el Ixtaccíhuatl, los españoles se quedaron absortos contemplando a los lejos la ciudad acuática de Tenochtitlán ("Puede tener esta ciudad de Temisitán más de dos leguas y media, o acaso tres, en circunferencia poco más o menos. La mayor parte de los que la han visto juzgan que tienen sesenta mil habitantes, antes más que menos". El conquistador anónimo), y, como si estuviese presa de un encantamiento, Olid gozó por primera vez el aire de seda y la luz perla de la altiplanicie. En el fondo del paisaje sublime ondulaban los cerros con sus perfiles nítidos, puros, recortándose como para infundir un aliento de paz a los hombres que llegaban del otro lado del mar en busca de nuevas emociones, desafiando el hambre y el frío, la malaria y la muerte.

El 8 de noviembre la invicta hueste y sus aliados se hallaban a las puertas de Tenochtitlán. Uno de los testigos del encuentro espectacular de Moctezuma y Cortés fue Olid y vió al primero descender de su litera, con sus sandalias de suelas de oro, en tanto los príncipes y los súbditos escondían la cara para no ver su rostro de divinidad. Moctezuma se dirigió a Cortés con un discurso —bueno, pero breve— que ha de haber estremecido al andaluz Olid.

Señor nuestro, ni estoy dormido ni soñando; con mis ojos veo vuestra cara y vuestra persona. Días ha que mi corazón estaba mirando aquella parte de donde habéis venido. Habéis salido de entre las nubes y de entre las nieblas, lugar a todos escondido. Esto es por cierto lo que nos dejaron dicho los reyes que pasaron; que habéis de volver a reinar en estos reinos y que habíais de sentaros en vuestro trono y en vuestra silla. Seáis muy bien venido. Trabajos habréis pasado viniendo por tan largos caminos. Descansad ahora. Aquí están vuestra casa y vuestros palacios. Tomadlos y descansad en ellos con todos vuestros capitanes y compañeros que han venido con VOS.

Y después de condecorar a Cortés, echándole al cuello dos collares con camarones de oro — insignias de Quetzalcoatl— aposentó a los turistas heroicos en uno de los palacios de Axayacatl. Aquel día Olid debe haberse sentido, como sus compañeros épicos, en el misterio de una isla desconocida. Nunca había sido hospedado con tanto esplendor. Poco después el anfitrión imperial les ofreció un banquete, en el que el maíz, el pavo, los pescados y las yerbas olorosas aparecieron en espléndida competencia; y todos olvidaron por un momento la sombría amenaza de ser ofrendados, como si fueran codornices, a la gula de Huitzilopochtli

Al siguiente día, 9 de noviembre, Cortés devolvió la visita que Moctezuma les había hecho cuando estaban a los postres del banquete; pero entre los capitanes que les acompañaban no iba Olid. De seguro se quedó en el palacio en que se aposentaban, redoblando las precauciones que Cortés había recomendado, ya que era preciso estar con la barba sobre el hombro. Tampoco figuró en el séquito de Cortés el día que éste y los otros capitanes visitaron el mercado de la ciudad; ni cuando Moctezuma les enseñó, desde una terraza, el estupendo paisaje de la ciudad lacustre, en "la región más transparente del aire". Ni apareció con don Hernando, en la histórica entrevista en que éste capturó a Moctezuma; una escena de audacia, que estuvo a punto de culminar en puñaladas y en la que el señor del Anáhuac, espeluznado, decidió convertirse en mísero rehén.

Cautivo, sin que se le privara de su atmósfera de opulencia y comodidad, Moctezuma seguía recibiendo las noticias del exterior, y ello facilitaba a Cortés las de Veracruz. Para no hacerle tan monótono el cautiverio, permitió Cortés que, aprovechando la botadura de unos bergantines en el lago, acudiese Moctezuma a una cacería, custodiado por 150 soldados. Iban en el bergantín más veloz, y "Cortés mandó a Juan Velásquez de León y a Pedro de

Alvarado y a Cristóbal de Olid, fuesen con él, y a Alonso de Ávila, con doscientos soldados, que llevasen gran advertencia del cargo que les daba y mirasen por el gran Moctezuma, y como todos estos capitanes que he nombrado eran de sangre en el ojo, metieron todos los soldados que he dicho y cuatro tiros de bronce con toda la pólvora que había con nuestros artilleros que se decían Meza y Arvenga y se hizo un toldo muy emparamentado, según el tiempo, y ahí entró Moctezuma con sus principales, y como en aquella sazón hizo el viento muy fresco y los marineros holgazaban de contentar y agradar a Moctezuma, mareaban las velas, de arte que iban volando, y las canoas en que iban sus monteros y principales quedábanse atrás por muchos remeros que llevaban. Holgábase Moctezuma y decía que era gran maestría lo de las velas y remo todo junto, y llegó al peñol que no era muy lejos y mató toda la caza que quiso de venados y liebres y conejos, y volvió muy contento a la ciudad, y cuando llegábamos cerca de México mandó Pedro de Alvarado y Juan Velásquez de León y los demás capitanes que disparasen la artillería, de que no se holgó mucho Moctezuma...". (Historia verdadera de la conquista de la Nueva España de Bernal Díaz del Castillo).

Un día de abril de 1519, Moctezuma rindió vasallaje a Carlos V, derramando lágrimas en presencia de Cortés, de Olid y de los otros capitanes. Fue una escena digna de perpetuarse en el códice, por obra de uno de aquellos pintores que bajaron hacia el océano de esmeralda cuando vieron por primera vez surcar los palacios flotantes...

Ni tardo, ni mucho menos perezoso, Cortés empezó a tender algunos puentes de su curiosidad hacia la periferia en donde palpaba, con su imaginación, las tierras ricas: al Norte envió al Capitán Pizarro y a la costa de sotavento a Diego de Ordaz. Entretanto Cortés seguía más precavido que nunca, prolongando su larga visita. Puso aparentemente preso durante dos días a Velásquez de León, después del altercado que éste tuvo con el tesorero Gonzalo Mejía, y cuando Moctezuma se percató de que alguien arrastraba cadenas en el aposento vecino, no se daba cuenta de que era Olid quien le vigilaba; y, como los otros carceleros, procuraba agradar y servir al gran señor en desgracia, como si Cortés quisiera adiestrarle en el oficio de vigilar prisioneros. En largos días de ociosidad forzosa, Moctezuma enseñaba a los blancos algunos juegos aztecas. Tenía casi siempre al mismo Cortés por contrincante. Pedro de Alvarado, Cristóbal de Olid, Velásquez de León y Diego de Ordaz, que iban a visitarlo, presenciaban el juego (Moctezuma II, señor del Anáhuac de Francisco, Monterde).

De súbito, Moctezuma envió un recado a Cortés, acababa de recibir la noticia de que otros españoles, en barcos más numerosos que los suyos, se hallaban frente a Veracruz. Ya no cabía duda: el gobernador Velásquez, venciendo su larga siesta, había resuelto viajar hacia occidente. ¿Era él quien encabezaba la nueva expedición? No, era Pánfilo Narváez, uno de los gordos más confiados. Cortés se presentó ante Moctezuma, acompañado de Olid —que era capitán de la guardia y de otros cuatro capitanes—, y los intérpretes doña Marina y Jerónimo de Aguilar. "Cortés no sabía quién venía por capitán", y bien pronto ofreció a Olid y a todos los capitanes y soldados "grandes dádivas de oro" y que los harían ricos (Historia verdadera de la conquista de la Nueva España de Bernal Díaz del Castillo).

Con la velocidad de una centella, Cortés hizo aprestos para desbaratar a Narváez. No era éste un hombre de peligro, y si bien confiaba demasiado en sus recursos poderosos, le faltaban audacia e imaginación. Sus 880 hombres y 10 ó 12 cañones quedarían pronto anonadados. Cortés salió al encuentro de Narváez el 4 de mayo de 1520, dejando en la capital de Moctezuma al feroz de Alvarado. El día 28, aprovechando el silencio de la tibia noche tropical, Cortés cruzó sigilosamente el río de las chachalacas y ordenó a Olid que embistiese a la artillería de Narváez y que él le guardaría las espaldas; sorprendió a Narváez y sus tropas, desbandó su caballería y se apoderó de él. Cuarenta (300 dice Torquemada, pero no que huían sino que "se hicieron fuertes en un aposento; a los cuales dijo Carrasco que era buena ocasión de dar sobre los de Cortés, porque los que habían jurado estaban sin armas... y aguardaron el día y entonces acudió Cristóbal de Olid, a ofrecerle buen tratamiento de parte de Cortés, de los jinetes de Narváez huían a todo galope y Cortés ordenó a Olid y a Ordaz que salieran a buscarlos y a ganárselos. Los rebeldes gritaban:

—¡Viva el Rey y Diego de Velásquez!

Y así que esto dijeron, Olid les advirtió que harían por fuerza lo que no querrían hacer por voluntad; y entonces se fue a informar a Cortés de lo que ocurría, mientras Carrasco seguía solivantándoles y la artillería de Cortés se aprestaba a obligarle a que se rindiera. Olid volvió a arengarles; pero ellos reiteraron su vítor:

—¡Viva el Rey y Diego de Velásquez!

A una voz de Cortés, el artillero Meza disparó el primer cañonazo, matando a tres, y así fueron sometidos ("lo que hicieron sin dificultad, probablemente con la ayuda del poder soberano del oro" señala Salvador de Maradiaga en su libro Hernán Cortés). Entre ellos figuraban —¡nada menos—! uno de los mejores amigos de Cortés en Cuba, aquel Andrés de Duero, secretario del gobernador Velásquez, cuya influencia decisiva había logrado el nombramiento de Cortés como jefe de la expedición a México.

Así que Narváez dejó de ser un problema, regresaron a Tenochtitlán el 24 de junio, en donde acaecían sucesos gravísimos: los indios la estaban asediando, enfurecidos por la matanza que Alvarado había hecho en el Templo Mayor, confundiendo una fiesta religiosa con una conspiración. Moctezuma había perdido toda autoridad, y cuando mandó llamar a Cortés para decirle algo, a éste se le hinchó la vena al cuello, la señal inequívoca de su iracundia. Al escuchar sus improperios contra Moctezuma, Olid era uno de los capitanes que le pedía se aplacara.

—¡Y mire cuánto bien y honra nos ha hecho este rey de estas tierras, que es tan bueno que si por él no fuese ya fuéramos muertos y nos habríamos comido, y mire que hasta las hijas le ha dado!

Los mexicanos no daban cuartel a los españoles. Moctezuma fue invitado por Cortés para que saliese a la azotea a calmarles; pero rehusó. Entonces el padre Olmedo y Olid "le hablaron con mucho acato y palabras amorosas" (según el relato de Bernal Díaz del Castilll), y Moctezuma accedió esa vez ("Moctezuma ofreció a Cortés otra hija, más hermosa... Trató de casarla con Cristóbal de Olid, y vino en ello por su hermosura y ser hija de tan gran señor. Holgó de ello el rey y envíole joyas ricas, y siempre le trataba, como deudo". Dice Antonio Herrera y Tordesillas en su obra Historia General de los hechos de los castellanos en las islas y tierra firme del Mar Océano, que cuando Moctezuma le dio su hija holgó de ello el rey, y envióle joyas ricas, y siempre trataba como a deudo". Argensola afirma: "Y le presentó (Moctezuma) otra hija suya, y rehusándola Cortés, por lo que él mismo en otra semejante ocasión le dijo, la casó con Cristóbal de Olid. Bastárale el dote de su extremada hermosura, y el ser hija de tal padre; pero sin embargo la dotó de gran riqueza" y les contestó que ya los mexicanos tenían otro señor y que estaban resueltos a no dejar que los españoles escaparan de Tenochtitlán.

¡Y así creo que todos vosotros habréis de morir!

La noche del 30 de junio, después de que echó las cartas el astrólogo Botello y que formuló advertencias nefastas, Cortés resolvió abandonar la metrópoli azteca. En el silencio de la duermevela comenzó el desfile cauteloso. Iban adelante Gonzalo de Sandoval y Diego de Ordaz; al medio Cortés con Cristóbal de Olid y Alonso de Ávila, con "una capitanía de cien soldados mancebos sueltos para que fuesen entre medias y acudiesen a la parte que más conviene pelear" (Obra de Bernal Díaz del Castillo, anteriormente citada); y a la retaguardia Alvarado y Velásquez de León ("Cuando Cortés preguntó por Alvarado, que iba a la retaguardia, encontró a Olid y le dijo que estaba en peligro", relata Antonio Herrera y Tordesillas). Aquella noche los ojos de tigre herido de Olid cobraron un brillo tremendo.

> "Tú, Christobal de Olid, después venías
> toda la hispana tropa completando
> con cien piqueros, y también blandías
> la pica, sus s hileras ordenando,
> que aunque anciano en valor sabresalías,
> con el buen consejo y en el mando,
> siendo con Sandoval el confidente
> de Hernán Cortés, y no menos prudente".
> (Libro México conquistada de Juan de Escoiquiz).

A la luz del alba, Cortés estaba en Tacuba, viendo a su desastrado ejército. El 10 de junio más allá de Cautitlán, allí fue Octumba. Enjambres de indios volvieron a salirles al paso y tuvieron que multiplicarse repartiendo estocadas y cuchilladas, invocando a Santiago en aquel trance que ya les parecía el final. "Y aunque estaban heridos ellos y sus caballos no dejaban de batallar muy como varones esforzados", relata Bernal Díaz del Castillo.

Cortés, Olid y Gonzalo de Sandoval "andaban a una parte y a otra, y aunque bien heridos rompiendo escuadrones" (relato de Bernal Díaz del Castillo). Olid era uno de los que, gracias a que el campo era llano, "alanceaban a su placer, entrando y saliendo".

> Olid, viéndose libre de guerreros
> enemigos y dueño del rellano,
> coloca en él cuarenta arcabuceros
> y un numeroso cuerpo tlascalano
> de flechas prevenido, y cien honderos,
> para que desde lo alto al mexicano
> ejército a su gusto dispararan,
> y de la plaza le desalojaran.
>
> (Libro México conquistada de Juan de Escoiquiz).

¡Ea, señores —dijo Cortés—, rompamos con ellos y no quede ninguno de ellos sin herida!

E invocando a Dios y al Apóstol Santiago, seguido de Olid, Sandoval, Ávila y los otros capitanes, rompió las filas del escuadrón mexicano; Juan de Salamanca se apoderó de la bandera del enemigo, haciéndole poner los pies en polvorosa, entre la confusión de los gritos, del oro y la llama de las divisas y los penachos, las pieles de los caballeros águilas y el furor de la sangre. ¡El capitán Olid, resplandeciente de cólera, se había burlado otra vez de la muerte! Aquella batalla, en la que los ojos pecadores de Bernal Díaz no le permitieron ver a Santiago blandiendo la espada, les facilitó el paso hacia Tlaxcala, en donde habrían de tomar nuevos alientos, para resarcirse del desastre.

LA CAMPAÑA DEL VALLE DE MÉXICO

...salió un día de mañana Cristóbal de Olid, que era maestre de campo, a correr la tierra con ciertos españoles, uno de los cuales erades vos. —(La Reina doña Juana a Gonzalo Hernández al concederle escudo de armas).

Cortés empezó a trazar el plan de su campaña sobre el Valle de México, para adueñarse después de la metrópoli azteca. Entre sus capitanes era Olid uno de los más adictos para llevar a feliz término la empresa heroica. Muerto Moctezuma, le había sucedido Cuitláhuac, y a éste —víctima de la viruela— el joven Cuauhtémoc, (el Guatemuz), quien se apresuró a reforzar su frontera, sobre todo la de Guacachula (Quauhuechollan), vecina de Tlaxcala, que no tardó en quejarse ante Cortés por las provocaciones de los mexicanos.

Cortés ordenó a Olid que saliera a guerrear al frente de 300 soldados, entre ellos los mejores que habían figurado en la expedición de Narváez y los más briosos jinetes y ballesteros que tenía a la mano. A poco de haber salido de Segura de la Frontera (Tepeaca) Olid comenzó a recibir los más necios rumores con que los indios asustaban a los de Narváez: que en las casas y los campos había más guerreros mexicanos que en la batalla de Otumba y que con ellos se hallaba el Guatemuz; y como el único deseo que tenía era el de retornar a Cuba, los amedrentados no quisieron seguir a Olid.

—Mire, señor capitán, que no sea peor esta guerra que las pasadas...

Olid escuchaba aquellas lamentaciones cobardes con la misma indiferencia con que vio al agua colársele más allá de la piel en la Noche Triste. No sentía ni hambre ni fatiga, ni mucho menos miedo; pues había estado en tantas escaramuzas, peligros y batallas, que podía dormir de pie, sin cambiarse la ropa, como si descansara entre edredones. Olid oía, sin inmutarse, a pesar de las advertencias que le hacían los de Narváez y aunque trataban de convencerle de que lo que les habían contado no era más que una fábula ingenua, y le daban a entender "que muchos de ellos no querían pasar adelante", él les redargüía que no había por qué regresar a Tepeaca, que eran muy buenos los caballeros y los caballos y "que si volviesen un paso atrás, que los indios los tendrían en poco y que tierra llana era" (crónica de Bernal Díaz del Castillo). Muchos de los leales a Cortés apoyaron decididamente a Olid.

—¡Y mire, señor capitán, que en otras entradas y guerras peligrosas, nos hemos visto! ¡Gracias a Dios en todas hemos tenido victorias!

Después de muchos argumentos y palabras inútiles lograron convencerle de que debían regresar a Cholula para escribir desde ahí a Cortés; pero cuando éste lo supo, se disgustó sobremanera, dispuso enviar a Olid dos ballesteros más, "y le escribió que se maravillaba de su gran esfuerzo y valentía que por palabras de ninguno dejase de ir a una cosa como aquella".

Cuando Olid recibió la carta "hacía bramuras de enojo, y dijo a los que tal le aconsejaron que por su causa había caído en falta; y luego, sin más determinación les mandó que fuesen con él y que el que no quisiese ir que se volviese al real por cobarde, que Cortés le castigaría; y como iba hecho un bravo león de enojo", avanzó hacia Guacachula, en donde los caciques del pueblo le dieron noticias de los mexicanos y de cómo habría de atacarlos y de cómo recibiría ayuda. Hizo avanzar los jinetes, los ballesteros y los infantes, y después de una hora de pelea en la que perecieron dos caballos, derrotó al enemigo relato de Bernal Díaz del Castillo). Los tlaxcaltecas se portaron como correspondía a su bravura y los mexicanos que pudieron escapar se replegaron a Izúcar y cortaron un puente para impedir que Olid avanzara con su caballería. Pero Olid, que "andaba enojado, hecho un tigre", avanzó hacia Izúcar, seguido de todos los que le pudieron seguir, y con la ayuda de los aliados de Guacachula, atravesó el río, atacó y venció. Fue ahí en donde recibió dos heridas —una en el muslo— y perdió dos caballos y le hirieron gravemente el suyo. Los caciques mexicanos y los de otros pueblos se presentaron a pedir la paz, rindiendo vasallaje a Carlos V; y dos días después, ya Izúcar dominada, regresó con todas sus tropas a Segura de la Frontera, en donde Cortés le recibió haciendo gala de su satisfacción.

Olid contestó alegremente los comentarios de quienes celebraban su triunfo, si bien hacían burlas graciosas de la jugada que le hicieron los de Narváez, para que regresase a Cholula (Lo que dice López de Gómara: que por no entender bien Olid a los nahuatlacos e intérpretes se volvía del camino de Guacachula, creyendo que estaban haciendo un doble juego...) riéndose contestaba:

—Más cuidado tienen algunos de sus minas y de Cuba que no de las armas, y juro a Dios que en otra entrada llevaré a nuestros pobres soldados que a los ricos que vinieron con Narváez, que quieren mandar más.

Mientras muchos de los de Narváez tuvieron tuvieron toda suerte de facilidades para volverse a Cuba, continuaba Cortés perfeccionando su plan de campaña para señorear el valle de México. Los espías y los cargadores no se daban tregua, yendo y viniendo. Los hacheros y los carpinteros ya habían comenzado a fabricar los trece bergantines que servirían de eficaces puntos de apoyo para el sitio de la capital. El maíz y las calabazas (ayotl), los frijoles y los pavos (gallinas de la tierra) eran suficientes provisiones de boca. La Campaña iba a tener como cuartel general a Texcoco y el fin primordial de Cortés, antes de atacar la metrópoli mexicana, era el de destruir a todas las poblaciones que pudieran sustentarla.

Al avanzar hacia Texcoco, dispuso Cortés convocar a Olid y a todos los capitanes y el mayor número de soldados para ordenarles que saliesen de unos patios que había en la ciudad y que estuviesen alertas "porque no le parecía que estaba aquella ciudad pacífica hasta ver cómo y de qué manera estaba" (Bernal Díaz del Castillo). Poco después hizo que Olid y Alvarado, en compañía de algunos soldados y 20 escopeteros subiesen a un alto templo y desde la cima divisaran el lago y la ciudad. La maniobra permitió darse cuenta de que los habitantes de Texcoco, llevándose sus familias, sus enseres y utensilios, huían en las canoas o se refugiaban en los montes.

Al día siguiente Cortés entró en Texcoco, permaneciendo doce días, mientras avanzaba rumbo a Ixtapalapa, en compañía de Olid y de Alvarado. Como los tlaxcaltecas ardían en gana de pelear con los mexicanos, Cortés dispuso que Olid, como capitán general y Andrés de Tapia, marchasen hacia Ixtapalapa acompañados de 13 jinetes, 6 escopeteros, 20 ballesteros y 200 soldados, además de veinte principales de Texcoco que eran parientes del cacique y enemigos del Guatemuz. Ixtapalapa —ciudad lacustre— era célebre por sus terrazas y jardines, y estaba lista para defenderse, ya que el

Guatemuz había enviado en su socorro 8,000 combatientes. En la primera arremetida, se defendió muy bien; pero la caballería, los escopeteros y los ballesteros, más los tlaxcaltecas enfurecidos, rompieron todos los obstáculos y entraron en ella. Aquel era el fruto de un ardid de los defensores. Olid era a la vez un tigre y un león.

Los de Ixtapalapa fingieron huir en sus canoas, hacia los carrizales, y aprovechando la oscuridad de la noche, se llamaron a silencio, dejando que los atacantes se apoderaran de la tierra firme, y, de pronto, cuando éstos se creían victoriosos, sintieron que el agua se desbordaba. Era que habían abierto las acequias y provocado la inundación. En medio de aquella escena espantosa, los aliados daban voces de salvamento. Olid se vió en peor apuro que durante la Noche Triste, porque bien pudo ahogarse; y casi agobiado por el frío, el hambre y las ropas ensopadas, regresó con su gente a Texcoco, mientras los defensores de Ixtapalapa se burlaban de ellos con silbidos y gritos desaforados desde las terrazas y las canoas .

Dos días después se presentaron en Texcoco los emisarios de Otumba y de Mexquique; y estaba Cortés dando las gracias a los del segundo, cuando tuvo noticia de que cuatro pueblos, uno de ellos Huejotla (Guaxuntlan) urgió que le dieran socorro contra una avalancha de guerreros mexicanos. Cortés encabezó 20 jinetes, 13 ballesteros, 10 escopeteros y 200 soldados, haciéndose acompañar de Olid y de Alvarado, que eran los dos capitanes que más habían ganado su confianza; pero después de una escaramuza, los agresores huyeron en sus canoas. Como el camino de Veracruz no estaba bien seguro, Cortés decidió que Olid lo resguardara y para ello envió a Juan Rodríguez de Villafuerte, Juan Sedeño y Alonso de Mata con 200 soldados, 10 caballos y muchos indios. En aquella expedición pudieron constatar que éstos estaban alzados, y tales hambres padecieron que "ni aun perros hallaron que comer", y, tuvieron que pelear durante la campaña de treinta días, al fin de los cuales regresaron a Tepeaca, incorporándose a Cortés. En el ataque a Xaltocan, también Olid y Alvarado acompañaron a Cortés, y así que Martín López y sus carpinteros echaron al agua los trece bergantines, en la ceremonia en que los bendijo el padre Olmedo, se quedaron Cortés, Alvarado y Olid cuidándolos en Texcoco. El renombre de éste, por su intrepidez, su calidad humana, sonaba a lo largo del círculo de pueblos vencidos que se iba cerrando en torno de Tenochtitlán. Todos los capitanes y los soldados estaban de acuerdo en que— además de Cortés— los primeros en soportar las vicisitudes de la guerra y batirse en la primera fila era Olid, Alvarado y Sandoval (En la lámina 6 del Lienzo de Tlaxcala: Quitlaqualmaque. Aparecen Cortés con Marina, los indios con tributos y a la derecha dos capitanes, uno de ellos sólo enseña el brazo y el caballo; y el otro, con fondo escénico de lanzas ¿Será Olid?).

Jinete a toda prueba, con la alegría blindada de hierro, burlador de peligros, silenciosos entre las privaciones más duras, nunca Olid conoció el desmayo y peleaba de una sola pieza, bajo el sol o bajo de luna. Su temeridad tenía contados émulos; y era de verle empinarse sobre el caballo, al desafiar la ira de las flechas y las obsidianas agudas, sin que el cansancio le abatiera.

Olid acudió a la defensa de Chalco; estuvo a punto de sucumbir con Andrés de Tapia, al quebrarse un puente en los aledaños de Cuernavaca; y en uno de los combates más cruentos, para adueñarse de Xochimilco se le vió con la cara llena de sangre y herido el caballo, y en más de una noche de ronda —¡ah, de la vela!— estaba al lado de Cortés, jugándose la vida como en un juego de naipes. De repente apareció batiéndose, camino de Tacuba. Olid treinta jinetes valerosos ligero hacia Tacuba va guiando, con cuarenta mil indios belicosos, ciento y sesenta infantes agregando hispanos y dos piezas de campaña. (México conquistada de Juan de Escoiquiz).

Fue en Texcoco en donde Cortés dió noticia a Olid y a los otros capitanes sobre la conspiración de Antonio Villafaña, quien pretendía matarle, y en el proceso Olid fue uno de los jueces que condenarían a la horca al conspirador. Eran los días morados de la Pascua, y ya no cesaba, ni de noche ni de día, el ronco alarido —horadador del sueño— del caracol de guerra.

Decidido Cortés a poner cerco a Tenochtitlán, el Martes Santo dividió el ejército en tres capitanías, dándoles a Alvarado por jefe. Una era la de Gonzalo de Sandoval y la tercera la de Olid, quien tendría bajo su mando 33 jinetes, 160 peones de espada y rodela y 18 escopeteros y ballesteros, más 20,000 (Bernal Díaz dice que eran 8,000 tlaxcaltecas; y Torquemada que cerca de 30.000) aliados poniendo a sus órdenes a los capitanes Andrés de Tapia, Francisco Verdugo y Francisco de Lugo, "y le mandó que fuese a sentar su real en la ciudad de Coyoacán".

Mientras Alvarado se acuarteló en Tacuba, Olid se marchó para Coyoacán, encontrándola despoblada, aposentándose en las casas del cacique; y al siguiente día fueron a echar una visita a la calzada que conducía a Tenochtitlán, "con hasta de veinte de a caballo y algunos ballesteros y con 667,000 indios (tlaxcaltecas), y hallaron muy apercibidos los contrarios, y rota la calzada y hechas muchas albarradas, y pelearon con ellos, y los ballesteros hirieron y mataron algunos; y esto continuaron seis o siete días, que en cada uno de ellos hubo muchos reencuentros y escaramuzas".

El 13 de mayo de 1521 Olid y Alvarado, se dirigieron por el mismo camino, al frente de sus tropas, rumbo al pueblo de Acolman, cerca de Texcoco. Parece que Olid se adelantó a tomar posada y en las azoteas de las casas que había escogido para los suyos mandó a poner ramos verdes en señal de posesión, de modo que cuando llegó Alvarado encontró que no tenía en donde acuartelarse. Los de Alvarado, no pudiendo reprimir su disgusto, echaron mano de las armas contra los de Olid; y ambos capitanes se desafiaron, sin que la sangre llegara al río, porque no faltaron mediadores que sosegaran los ánimos. Al saberlo, Cortés envió urgentemente a Fray Pedro de Melgarejo —el fraile que había llegado pocos días antes vendiendo las bulas de la Santa Cruzada— y el capitán Luis Marín. Escribió a los dos capitanes reprendiéndoles por el altercado y al llegar los dos pacificadores no fue difícil reconciliar a los disidentes; "mas desde allí adelante no se llevaron bien Alvarado y Olid". (Bernal Díaz del Castillo).

Al día siguiente pernoctaron en Cuautitlán y siguieron hasta Tenayuca, Atzcapotzalco y Tacuba, en donde dijo misa el padre Juan Díaz y poco después ambos capitanes acordaron cortar el acueducto de Chapultepec, entre la lluvia de piedras y flechas de los indios. El asedio de Tenochtitlán había comenzado. Olid se marchó hacia Coyocán, a pesar de los ruegos de Alvarado, quien se oponía a que se separasen, y echaba a éste la culpa de haber entrado en Tacuba "desconsiderablemente". Un día apareció Cortés en el real de Olid y le dejó seis de los bergantines. No había tiempo para quitarse las armaduras ni mucho menos para dormir: Cortés decidió emprender el asalto de la ciudad irreductible, una vez que pudo rodearla de pueblos vencidos y tener numerosos puntos de apoyo en el agua. Para ello comenzó por atacar, en unión de Olid y de Alvarado, hacia el acueducto de Chapultepec. Una vez logrado aquel propósito Olid regresó a su cuartel en Coyoacán; pero al día siguiente salió con veinte jinetes, algunos ballesteros y 7,000 tlaxcaltecas, a visitar la calzada que iba de Ixtapalapa a Tenochtitlán; y encontró que los indios estaban alertas, la calzada rota, muchas trincheras erguidas; hubo que pelear durante siete días; "y una noche llegaron a gritar ciertos mexicanos, sobre los centinelas de los castellanos; tocaron alarma; salieron a ellos, y no hallaron a nadie; pero estúvose con gran cuidado".

Tenochtitlán tenía que sucumbir, a pesar de su resistencia asombrosa, en medio de los combates en que se agudizaban los alaridos de quienes habían capturado algún español para desollarlo vivo en el ara del dios sanguinario. El poeta ha evocado una escena de aquellos días de estrépito y de sangre.

Cortés. ¿No hay ninguna novedad?

Olid. La gente muy cansada, y muchos sordos de tanto estruendo; pero según barrunto el sitio ha concluido y le doy la enhorabuena a vuestra merced. ¿Cómo está vuestra merced de la pierna?

Cortés (Aliviado). La herida fue poca cosa. A propósito del Huichilobos, en uno de nuestros asaltos a la ciudad le arranqué esta máscara.

Alvarado: De oro macizo.

Olid: Sus ojos son dos esmeraldas.

Cuauhtémoc se multiplicaba y con gran ánimo seguía defendiendo la ciudad. En cierta ocasión estaba muy atareado, armando canoas, introduciendo bastimentos, alzando puentes, cuando fue atacado por Olid en su cuartel. Los mexicanos se enfurecieron y les amenazaron con que su sangre serviría para aplacar a sus dioses y les arrojaban piernas y brazos de los españoles que habían subido a la piedra de los sacrificios. Otro día, hallándose Olid en Coyoacán, la lanza en ristre hasta en la duermevela y el ojo puesto en "lo que pasaba en la laguna", dispuso recorrer la calzada, "llevando por agua casi en conserva los bergantines", y cuando se hallaban en las primeras trincheras del fuerte de Xolotl mandó disparar cuatro veces una pieza grande de artillería, los indios se apoderaron de ella, y alentados por su hazaña aparecieron muchas canoas que, no pudiendo resistir el empuje de los bergantines, huyeron a todo escape, dejando muchos muertos y ahogados. En seguida avanzó Olid hacia Huitzillan, en donde el enemigo se había atrincherado mejor; pero con la ayuda de los tlaxcaltecas fue también derrotado.

Cortés ofreció la paz a Cuauhtémoc; y éste amenazaba con dar muerte a quien le hablara de rendición. Por orden suya las cabezas de los españoles sacrificados eran paseadas, entre gran vocerío, a la vista de los sitiadores. Y como gritaban los mexicanos que aquellas eran las cabezas de Alvarado y de Sandoval, Cortés dispuso —sacudido de emoción— dejar a Olid el mando y que Tapia fuese a Tacuba para conocer la verdad. Peleaban hasta los mancos y los cojos; y eran muchos los defensores de la ciudad que "estimaban a Olid en mucho como a un hombre muy valiente, y como le llamaron una vez por su nombre, le preguntaron que si deseaba comer, a lo cual respondió que sí. Uno de los mexicanos apareció de pronto con tortillas y cerezas dando a entender que no les faltaba comida".

No había tregua ni miedo. Cuando nadie lo esperaba, en una de las refriegas más violentas, Cortés se vió rodeado por más de cien guerrilleros indios, y pudo escapar de ellos gracias a que Olid y Martín de Gamboa atacaron con ímpetu y le rescataron (Monarquía indiana de Juan Torquemada).

El 28 de junio Cortés ordenó el asalto general. Se peleaba día y noche. Por todos lados los cadáveres en putrefacción, las casas humeantes, los hedores de la peste los hombres y las mujeres famélicos que apenas podían llevar las armas y rehusaban rendirse. De pronto se escuchó:

—Os tenemos por Hijos del Sol y el Sol en tanta brevedad como es un día y una noche da vuelta a todo el mundo. ¿Por qué así brevemente no acabáis de matarnos, quitándonos de penar tanto, pues que tenemos deseos de morir?

En el cielo del Anáhuac brilló sombríamente la luz del 13 de agosto de 1521. Tenochtitlán se doblegó al fin, ante el poderío de los "dioses" de ojos azules y carne de hierro. Olid presenciaba aquel cuadro lívido, mientras en el agua —según López Velarde— se echaban "los ídolos a nado". No se habían apagado los ayes de los moribundos de la última batalla, no se había oreado la sangre humana en los festines de Huitzilopochtli; y aun vibraban los corazones de los vencedores dando "muchas gracias a Dios Nuestro Señor y a su bendita Madre Nuestra Señora", cuando resolvió Cortés que la victoria fuese celebrada con "un banquete en Coyoacán por alegría de haberla ganado".

En aquel banquete estuvieron, como era natural, Olid y todos los capitanes y soldados. Había algunos puercos para aderezarlos y buen vino recién llegado para enardecerse..., "y cuando fuimos al banquete no había asientos ni mesas puestas para la tercia parte de los soldados y capitanes que fuimos, y hubo mucho desconcierto, y valiera más que no se hiciera aquel banquete por muchas cosas no muy buenas que en él acaecieron" (Bernal Díaz del Castillo)… "y también porque esta planta de Noé hizo a algunos hacer desatinos, y hombres hubo en él que anduvieran sobre las mesas después de haber comido que no acertaban a salir al patio; otros decían que habían de comprar caballos con sillas de oro... Pues ya que habían alzado las mesas salieron a danzar las damas que había con los galones cargados con sus armas de algodón, que me parece era cosa que si se mira en ello es cosa de reír" (Monarquía indiana de Juan Torquemada).

Para enardecer los colores de la escena, uno de los cronistas de la ciudad de México añade: "Con largas tablas se improvisaron mesas llenándose con ellas todo el blanco aposento; los asientos, que fueron numerosos, se labraron con basta tosquedad y apenas se pudieron hacer cuatro rudos sillones que ocuparon Cortés, Pedro de Alvarado, Cristóbal de Olid y Gonzalo de Sandoval. La vajilla, roja y olorosa, era de barro de las fábricas de Cuautitlán" (La orgía de la victoria por Artemio de Valle Arizpe en El Universal, México, 13 de noviembre 1927). El padre Olmedo se escandalizó al conocer aquella noticia.

Mientras Cortés dirigía la construcción de la nueva capital, se apresuró a poner a considerable distancia a muchos de los capitanes. Tenía que evitar que en la ociosidad fermentara el desorden o surgiese la menuda ambición. Le sobraban pretextos para alejar a los que pudieran convertirse en levantiscos o en una rémora para modificar su empresa: había que explorar tierras, buscar minas y rutas, y hallar nuevo ámbito para las hazañas. Hacia las costas del Golfo salió Gonzalo de Sandoval; en busca de la Mar del Sur, Juan Álvarez Chico; hacia Oaxaca, Francisco de Orozco; Diego de Tapia descubrió las minas de San Luis Potosí; y el mismo Cortés fue a la comarca de Pánuco.

El oro y la plata no aparecieron con sólo desearlos; y fue tan precario el botín, al día siguiente de la toma de Tenochtitlán, que "el fraile de la Merced, Pedro de Alvarado, Cristóbal de Olid y otros capitanes dijeron a Cortés que pues había poco oro, que lo que cabía de parte a todos los que se los diesen y repartiesen a los que quedaron cojos, mancos y ciegos y tuertos y sordos...; y esto que le dijeron a Cortés fue sobre cosa pensada creyendo que nos diera más que las partes, porque había muchas sospechas que lo tenía escondido todo (el oro) y que (mandó a) Guatemuz que dijese (que) no tenía ninguno. Y lo que Cortés respondió fue que vería a ver a cómo saldríamos y que a todo pondría remedio".

Chismes y pasquines hacían ronda en torno de Cortés. Aquellos que con Olid habían allegado recursos para la expedición a México tenían que resarcirse en la primera oportunidad y de momento fingían estar conformes. Cortés envió a Olid hacia Michoacán.

(Francisco de Orduña declaró que oyó decir a muchas personas "que el dicho D. Fernando Cortés estando en Coyoacán armó caballeros a Gonzalo de Sandoval y a Cristóbal de Olid ya Cristóbal Corral haciendo con ellos las ceremonias y actos que se suelen hacer"; agregó que porque Olid "que era teniente porque no quiso firmar un poder contra Cristóbal de Tapia que no le recibiese le quitó teniente y le trató mal el dicho Cortés". *Sumario de Cortés*).

Por aquellos días Olid acababa de contraer matrimonio con la "moza y hermosa" portuguesa doña Felipa de Arauz o Sarauz (Tuvo ¿con ella? a doña Antonia, que tenía tierra junto al Río de Tacuba. En la "Relación de los hierros de vacas y ovejas formadas por el cabildo en 1531" se dice: "María de Arabio por su nieta, hija de Cristóbal de Olid, presentó un hierro de ovejas de la dicha su nieta de esta manera..."), que estaba recién llegada a España. El sur seguía haciendo espléndidas señales; la Mar del Sur, el oro del Sur, y aquel rey (Tzimtzicha, llamado también Cazonzi, Calzoncin, Caltzonci, Calcatoztin, Tangaxoán II, Tangaxhai o Tangashuani. "Caltzonci" quiere decir el señor, el rey, de modo que en Michoacán hubo varios "Caltzoncís". "Cactzontzin", de cactli, sandalia, zapato y de tzontli, cabeza para significar talón. De donde concluye Brasseur que queria decir "zapato viejo". Al bautizarse recibió el nombre de don Francisco Caltzonzi, y más tarde pereció atormentado bárbaramente por orden de Nuño de Guzmán, en 1529).

LA CONQUISTA DE MICHOACÁN

La hermosa doña Felipa. Michoacán entre brumas. Don Pedro Kbuinángari. Saqueo de tumbas y de altares. Tzintzuntzan, tierra de colibríes. El desastre de Colima.

...entonces Tzintzicha —llamado despectivamente por los mexicanos Caltzoncin, "sandalia vieja"—, gobernada en Tzintzuntzan; espontáneamente se rindió a Cortés, a las gentes de Olid. —**Salvador Toscano.**

Cortés tenía noticias seductoras sobre aquella tierra, desde la primera entrada del soldado Villadiego (1521); luego por el soldado Parrillas, "a quien solía enviar para proveer de gallinas (de la tierra, es decir pavos), al ejército, llevados de los moradores del pueblo de Matlalzingo" (Crónica de Michoacán de Pablo Beaumont) y llegó a Tajimaroa el 23 de diciembre de 1522; y más tarde por el alférez Montaño, a quien acompañaron tres españoles, 20 señores mexicanos, un intérprete que era ducho en mexicano, tarasco y otomí y un bravo lebrel, que pertenecía al soldado Peñaloza.

Al regreso de Michoacán los expedicionarios que capitaneaba Montaño y que habían llegado hasta Tzintzuntzan, volvieron con los embajadores del Caltzoncí y asombrados por todo lo que habían visto. Contaron a Cortés las excelencias de aquella tierra. Había muchos pueblos, muchas cosas de buen comer y de vestir, finos calzados de cuero de venado, sillas bien labradas, esteras y mantas blancas y costosas, diestros cazadores, adoratorios desde los cuales se levantaba en las fiestas "la gran algazara de sus instrumentos músicos, con continuos bailes y danzas de noche y de día, acompañados de canciones tan tristes que parecían del infierno". Aquella tierra aparecía en la imaginación extremeña de don Hernando, como un nuevo imperio por conquistar, y en la que también había lagos e islas como en el Anáhuac, pero además unos pinares y unos cielos que caían suavemente hacia el mar.

Olid ("Un capitán", dice Cortés, en lugar de decir Olid) iba al frente de 70 jinetes y 200 peones bien aderezados (Bernal Díaz dice que eran cuarenta jinetes y cien infantes). Le acompañaban buenos guías. Salió de Coyoacán un día de julio de 1522, siguió por las orillas del río Lerma y parece que fue de allí a Toluca, Ixtlahuaca, Maravatío, Zitácuaro y Tajimaroa (hoy Ciudad Hidalgo) para hacer alto en Tzintzuntzan (Huitzizila o "tierra de colibríes") en donde estaban el palacio de Tzimtzicha y su ejército. Allí debía de ver "toda la dicha provincia y secretos de ella, y si tal fuese, que poblase en la ciudad principal" y establecerse si le pareciese conveniente. Aquella fue la primera entrada formal de los españoles en el valle de Toluca, el país de los matlazincas, que era uno de los colindantes del señorío purépecha. Hacia el 17 de julio Olid estaba en Tajimaroa — "era por la fiesta de Cabora cosquaro"—.

El Caltzoncí recibió la noticia de que iban hacia él 200 españoles, teniendo por capitán a Olid. Uno de los leales al cacique, su hermano Don Pedro Cuiniarangari, que iba en compañía del guerrero Nuzindirí, llegó a Tajimaroa convocando a la gente para resistir. No tardó Olid en salirle al encuentro; "y a la primera descarga de los arcabuces huyeron los tarascos".

Don Pedro fue capturado y tratado "con toda la consideración debida a su rango", y al siguiente día "le llevaron ante Olid y por medio del intérprete Xanaqua —que sabía tarasco, mexicano y español— pudo darse cuenta de que había gran discordia en la Corte de Michoacán. Le puso en libertad, le colmó de presentes y le preguntó:

—¿De dónde vienes?

—El Caltzoncí me envía.

—¿Qué te dijo?

—Llamóme y me dijo: "Ve a recibir a los dioses (así llamaban a los españoles) a ver si es verdad que vienen; quizá es mentira, quizá no llegaron sino hasta el río y se tornaron por el tiempo que hace de aguas. Velo a ver y házmelo saber, y si son venidos que se vengan de largo hasta la ciudad". Esto es lo que me dijo.

—Mientes en esto que has dicho —respondió Olid—. No es así, mas nos queréis matar, ya os habéis juntado todos para darnos guerra; vengan presto si nos han de matar o quizá yo los mataré a ellos con mi gente de México.

—No es así. ¿Por qué no te lo dijera yo?

—Bien está si es así como dices. Tórnate a la ciudad y venga el Caltzoncí con algún presente y sálgame a recibir en algún lugar llamado Guangaseo, que está cerca de Matlalcingo, y traiga mantas de las ricas, de las que se llaman cazangari y curice y Zizupa y Echereatancata y otras mantas delgadas y gallinas, huevos y pescado de los que se llaman zuecepu y acumarami y Vrapeti y Thira y patos. Tráigalo todo a aquel lugar. No deje de cumplir y no quiebre mis palabras.

—Bien está —fue la respuesta de don Pedro. Yo se lo quiero ir a decir.

—Dí al Caltzoncí que no haya miedo, que no le haremos mal.

Así que fueron ahorcados dos indios de México, "porque habían quemado unas cercas de leña que tenían en los cúes (templos) de Tajimaroa", los españoles oyeron misa y pasada la ceremonia Olid llamó a cinco mexicanos y cinco otomíes y les dijo que acompañaran a don Pedro. Llegaron a Vasmao, tres leguas antes de Matlalzingo y después se encontraron dos ejércitos, cada uno de 8,000 hombres de Indaparapeo y en Hetuquaro.

Don Pedro se presentó al Caltzoncí y le tranquilizó contándole que los españoles no iban en son de guerra, ponderándole "la fuerza de los caballos y el valor de los castellanos". Hubo largas deliberaciones de caciques a fin de tomar una decisión; alguien sugirió que el rey debería suicidarse o arrojarse a un lago. El rey, aterrorizado, disolvió el consejo. Aquella noche después de ordenar que se apagaran todas las luces, salió por una puerta secreta del palacio y se embarcó en compañía de sus hijos y alguna de su mujeres, entró en las montañas de Vayámio y después de hacer correr la voz de que se había ahogado, se trasladó a Uruapan. Al tener aquella noticia, Olid dijo.

—Bien está, bien estabámos, que llegar tenemos a la ciudad.

Cansado de esperar a don Pedro, salió a marchas forzadas rumbo a Tzintzuntzan. Para obtener la ayuda de los dioses, los tarascos habían sacrificado 800 cautivos a la diosa Xaratanga. La opinión continuaba dividida: unos decían que había que pelear; otros que era mejor recibir como amigo al invasor. Triunfaron los segundos, pues Olid fue recibido, saliendo a su encuentro don Pedro y su hermano Huitzizilzi, con gentes de guerra, y en otro pueblo trazaron una raya diciéndoles que no dieran un paso más.

—¿Nos vienen a matar?

— No os queremos matar —dijo Olid—. Veníos de largo aquí a donde estamos. Quizá vosotros nos queréis dar guerra.

—¡No queremos!

—Pues dejad los arcos y las flechas y venid donde nosotros estamos.

Todos los señores recibieron bien a Olid y sus tropas, les abrazaron a todos, y al pasar por Pátzcuaro, (La ciudad de Pátzcuaro pobló Cristóbal de Olid por comisión del Marqués del Valle, año de mil quinientos veinticuatro, está cuarenta y cinco leguas de México Relación de varios pueblos de Nueva España, expresando cuándo y por quién fueron algunos poblados, los grados en que se hallan situados y número de habitantes), como las mujeres habían huido, "los varones molían en las piedras para hacer pan para los españoles". Les proveían de todo los necesario. Olid entró en el palacio del rey y rápidamente ordenó que las tropas se posesionaran de los cinco templos principales y comenzaron a derribar los ídolos, incendiando los santuarios.

El pavor de los indios rayó en la desesperación cuando vieron que rodaba la imagen de Curicaveri, "ël mensajero de los dioses". En medio de la espantosa confusión, los indios ansiaban que se abriera el cielo y arrojase fuego sobre las cabezas de los sacrílegos, pero el cielo permaneció impasible ("Todos esperaban ver entreabrirse el cielo para lanzar sus rayos y castigar esta profanación sacrílega; pero el día continuó sereno y el sol acabó tranquilamente su curso sin manifestar ninguna cólera. Aprovechando la confusión, la mayor parde de las mujeres habían huido, y embarcadas en el lago, habían ido a Pátlzcuaro a referir los atentados de aquel día funesto. Expedición de de Cristóbal de Olía en Michoacán de

Brasseur de Bourbourg).

Cuatro meses permaneció Olid en Tzintzuntzan, instalado con sus tropas en las casas de los sacerdotes, en un ambiente de paz. Los tarascos se habían sometido fácilmente. Fuera de los saqueos, Olid "no cometió ninguno de los actos de crueldad y de inútil barbarie, tan comunes en esos tiempos".

El total del botín, según cálculo elástico consistió en 30 cargas de cofres llenos de plata fina y 20 llenos de oro, además de mosaicos de pluma tejidos por los mejores mosaicistas de Tzintzuntzan.

Pero el saqueo más escandaloso se efectuó en el panteón real, en la isla de Japúpatu. Allí fueron violadas las sepulturas de los señores de Michoacán; "arrojaron con desprecio las cenizas de los monarcas, y saquearon este y los demás templos vecinos, apoderándose de los tesoros que la piedad de los soberanos había aglomerado durante siglos enteros". El cadáver del rey Zwanga fue desenterrado y hallaron ahí 200 rodelas de plata fina, con que estaba decorada la sepultura, además de mitras y plumajes verdes. En la isla de Janitzio saquearon el Templo de la Luna: "de allí sacaron ocho cajas llenas de mitras, llamadas angutari, cien rodelas de plata y cuatrocientos platos del mismo metal" (Expediciones de los españoles en Michoacán. Gobierno de Cristóbal de Olid. Riqueza que se encontraron de Manuel Payno) y también entraron vandálicamente en los palacios y templos de las islas de Pacándani, en donde obtuvieron 20 rodelas de oro fino, y la de Urami.

Aquel botín espléndido fue enviado a Coyoacán, para regocijo de Cortés, por medio de Don Pedro, como si fuese "un regalo real" transportado en doscientas cargas. Por él supo Cortés que el Caltzoncí había muerto; y entonces resolvió que fuese reconocido señor de Michoacán el príncipe Cuini Aguangari, hermano menor de don Pedro, "del cual Olid le había hecho grandes elogios". Pero al saber Cortés que era falsa la noticia del Caltzoncí, se indignó con don Pedro, y al convencerse de que éste no hacía más que creer en el rumor falso que divulgó el Caltzoncí, le dio excusas y le siguió agasajando antes de que regresara a Michoacán. Era el 14 de noviembre cuando se marchó don Pedro desde Coyoacán hasta Zacatula para entregar a Olid una buena cantidad de cacao que le enviaban.

Don Pedro fue a Uruapan, en donde se hallaba el Caltzoncí y le tranquilizó diciéndole que los españoles no le harían mal. De aquella entrevista resultó avivado el deseo que tenía el Caltzoncí de ir a México, sobre todo porque "esperaba que de su entrevista con Cortés resultaría la celebración de un tratado más ventajoso que el que pudiese ajustar con un oficial de rango inferior".

Antes de llegar a Tzintzuntzan, Olid fue recibido de paz por Guangári, Vib il y otros de los capitanes tarascos. Eran ellos el embajador de Tzimtzicha, "el señor de respeto acompañante y el jefe de correos". Poco después en el valle de Guayangareo, en donde hoy está Morelia, —la ciudad de los párpados de rosa— a la vista del ejército de Caltzoncí, éste y Olid se saludaron "con demostraciones de júbilo" y en medio de ruidosas fiestas, entraron en Tzintzuntzan, en donde fue servido un banquete en el que se halló presente el jefe de las armas del rey, el valiente Nanuma.

En el mapa segundo de la crónica de Beaumont aparece Olid con armadura verde y penacho rojo, saludando al Caltzoncí, y en el Códice de Tlaxcala, el pintor indígena representa a Olid sentado, es decir "un hombre que manda"; y "para saber cómo se llama, se lee el nombre arriba y a la izquierda, donde está el signo cronólogico Olín", que traduce tan exactamente como es posible, la palabra Olid".

Olid entró en Tzintzuntzan a tiempo de que el Caltzoncí "estaba en el patio de su palacio con su caballerizo (sic) Guangári, Vibil y Huimaxe, sujetos todos de los más principales de su reino tratando de la venida de los españoles y entretanto, le estaban bailando".

El Caltzoncí ("Casulci", dice Cortés en su carta al rey) los recibió graciosamente aposentándoles en Tzintzuntzan y "les dieron hasta tres mil marcos de plata envuelta con cobre, que sería media plata y hasta cinco mil pesos de oro, asimismo envuelto con plata, que no se le ha dado ley, y ropa de algodón, y otras cosillas de las que ellos tienen" todo lo cual, después de ser separado el quinto de Carlos V. fue repartido entre los soldados. Varios de ellos no quedaron a gusto con la repartición y rehusaron poblar, y a los que no quisieron volver a México, envió con Olid, a la mar del sur, por el rumbo de Zacatula, en donde se estaban construyendo cuatro navíos. De resultas de aquella conferencia del rey con sus grandes "despachó con los soldados de Olid algunos indios cargadores para llevar varios presentes a Cortés" y "la noticia de que él y su reino se daban de paz".

Pero Olid, sospechando que se le escapara, vigiló cuidadosamente a Tzimtzicha, exigiéndole más oro, que éste mandó a buscar en Pacandáni y Urhandeni formando con él ochenta cargas; pero no contento con estas Olid pidió 300 y "...dejó algunos de su compañeros en Tzintzuntzan, de que se fundaron después Pátzcuaro y Valladolid".

Olid se hallaba en una de las dos tierras mexicanas con lagos, que abren sus dulces ojos serenos en las mañanas, y de leyendas que hacia la tarde se caen de sueño, en las que las frutas más gustosas, los pescados exquisitos, las maderas y los metales de toda clase contribuyen a estimular el ingenio y la destreza manual de los indios. Tierra con todo lo que el hombre puede apetecer para su felicidad, si la trabaja; llena toda de luz y de aguas canoras, y en la que abundan los nombres esdrújulos, como si el hombre que allí vive hubiera nacido para cantar. Pátzcuaro, Tzaráracua, Uruapan, Tiripetio, Yuriria.

"Hay además otros lagos con peces y también muchos manantiales. Algunos de tal manera calientes, que apenas se puede soportar el calor en la mano sumergida... Goza de un magnífico cielo y es de tal modo salubre que muchos van allá para conservar la salud o para recobrarla. Es feraz en maíz, fruto de la orilla, en hortaliza y abundante en cacería, cera y algodón. Los varones son más hermosos y fuertes y soportan mejor el trabajo que los colindantes y son muy diestros lanzadores de flechas... Hay en aquella región muchas piezas de plata y oro pero impuras. Hay magníficas salinas y piedra iztlina, además del magnífico coco" (Antigüedades de la Nueva España de Francisco Hernández).

En aquel banquete de Tzintzuntzan, a buen seguro que Olid saboreó el famoso pescado blanco y las corundas (tortillas), mientras en el lago de Pátzcuaro el sol crepuscular le anticipó la visión atormentadora de los metales codiciados. La figura del señor capitán aparece arrogante en la Relación de Michoacán o Códice del Escorial siendo recibido en triunfo en una tierra en que se hablaban 16 idiomas y dialectos, los indios eran verbosos en los banquetes y los nombres de sus pueblos —Uruapan, Patzimikuarhu, Tecátazirídaro— se abren como grandes flores terrestres para invadir fraganciosamente el aire.

Poco después el Caltzoncí se trasladó a Pátzcuaro, y al encontrarse con Olid y entregarle ochenta cargas de piezas de oro, éste le dijo:

—¿Por qué das tan poco?, trae más, que mucho oro tienes. ¿Para qué lo quieres?

—¿Para qué quieren ese oro? —dijo el Caltzoncí a sus compañeros—. Estos dioses lo deben de comer. ¡Por eso lo quieren tanto!

Y el Caltzoncí mandó que les entregaran el que había en dos islas.

—No tengo más. Esto que estaba aquí no era nuestro, sino de vosotros, que sois dioses, y ahora os lo lleváis porque es vuestro.

—Bien está. Quizá dices verdad, que no tienes más. Pero has de ir con estas cargas a México.

—Que me place, señores. Yo iré.

Y se marchó hacia Coyoacán en donde Cortés residía, y fue agasajado espléndidamente. Entre tanto, en Coyoacán seguían resonando las intrigas de Diego de Velásquez y los embustes de los vencidos con Narváez. Doña Felipa esperaba impacientemente al señor capitán, segura de que regresaría trayéndole cosas preciosas que superarían a toda ponderación. Era clara la obstinación de Cortés; buscar un estrecho por el Pacífico, en la esperanza de hallar muchas islas ricas, sobre todo las de la Especiería, sin navegar por la demarcación de los portugueses.

Al saber Cortés la noticia —que le dio personalmente el Caltzoncí— de que su teniente Álvarez Chicho había perecido a manos de los rebeldes de Colima, dio instrucciones a Olid[7] para que

---

[7] Díaz del Castillo dice que Olid se hallaba en México y que había regresado rico y da a entender que deseaba retornar al lado de doña Felipa. Miguel Galindo dice: "Como Cristóbal de Olid a la sazón se encontraba en Zacatula, Álvarez le pidió auxilio, participándole el fracaso que había sufrido al intentar dominar a los colimenses, que en esa ocasión y la siguiente se habían mostrado como en las luchas anteriores. Cristóbal de Olid no presentó resistencia a la invitación que se

saliera a combatirles. Dispuso que pasaran a Zacatula hábiles artesanos, remitiéndoles velas, jarcias, hierro y demás pertrechos, y que Olid marchara contra Colima "para sujetar las provincias que por aquel lado costeaban la mar del sur". Debería llevar consigo 100 soldados de infantería, 40 caballos y algunos indios tarascos, para que ese modo diera "calor a la fábrica de los navíos y después de aderezados apoyase la navegación, costeando tierra él y su gente".

A este propósito dio Cortés la siguiente explicación al rey: "Y yendo este dicho capitán (Olid) y gente a la dicha ciudad de Zacatula, tuvieron noticia de una provincia que se dice Coliman, que está apartada del camino que es al Poniente, cincuenta leguas; y con la gente que llevaba y con mucha de los amigos de aquella provincia de Michoachán, fue allá sin licencia y entro algunas jornadas, donde hubo con los naturales algunos encuentros; y aunque eran cuarenta de a caballo y más de cien peones, ballesteros y rodeleros, los desbarataron y echaron fuera de la tierra, tierra, y les mataron tres españoles y mucha gente de los amigos, y se fueron a la dicha ciudad de Zacatula; y sabido por mí, mandé traer preso al capitán y le castigué su inobediencia".

"No hubo tal castigo, ni prisión de Cristóbal de Olid, puesto que ningún historiador antiguo nos da la noticia, ni referencia alguna de que hubiera sucedido, lo que hace creer fundamentalmente que Cortés sólo trató de eludir ante el rey la responsabilidad que le resultada, cargando a Olid el fracaso de la expedición, porque no es creíble que este, sin su conocimiento y autorización, hubiera acometido empresa semejante, cuando es bien sabido que ninguno de sus subordinados se atrevía a hacer movimiento alguno sin recibir previamente sus órdenes" (Historia de Colima de Miguel Galindo).

Por otra parte, su carta de relación lleva fecha de 15 de octubre de 1524 y Olid se hizo a la mar desde el 11 de enero de dicho año. En su carta de relación dice Cortés que "junto cincuenta de a caballo y ciento cincuenta peones".

Olid se dirigió hacia Zacatula, y en el camino supo "cómo los pueblos de Colima andaban en armas, y que eran ricos" (Historia de

---

le hacía, sino que, inmediatamente se dispuso a seguir a su compañero dándole auxilio, para reparar la derrota que acababa de sufrir".

la Conquista de México cd López de Gómora). Iba acompañado del capitán Juan Rodríguez de Villafuerte, con 400 infantes y 50 jinetes, y buen número de indios tarascos, "quienes no se avenían a consentir la población de su capital con gente castellana y más bien querían ayudarle en cosas de la guerra, siendo también del gusto de los soldados españoles, que pensaban enriquecerse más bien con los despojos tomados de los indios que iban a pacificar, que no estar de asiento entendiendo en cosas de población".

Una de las instrucciones dadas a Olid era de dirigirse a Zacatula, "con casi toda la gente castellana para auxiliar la expedición que tenía prevenida en aquel puerto y de paso pacificar los pueblos limítrofes, con que se veían en la precisión de poblar a Michoacán con alguna gente" y "que trabajase por atraerse a los indios". ("Al real servicio de vuestra alteza por su bien, y si no quisiesen, les hiciese la guerra", dice Cortés).

A fines de noviembre, Olid avanzó hacia Colima con 30 escopeteros, muchos indios afiliados y 15 de a caballo (40 soldados de caballería, 10 infantes y aliados, dice Pérez Verdía), redoblando la marcha y siguiendo la ruta que desde Tzintzuntzan había llevado Alvarez Chico, llegó como éste al paso de Alimán, del que estaban posesionados el rey de Colima y los suyos, quienes le recibieron con ataques furiosos, consiguiendo derrotarle y haciéndole huir vergonzosamente con los restos de sus tropas. Olid llegó a Zacatula (Olid iba desde Michoacán a Zacatlán por orden de Cortpes) y allí le mataron tres soldados, resultando 15 heridos. De Zacatula volvió grupas hacia México Tenochtitlán, "muy corrido de las malas resultas de su expedición".

Cuando Olid regresó de Michoacán, Cortés había salido rumbo al Pánuco. Traía consigo muchos caciques y al hijo del Caltzoncí, que así se llamaba, "y era el mayor señor de aquellas provincias, y trajo mucho oro bajo que lo tenía revuelto con plata y cobre" (relata Bernal Díaz del Castillo). Las malas nuevas del desastre de Olid llegaron rápidamente a sus oídos; "novedad que turbó la alegría de los continuos festejos prevenidos a la feliz llegada de su esposa", quien venía de Cuba. Es de creerse que la derrota se le mezcló ácidamente al disgusto que le ocasionara la súbita presencia de doña Catalina Marcayda, porque se interrumpía su vida extraconyugal. No cabe duda que a Olid le cegó la "ambición de mandar y no ser mandado" como dice Bernal Díaz.

El envío de Gonzalo de Sandoval, con 70 infantes y 25 caballos al señorío de Colima para domeñar a los rebeldes que habían derrotado a Olid, y otros disgustos y desazones que aquellos días sobrellevaba, Cortés, apresuraron la expedición que resolvió a confiar el segundo y otra a Pedro Alvarado para que buscaran hacia el sur nuevas tierras en que podrían hallar oro y otras maravillas, además de un ámbito anchuroso para sus hazañas.

"Los caballos eran fuertes,
los caballos eran ágiles".

EL VIAJE A HONDURAS LA AVENTURA DE GIL GONZALEZ DÁVILA

Presencia de González Dávila. En busca del Desaguadero. Caballos hacia el mar. En el valle de Olancho, ¡Paz, paz por el emperador!

Al Golfo de las Higueras, que es un paraje de la mar del sur dulce que yo hallé. —Gil González Dávila.

Cuando Cortés resolvió enviar Olid hacia Honduras, ya Cristóbal Colón había anclado 22 años antes frente a dichas costas, y Juan Díaz de Solís y Vicente Yáñez Pinzón habían hecho exploraciones en busca del paso interoceánico de acuerdo con la capitulación del 23 de marzo de 1508, visitando la isla de Guanaja y el Golfo de Honduras, antes de volver a España en octubre del año siguiente.

Al descubrir Balboa el Mar Pacífico en 1513, se precipitaron las exploraciones hacia el norte de Panamá. Una de ellas fue encabezada por González Dávila, hidalgo de la ciudad de Ávila, quien había sido maestresala del célebre obispo de Burgos don Juan Rodríguez de Fonseca, tío de aquella Petronila con quien si Cortés se hubiese casado a éste le habría cantado otro gallo. González Dávila recibió el nombramiento de tesorero de Santo Domingo y gracias a las insinuaciones que le hicieron el piloto Andrés Niño y Andrés Cereceda, logró firmar una capitulación con el Rey para salir al descubrimiento de las islas de la Especiería, y con el título de capitán general y la Cruz de Santiago se puso al frente de la expedición. Le fue posible recorrer un vasto territorio, desde la Isla de las Perlas en Panamá, de donde salió el 21 de enero de 1522, hasta el Golfo de Honduras. Su viaje a través de Costa Rica y Nicaragua ofrece materiales y contornos para una magnífica novela. Sojuzgó caciques, encendió sus ojos ante la vislumbre de lagos desconocidos; estuvo a un milímetro de la muerte en una inundación, y disputó con el feroz adelantado Pedrarias Dávila la entrega del quinto real cuando éste supo que había rescatado piezas de oro cuyo valor se tasaba en más de 90,000 pesos castellanos.

Y cuando parecía sosegado, González Dávila envió a su tesorero Cereceda para que obtuviese el permiso real que le facilitaría, desde la costa norte de Honduras, la busca del desaguadero del lago de Nicaragua que había descubierto el 25 de julio de 1522. La autorización real fue obtenida, y por ella González Dávila era gobernador de una tierra demarcada así: "Desde el Golfo de la Osa en la mar del sur hasta las sierras llamadas con su nombre en 17 y½ grados de latitud; de aquí hasta la mar del norte sin tocar en las vertientes en donde se hallaban Hernán Cortés; de aquí al oriente hasta el río de San Pablo, próximo al Golfo de las Higüeras y desde este río por la costa del mar del norte hasta el Golfo de la Osa Norte Sur. Por manera que esta gobernación (la de Honduras) comprendía todo lo que es hoy Chiapas, Soconusco, Yucatán, Guatemala, Salvador, Honduras, Nicaragua y Costa Rica" (Expedición de Cristóbal del libro Bosquejo histórico de Honduras de Rómulo E. Durón).

Empujado por vientos propicios, pudo González Dávila salir de Santo Domingo el 10 de marzo de 1524 y llegar el mismo mes a la costa de Honduras. Le acompañaban Rodrigo de Manzanares, capitán de la carabela "San Antón"; el piloto Fernando Gutiérrez Galdín, Francisco de Arcos, Bernaldo o Bernaldino Mora o de Morla, Antón Sardo, el maestre Juan de Maza, Gil Dávila, su sobrino y el famoso piloto Andrés Niño, que había estado en el istmo de Panamá, en donde fue el primer español que conoció el guajolote en 1499. Los expedicionarios eran 50 de a caballo más 300 de infantería.

Al acercarse a las costas de Honduras, una tempestad desatada estuvo a punto de echar a pique sus navíos, y para capearla tuvo que echar al agua sus caballos, frente a la bahía de San Andrés, que en un principio, en memoria del desdichado suceso, se llamó Puerto Caballos y ahora es Puerto Cortés, y no habiendo podido anclar, siguieron hacia el oeste, hasta que encontraron el cabo de Tres Puntas o Manabique, deteniéndose en una isleta el "día de San Gil2 por lo cual le pusieron San Gil de Buenavista y tomaron ahí tierra. Varios días pernoctaron ahí, levantando viviendas, y esa fue la primera fundación española en Honduras. Los indios les preguntaron qué estaban haciendo en la isleta y por qué no se iban hacia el oriente, señalándoles una tierra "muy ancha y muy buena". Se dirigieron a un sitio del litoral, por detrás de Trujillo siendo maestre y piloto de la armada Gutiérrez Galdín. Temeroso de encontrar tierra adentro a gente de Pedrarias Dávila, dispuso avanzar 50 leguas, en busca de oro, y recorrieron el magnífico valle de Olancho, en donde González Dávila tuvo a bien fundar una villa a poco de haber encontrado el teniente general Francisco Hernández de Córdova (fines de 1524 o principios de 1525), que enviaba Pedrarias en su nombre. Después de fundar ciudades en Nicaragua, Hernández de Córdova había entrado en Honduras por el rumbo de dicho valle, en compañía de Hernando de Soto —quien más tarde sería el conquistador del Perú y descubridor del Mississipi—, Gabriel de Rojas y Francisco Campañón. La vanguardia de Hernández de Córdova iba al mando de Rojas, a quien González Dávila intimó, declarándole que no reconocía la autoridad de Pedrarias en aquella tierra. Con la rapidez del caso le batió y despojó; y acto continuo hizo llegar al mayor número de indios para que sirvieran a los cristianos, "y fueron tan grandes los malos tratamientos que les hicieron" que los indios llegaron con sus macanas y sus flechas disimuladas entre haces de yerbas para los caballos y la caña de maíz y la paja, y hallándose dormidos los españoles, cayeron sobre ellos una media noche y mataron a muchos. González Dávila abandonó el pueblo acompañado de los sobrevivientes, mientras los indios "pusieron fuego a todas las casas".

Ante la resistencia de González Dávila dispuso Hernández de Córdova destacar a Hernando de Soto ("...encontró en una provincia que se dice Manalaca con el capitán Hernando de Soto que el Francisco Hernández había enviado aquella parte; y resistiéndole que no pasase adelante, el Gil González se detuvo, y usando de maña con el trató de paz; y el Soto hallándose más poderoso que él de gente, no le temió, antes por estar muy cerca unos de otros no puso guarda en su Real, y una noche dio el Gil González en él y tomándolos descuidados los prendió y tomó las armas, y de la gente que salió a resistir murieron dos hombres con dos arcabuces"), dándole tropa competente y la orden de que le capturaran. Entonces González Dávila llamó a los soldados que había dejado en San Gil de Buenavista, pero sin esperarlos, apresuró la marcha, y una noche, gritando "San Gil, mueran los traidores!", cayó de súbito sobre Soto y su gente en el pueblo de Toreba y en el momento en que éste contaba con la probabilidad del triunfo, González Dávila, clamó en alta voz, engañándole.

—¡Señor capitán, paz, paz por el Emperador!

La perfidia de González Dávila produjo el resultado que éste apetecía, porque hubo parlamento, y en cuanto se presentó la gente que había llamado en su socorro, atacó a Hernando de Soto y le despojó de 130, 000 pesos de oro bajo, le puso en libertad, lo mismo que a varios que lo acompañaban, y apenas se percató de que una expedición española se dirigía a la costa, picó espuelas hacia Puerto Caballos, llevando todo el oro que había tomado a Hernando de Soto. Cuando Cortés tuvo noticias concretas de la presencia de González Dávila en Honduras, tomó la decisión de enviar dos expediciones hacia el sur; una al mando de Olid, vía la Habana, y otra al de Pedro de Alvarado, por tierra, a Guatemala. Deseaba también que encontraran el paso interoceánico, que suponía estaba al sur; pero, en verdad, lo que deseaba era que no permanecieran inactivos.

OLID A BARLOVENTO

La imagen de la ciudad de Tayasal. Calabazas o Higueras. Barcos a barlovento. Las instrucciones de Cortés. Olid hacia Cuba. Entrevista con Diego de Velásquez. Pendones en Triunfo de la Cruz. Primera entrada en Honduras. Palmeras y aguas oceánicas. Tierra de maravillas y de misterio. Desfile de caciques.

...a esta sazón, invictísimo césar, don Hernando entendía en enviar capitanes con copia de gente a calar y saber los secretos de la tierra para poblar, entre los cuales envió un Cristóbal Dolid con una armada de navíos, por la mar del norte, a conquistar y poblar la provincia de Las Higueras y cabo de Honduras, de que tenía mucha noticia fuese rica. —*Fray Juan de Z umarraga.*

RUMBO A LAS HIBUERAS

La visión del mar del sur resplandecía en la imaginación de Cortés desde su carta al Rey Carlos el 15 de mayo de 1522. Sus capitanes lo buscaron hacia Tehuantepec y Zacatula; pero el fantasma se les desvanecía apenas llegaban al mar Océano.

Olid quedó subyugado desde el primer momento, al nombrársele jefe de la expedición a las Hibueras en el sur enigmático, y recibía de ese modo una nueva demostración de la confianza que Cortés le tenía. Era uno de los tres capitanes insignes que le habían ayudado muy de cerca en la conquista del Anáhuac y deseaba que aquella expedición le sirviera:

1º.— Para cerciorarse de la posibilidad de encontrar el paso interoceánico.

2º.— Para ampliar su jurisdicción en vista de las noticias que recibía sobre las empresas de otros conquistadores que avanzaban hacia el norte, uno de ellos Pedrarias Dávila.

3º.— Para rescatar y poblar en tierras que eran ricas hasta lo increíble, según los relatos que Moctezuma recibió de los comerciantes de Yucatán que desde el sur traían hachuelas de cobre, esteras y otras cosas, como fue comprobado por Colón cuando en su último viaje (1502) encontró a unos comerciantes mayas.

La imagen brumosa de la ciudad de Tayasal, en el Petén, que precedió a las de Cíbola, hería de seguro la atención de los españoles que en México se habían desengañado al convencerse de que no eran de plata maciza, sino humildemente revestidas de cal, las casas de los indios de Tabasco. En el mercado de Tenochtitlán, entre los tesoros de la cerámica y la industria textil, las máscaras de jade y de los colores "para los pintores", admiraron Cortés, Olid y Alvarado y los otros capitanes algunas frutas que eran de las tierras de las hibueras (Hibueras o calabazas) como las llamaban entonces, y siguen llamándolas en los mercados de la ciudad de México quienes venden cosas que se producen más allá de Cuernavaca.

Así como a Pizarro el cacique le dibujó sobre la arena la imagen de la llama —un animal que vivía en un imperio riquísimo, hacia el sur— así los relatos hechos a Moctezuma y más tarde a Cortés, decidieron a éste a emprender la busca de la tierra que Colón, impensadamente, después de varios días tempestuosos bautizó con el nombre de Honduras con sólo decir después de un terrible vendabal: "¡Gracias a Dios que hemos salido de estas honduras!".

"Como Cortés tuvo nueva que había ricas tierras y buenas minas en lo de Hibueras y Honduras —dice Bernal Díaz— y aun le hicieron en creyente unos pilotos que habían estado en aquel pasaje, o bien cerca de él y habían hallado unos indios pescando en la mar y que les tomaron la redes, y que las plomadas que en ellas traían para pescar que eran de oro revuelto con cobre, y le dijeron que creían que había por aquel paraje estrecho, y que pasaban por él de la banda del norte a la del sur... (No cabe duda de que hubo comercio precolombino de cabotaje entre Yucatán y las costas de Honduras y Nicaragua y que el espionaje de Moctezuma proporcionó a éste más de alguna información), Cortés acordó de enviar por capitán de aquella jornada a Olid..., "y tenía Olid buenos indios de repartimiento cerca de México, creyendo que le sería fácil y haría lo que le encomendase; y porque para ir por tierra tan largo viaje eran gran inconveniente y gran trabajo y gasto, acordó que fuese por la mar, porque no era tan gran estorbo y costa y dióle cinco navíos y un bergantín ("...los días pasados dizque, por mandado del gobernador Hernando Cortés, les tomaron a ciertas carabelas, que de esta isla allá habían ido todos los más de los aparejos que tenían para aparejar la armada que envió con Francisco de Las Casas". Relación de lo que suscriben los oidores sobre la población del Golfo de las Higueras y de los capitanes que lo pueblan y del armada que Cortés sobre Olid y de lo que ellos han proveído sobre ello. Revista del Archivo y Biblioteca Nacionales, 1930), muy bien artillados con mucha pólvora y bien abastecido, y dióle trescientos y setenta soldados y en ellos cien ballesteros y escopeteros y veintidós caballos".

Entre los soldados figuraban algunos que habían peleado desde San Juan de Ulúa hasta la toma de Tenochtitlán y tenían ya sus casas y su reposo bien ganados.

Por la llegada intempestiva (25 de julio de 1523) del adelantado Francisco de Garay al Pánuco la marcha de Olid, como la de Alvarado, que iría por tierra, hacia Guatemala, se habían referido. En compañía del adelantado iban algunos partidarios de Diego de Velásquez Herrera y Tordesillas y del obispo de Burgos —que tenía toda su artillería mental apuntando hacia Cortés—. Pero el adelantado dejó de ser un problema para éste, una vez que se pusieron de acuerdo, y entonces volvió a sentir la alucinación del sur.

Los preparativos de la expedición de Olid fueron hechos por Cortés con extraordinario sigilo (Dice Cortés al Rey: "... y así mismo tenía hecha cierta armada de navíos, de que enviaba por capitán un Cristóbal de Olid, que pasó en mi compañía, para enviar por la costa del norte a poblar la punta o cabo de Higueras, que está sentena leguas de la bahía de la Ascención, que es a barlovento de lo que llaman Yucatán, la costa arriba de la tierra firme, hacia el Darién, así porque tengo mucha información que aquella tierra es muy rica, como porque hay opinión de muchos pilotos que por aquella bahía son estrecho a la otra mar, que es la cosa que yo en este mundo más deseo topar, por el gran servicio que se representa que de ello vuestra cesárea majestad recibiría").

Mientras Alvarado expedicionaba sobre el Pánuco, tuvo Cortés la prudencia de pagar "a los marineros y capitanes de los navíos en que debía ir Cristóbal de Olid a las Hibueras" (México a través de los siglos de Vicente Riva Palacio). Con toda anticipación Cortés había dado instrucciones a "Alonso de Contreras, soldado viejo de Cortés, natural de la Villa de Orgaz, que llevó seis mil pesos de oro (Cortés dice: "...envié con dos criados ocho mil pesos de oro" y López de Gómara: que "gastó treinta mil castellanos) para que comprase caballos y cazabe y puercos y tocinos, y otras cosas pertinentes para la armada, el cual soldado envió Cortés adelante de Cristóbal de Olid por causa que si veían ir la armada los vecinos de la Habana encarecerían los caballos y todos los demás bastimentos".

Así se explica que Cortés haya ordenado a Olid que en cuanto llegara a La Habana entrase en posesión de todos los caballos que estuviesen comprados y desde allí fuese su derrota para Hibueras, que "era buena navegación y muy cerca".

En las cinco naves iba un valioso cargamento ("...que costaron bien caras. Costaba entonces la fanega de maíz dos pesos de oro, la de frijoles cuatro, la de garbanzo nueve, una arroba de aceite tres pesos, otra de candelas de cebo nueve, y la de jabón otros nueve, un quintal de estopa cuatro pesos, otro de hierro seis, dos pesos una ristra de ajos, una lazada un peso, un puñal tres, una espada ocho, una ballesta veinte, y el ovillo uno, una escopeta ciento, un par de zapatos otro peso de oro, un cuero de vaca doce"): maíz, frijol, harina, carne de cerdo, tocino, vino, vinagre, aceite, pavos; y varias clases de armas: ballestas, espadas, puñales y muchos materiales para los barcos.

Las naos fueron compradas a Pedro de Castro y Juan de Hierro (factor de Diego de Aranda, burgalés); las carabelas a Diego de Castro Mocha y Diego Quintero de la Rosa, vecino de Palos de Moguer; y el bergantín era uno de los del adelantado Francisco de Garay. Alonso de Contreras fue comisionado para enviar provisiones, caballos, armas y ganados desde Cuba. Iban como tesorero de la armada Juan López de Aguirre; Juan de Ballestillo o Vallesico, alcalde mayor; Alonso de Contreras y García de Llerena como factores; Pedro de Briones, maestre de campo; y también Francisco de Orduña y Pedro de Villalba.

LAS INSTRUCCIONES DE CORTÉS

Mandole ir a La Habana a tomar los hombres, caballos y vituallas que Contreras tuviese, y que poblase en el cabo de Higueras, y enviase a Diego Hurtado de Mendoza, su primo, a costear desde allí el Darién, para descubrir el estrecho que todos decían, como el emperador mandaba. —Francisco López de Gómara.

Las instrucciones que Cortés dio a Olid eran éstas:

1ª. Que fuese a la Villa Rica de la Veracruz a la Habana y se pusiera al habla con Alonso de Contreras, quien le entregaría víveres y caballos.

2ª. Que buenamente, sin haber muertes de indios ni guerras, después que hubiesen desembarcado, procurase poblar una villa en algún buen puerto y que atrajese de paz a los naturales.

3ª. Que buscase oro y plata.

4ª. Que procurase inquirir si había estrecho o qué puertos había en la banda del sur si a ella pasase.

5ª. Que los dos clérigos que le acompañaran, uno de ellos conocedor del idioma mexicano, predicasen a los nativos con diligencias la doctrina cristiana y que no consintiese sodomías ni sacrificios sino que buena y mansamente se las desarraigasen.

6ª. Que destruyese todas las casas en donde tenían indias o indios encarcelados para engordarlos y sacrificarlos y comérselos, y que soltase a los tristes encarcelados.

7ª. Que en todas partes levantase cruces.

8ª. Que al llegar al primer puerto de Honduras desembarcase a todos los que iban en los navíos y en el sitio más a propósito se instalase la artillería y se fundase una población, debiendo enviar tres de los navíos mayores a la villa de Trinidad en Cuba en donde se recogería lo que Olid enviase a pedir. Los otros navíos y el bergantín, como el piloto mayor y Diego Hurtado de Mendoza, su capitán, debían recorrer la costa de la bahía de la Ascensión, buscando el posible estrecho interoceánico, y hasta que hubiesen observado bien, se reincorporarían a Olid, y desde el lugar en que éste se encontrase enviaría a Cortés una relación de lo que hallaren y lo que Olid "hubiese sabido de la tierra y en ella le hubiese sucedido" para poder así transmitir informaciones al Rey.

Cortés confiaba en que yendo Olid por agua y Alvarado por tierra se encontrarían en algún punto, a menos que el paso interoceánico les separase y anunciaban al Rey que, como resultado de las dos expediciones, sería posible que se ampliase el territorio del imperio español "por la mar del sur más de quinientas leguas" y añadía que ambas expediciones le costaban más de 50,000 pesos de oro.

OLID SE HACE A LA MAR

El 11 de enero de 1524 Cortés y Olid (Pedro Alvarado había salido a la conquista de Guatemala el 6 de diciembre de 1523) se despidieron con la misma efusión cariñosa con que el primero dijo adiós a su compadre Diego de Velásquez antes de zarpar "como un gentil pirata" en busca del imperio de Moctezuma.

Después de hacerle las últimas recomendaciones y de regalarle dos pinturas de la Virgen María, le advirtió:

—Mirad, hermano Cristóbal de Olid de la manera que habéis visto que lo hemos hecho en esta Nueva España, de esa manera lo procurad de hacer.

(He aquí una versión ampulosa de las frases con que se despidió Cortés: "Hijo Cristóbal de Olid, bien intencionados fines alcanzan divinas asistencias. En buena hora sea vuestra jornada desempeño de la nación, y frondoso místico laurel de la militante Iglesia: porque la gloriosa emulación aliente a nuestros castellanos al seguimiento de vuestras operaciones").

"Seguramente —escribe Riva Palacio— que al partirse de allí el capitán de aquella expedición no había concebido aún el pensamiento de rebelarse contra Cortés y alzarse con la armada. Posteriores sugestiones de los enemigos del conquistador de México, de los parciales de Diego de Velásquez y de los resentidos compañeros y amigos de Garay le arrojaron por ese camino.

Sin embargo, en la travesía de México a Veracruz y de allí a La Habana, aquella semilla sembrada en el corazón de Cristóbal de Olid sin duda por el capitán Pedro de Briones, que iba en su compañía como maestre de campo y era hombre inquieto, díscolo y turbulento y además enemigo de Cortés, debió haber germinado, porque al encontrarse en La Habana Olid con Montejo, que volvía de España, ya le manifestó profundo resentimiento contra Cortés, quejándose amargamente de los malos tratamientos que de él había recibido.

Briones "había sido capitán de bergantines y soldado en Italia y era muy bullicioso y enemigo de Cortés, y llevó otros muchos soldados que no estaban bien con Cortés porque no les dio buenos repartimientos de indios ni las partes del oro", señala Díaz del Castillo.

Pero si todo eso era así, para traicionar a Cortés (Error fue el que cometió el conquistador de México, harto extraña en su acostumbrada sagacidad y prudencia, al disponer que tocara la expedición en La Habana. Gobernaba la isla Diego de Velásquez, antiguo enemigo suyo, que no podía perdonarle el haber ejecutado contra él un acto semejante al que aconsejaba Briones a Olid contra el mismo Cortés. Así fue que cuando arribó la escuadra, el gobernador y sus amigos no dejaron de aprovechar la ocasión que se les presentaba de tomar su desquite. Historia de la conquista de México de Ignacio de Salazar), pesaba mucho en el ánimo de Olid los disgustos que habían tenido y el deseo de configurar su propia personalidad. Le había destituido cuando era regidor en la Villa de Medellín; si bien, como regidor de la Villa Rica de la Veracruz, habían firmado la probanza hecha a nombre de Cortés sobre las diligencias que éste hizo para que no perdiesen el oro y las joyas del Rey que estaban en Tenochtitlán (Colección de documentos para la historia de México).

Es muy probable que las insinuaciones insistentes de Briones hayan sido escuchadas por Olid en aquella travesía, y que a ellas mezclaron las suyas, para que traicionara a Cortés, los solapados enemigos de éste "quejosos de los escasos repartimientos que imaginaron impropios de sus hazañas, motejando a nuestro capitán de la injusticia de elevar al indigno sin atender al mérito".

En el rescoldo de los disgustos que ambos habían tenido durante la conquista de México y en la de Michoacán, se avivaron los rencores, y ya en tierras que la lejanía transfiguraba, Olid se iba a sentir amo y señor de la nueva aventura, en un país cuyas dimensiones ignoraba, una vez que en La Habana se puso de acuerdo con el gobernador Velásquez para desvincularse de quien, más que su jefe, había sido su amigo.

El viaje de Veracruz a La Habana sólo tuvo un contratiempo: en Cozumel "se reparó en hacer unos bergantines porque se le habían perdido ciertos navíos" (Relación e información del viaje que hizo a Las Higueras el bachiller Pedro Moreno).

Las entrevistas de Olid con Velásquez y las que sostuvo con

Andrés de Duero, secretario del gobernador[8], Juan Ruano[9], el bachiller Parada (Alonso de Parada) y el provisor Moreno le convencieron de que era llegado el momento de emanciparse de Cortés, evadiendo rendirle cuentas del dinero que habían gastado en la expedición.

En La Habana había hecho todos los preparativos del viaje Alonso de Contreras. Además de las provisiones de boca y de guerra que éste había comprado por orden de Cortés le presentó a "cinco soldados que eran personas de calidad de los que había echado de Pánuco (y) los mandó Diego de Ocampo, porque eran "muy bandoleros y bulliciosos".

Bernal Díaz da sus nombres: Gonzalo de Figueroa, Alonso de Mendoza, Lorenzo de Ulloa, Juan de Medina del Tuerto, Juan de Ávila, Antonio de la Cerda y un tal Taborda. Todos ellos habían tomado parte de la malhadada empresa de Francisco de Garay y eran de la peor calaña, pues no sólo robaban con destreza sino que "andaban en bandos y rencillas y convocando a otros soldados que se alzasen".

Con una armada de tal calidad, con muchos soldados y caballos, y yendo hacia una tierra de la que se tenían referencias espléndidas, fue fácil pactar con Velásquez. La entrevista se llevó a cabo en la nao capitana de Olid y se concertó que los dos harían la conquista de Honduras "por su Majestad y en su real nombre Cristóbal de Olid y que Diego de Velásquez le proveería de lo que hubiese menester y haría sabedor de ello en Castilla a su Majestad para que le traigan la gobernación". De ese modo los intereses del emperador se ponían a salvo y de cuenta de Velásquez correría la tarea de "pintar la acción en la corte con tales coloridos, que no pudiese el escrúpulo discurrir el más mínimo defecto en la pureza de su proceder" (Ignacio de

---

[8] Bernal Díaz al hablar de Andrés de Duero, secretario de Velásquez, y de Amador de Lares, contador real, dice que "hicieron secretamente compañía con Cortés", para que éste fuese nombrado capitán general de toda la armada, "y que partirían entre todos la ganancia del oro y plata y joyas de la parte que le cupiese a Cortés, porque Diego Velásquez enviaba a rescatar y no a poblar".

[9] Según Cortés, el clérigo que le dirigió un discurso al a Trujillo, afirmó: "Un Juan Ruano que traía consigo (el bachiller al llegar Moreno), el cual había sido el principal morador de la traición de Cristóbal de Olid".

Salazar, en obra ya mencionada).

A Olid se le unieron muchos vecinos de Cuba, entre ellos Gabriel de Cabrera, que era su lugarteniente; Diego de Dueñas, Rodrigo de Vargas, natural de Liévana, en Castilla, Juan Bueno, Diego de Aguilar, Jerónimo de Aguilar, quien había sabido por los indios de Yucatán que comerciaban con los de Honduras y que Pedro de Alvarado iba por tierra desde la Nueva España "con mucha gente de pie y a caballo" y otro clérigo. (Acaso es el mismo de quien dice Cortés que le dirigió un discurso en Trujillo).

Las naves se hicieron a la mar, "habiendo corrido mal tiempo y peligro" y los expedicionarios desembarcaron "con buen tiempo obra de quince leguas (es decir al este) de Puerto Cortés, en una como bahía".

El 3 de mayo de 1524 desembarcó Olid con su gente, "y a esa causa nombró a una villa que luego trazó Triunfo de la Cruz"[10], e hizo nombramientos de alcaldes y regidores a los que Cortés le había mandado cuando estaba en México que honrase y diese cargos. Los nombramientos fueron así: Juan de Medina, alcalde; Lope de Mendoza, alcalde y contador; Alonso de Pareja, Sancho Esturiano y Antonio de la Torre, regidores: Juan de Torquemada, escribano; Diego Hurtado[11], alguacil mayor; Francisco de Orbaneja, teniente de alguacil, y Francisco de la Muñana y un fulano Lintorno, procuradores del consejo (Revista del Archivo y Biblioteca Nacionales).

Olid "tomó posesión por su Majestad y de Hernán Cortés en su real nombre e hizo otros autos que convenían", pues no deseaba que los amigos de Cortés se dieran cuenta de que se había rebelado y temía que no lo fueran suyos en el momento en que ellos lo

---

[10] "El Triunfo de la Cruz: es una ensenada grande, que se retira hacia el S. E. donde pueden dar fondo embarcaciones de todos tamaños, al abrigo de tres farallones, que llaman los Frailes". Compendio de la historia de Guatemala de Domingo Juarros.

[11] Parece que es el mismo Diego Hurtado de Mendoza, pariente de Cortés y enviado por éste para que fuese hacia la bahía de la Ascención mientras Olid se dirigía a Honduras.

percataran[12].

Tampoco estaba seguro de que la tierra tuviese minas ricas y fuese muy poblada, porque de no ser así podía tranquilamente retornar a México al lado de su mujer para seguir disfrutando sus repartimientos.

Bernal Díaz sospecha que bien podría entonces "disculparse con Cortés con decirle que la campaña que hizo con Diego de Velásquez2 había sido para que le diese bastimentos y soldados "y no acudirle en cosa ninguna", y era esto lo que sinceramente se proponía, según lo dijeron muchos de sus amigos a quienes había hecho tal confidencia.

Aquel día 3 de mayo, al poner el nombre de la Cruz a la nueva villa acataba Olid, por una feliz coincidencia del santoral católico, una de las instrucciones que le había dado Cortés.

PRIMERA ENTRADA EN HONDURAS

...y dijo una india de las que tomaron que se decía la haga, que era hija de un señor principal, que su padre y todos los más principales de aquella tierra comían en platos de oro. —**Cristóbal de Pedraza.**

Así que Olid comenzó a fortalecerse, y acaso ya contaba con informaciones fidedignas sobre la riqueza del territorio en que había alzado estandartes, "mostró odio y enemiga a Cortés y a sus cosas, y amenazaba con la horca al que algo le contradecía o murmuraba". Prometió "oficios, obispados y audiencias a muchos; y así, no había

---

[12] ...y él y la gente dijeron que poblaban por su fue de esta manera, porque la gente dijo Majestad, porque al dicho Cristóbal de Olid, porque él decía que Hernando Cortés lo había enviado, y que por él en nombre de su Majestad quería poblar, y que la gente le dijo que a él no le había enviado Hernando Cortés sino a rescatar y ellos querían poblar ahí por su Majestad, pues era buena tierra, y que él, si él quería quedar, que había de ser en nombre de su Majestad no en nombre de otro, y lo descompusieron de capitán y lo tornaron a elegir en nombre de su Majestad". Relación e información del viaje que hizo a Las Higueras el bachiller Pedro Moreno.

hombre que le fuese a la mano".[13]

En Triunfo de la Cruz tenía otra personalidad y se quedaba viendo hacia las montañas misteriosas de Honduras con el ojo con que Cortés oteaba los horizontes del Anáhuac desde el día en que desembarcaron en San Juan de Ulúa.

Triunfo de la Cruz es uno de los parajes más hermosos en el litoral hondureño("...y más al oriente de Golfo Dulce se halla el río Piche y río Bajo y el de Ulúa, por otro nombre Balahama, antes del Puerto de Caballos, que está en quince grados, y después el río y punta de la Sal, y el Triunfo de la Cruz, un cabo de tres puntas, a donde el año de 1524 pobló el Maese de Campo Cristóbal de Olid; y río Hulma o de Jagua, y al norte de su boca la isla de Utila...". Historia General de los hechos de los castellanos en las islas y tierra firme del Mar Océano).

Se halla situado en unos de los recodos de palmeras, aguas azules y verdes, y amaneceres cálidos, extenuantes. La costa de Honduras, sus largos crepúsculos de fuego, la vegetación morbosa, a poco de salir del litoral, avivaban en Olid los recuerdos de las Antillas y le construían el espectáculo inolvidable que le salió al encuentro en la cuaresma de 1519 cuando vio surgir entre las brumas las primeras cumbres del Anáhuac.

Desde la nueva villa, Olid columbró, en el encantamiento de aquel plácido día, las montañas hondureñas, graciosamente coronadas de nubes apacibles, bañándose en luces de misterio. Tierra de esteros y pantanos, semejante a un edén poblado por la más exuberante fauna, con ríos arrastrando ilusorias esmeraldas, filas de cocoteros de cabellera salvaje, abrumados de frutos, y en los paréntesis de silencio del trópico, el vuelo pausado de las aves migratorias que van hacia el sur pregonando con sus algarabías la inminente presencia de las lluvias.

Se hallaba Olid en los umbrales de una tierra promisoria,

---

[13] "no le osábamos contradecir porque amenazaba con la horca", afirmó a Cortés en Trujillo el clérigo que iba con las tropas de Olid. No se sabe el nombre de dicho clérigo, aunque aparece con el de Fray Juan Pérez Velásquez, sin que se dé el origen de este dato.

arrullado por un mar que día y noche se despedaza sobre cadáveres de moluscos rosados, frente a paisajes que disponen de todos los recursos del color y están sumidos en una paz virgínea. De repente, en la calma del día traslúcido, las nubes comienzan a henchirse y estalla la tempestad eléctrica en todo su furor. Las playas y los montes aledaños están metidos en agua, sin que cese de llover, ni los barcos se atreven a acercarse. Agua por todos lados, agua en el mar y agua del cielo; agua que hace que se humillen los peces voladores y que en la copa de las palmeras asomen pensamientos sombríos.

Olid había llegado a una tierra encantada y famosa; pero las redes de los pescadores, aquellas que, según las noticias llegadas a México, llevaban oro y cobre en vez de plomo, no parecían ante el señor capitán para darle la venturosa bienvenida.

Tierra con muchos ríos de nombre eufónico: Ulúa, Aguán, Chamelecón; que producía maíz, frijoles, chile, camotes, yuca, frutos sin nombre, venados, gallinas y palomas monteses; en masas densas el cocotero y en las aguas fluviales los pescados que aún se llaman cuyamel y tepemechín; y aquí y allá, en los esteros las garzas, en el aire enjambres de insectos híbridos, a poco de entrar al bosque los zenzontles que alivian con su canto las mañanas calurosas, y hacia los primeros peldaños de la cordillera el agudo aroma del liquidámbar.

En ese marco de hermosura cambiante, los indios vivían plácidamente, utilizando las calabazas para fabricar tazas y platos, o buscando el sustento en los sitios en que la fauna brinda las carnes que se sazonan a fuego lento. Las indias fabricaban brebajes venenosos. De noche las serpientes escurriéndose entre los matorrales, al paso de las caballerías; y en las temporadas de grandes aguaceros, la electricidad a flor de piel del air...

Ulúa, Macoba, Guamura, Laula, Sula... ¡qué florilegio de nombres sensitivos! Cuando Olid arribó con sus gentes, entre el litoral y la tierra adentro vivían los descendientes de los mayas, lencas y mexicanos. La "Tierra de Maia" se extendía a lo largo del litoral, desde los actuales linderos con Guatemala hasta el sitio en que está Trujillo. Olid entraba en un país inédito, en el que los indios sula-xicaques moraban hacia el río Ulúa, las cordilleras de Omoa, los valles de Sula y de Jamastrán y en el territorio hacia Olancho

(Arqueología de la Costa Norte de Doris Stone); mientras los mayas, que dejaron en Copán los exponentes de su cultura —una de las más altas de la América antigua— habían forzado a los xicaques a internarse en las sierras de Yoro, pudieron comerciar con los sula-xicaques hacia la cuenca del lago de Yojoa.

Quizá Olid se sintió en los confines del Sur al ir penetrando poco a poco en una tierra henchida de sorpresas: lluvias que hacen salirse de madre a las aguas fluviales, ciénagas en las que los caballos se hunden hasta las cinchas, mosquitos que hincan sus larvas en la piel humana o dejan en ella las simientes del paludismo, serpientes que inyectan venenos rápidos y también las garrapatas que cunden en todo el cuerpo y el árbol peligroso que da un fluido sutil que aletarga a los caminantes. Todos esos obstáculos eran para Cristóbal de Olid y sus compañeros de aventura un nuevo incentivo de su ambición y un horizonte nuevo para demostrar que, si en la conquista de México pudo comportarse como un soldado de hierro, ya emancipado de Cortés la fortuna coquetearía con él, le engañaría con sus espejismos.

Acaso se le reapareció el Guadalquivir con sus torres de oro ilusorio, al ver el Ulúa en esos instantes del trópico americano en que la brisa cae de los miradores del cielo para aliviar las frentes ásperas.

¿Por qué se llamaba Honduras el país que a lo lejos ejerce tan suave fascinación? En su cuarto viaje Cristóbal Colón se vio en peligro mortal cuando su carabela fue zarandeada por una tempestad que duró varios días, y al volver la calma exclamó el almirante: "Bendito sea Dios que hallamos por cabo de estas honduras!" (El obispo Pedraza dice en su relación que Hernán Cortés, al hallar fondo cerca de Trujillo fue quien puso el nombre de Honduras a la tierra; pero su equivocación es idéntica a afirmando que dicha población fue fundada por Cortés).

¿Y por qué Higueras? Porque adelante de Trujillo hay muchas calabazas de que hacen vasijas de platos y tazas que traen acá que en lengua india se llaman éstas higueras.

("...y los vasos preciosos de las higüeras: se hallaron en el Darién y en el Golfo de Urabá, con sus asideros o asas de oro en estas higüeras, y ellas tan lindas, que sin duda ni reproche se podía dar de beber con las tales higüeras a cualquier rey poderoso". Historia general y natural de las Indias, islas y tierra firme del Mar Océano de Gonzalo Fernández de Oviedo y Valdez. Herrera y Tordesillas dice: "…la primera punta es la de Hibueras, así llamada porque los primeros hallaron muchas calabazas por el mar que llaman hibueras en lengua de la Española". Escrito judicial firmado por Hernán Cortés. Se advierte fácilmente que la palabra "higüeras" se convirtió a la larga en "hibueras". El P. Mariano Cuevas (Cartas y otros documentos de Hernán Cortés, novísimamente descubiertos en Archivo General de Indias de la ciudad de Sevilla) al afirmar que se llamó el país Higüeras "porque los primeros descubridores creyeron ver en la playa árboles parecidos a higueras", olvidó que el cronista Oviedo en Historia general y natural de las Indias, islas y tierra firme del Mar Oceáno), dice con toda claridad "que no son los higueras de higos sino las higüeros". En Amerikanstisches Woterbuch de Georg Friederisi (Hamburgo 1947), se anota: "hibuero, higüero, jigüero, jiguero, huero, güero, güira..."

Olid comenzó a incursionar tierra adentro desde Triunfo de la Cruz, y al frente de 160 hombres de a pie y de a caballo avanzó al interior y pacificó la tierra "sin matar ninguno ni hacerles ninguno cuatro o cinco caciques tenían muy mucha copia de gente", a tal grado que podían caminar con seguridad dentro del país uno o dos cristianos (Relación e información del viaje que hizo a Las Higueras el bachiller Pedro Moreno).

En sus incursiones Olid avanzó hasta unas cuarenta leguas poco más o menos, y pacificó a los caciques de Naco ("Nacuar", dijo R. de Vargas)), Cerimoa ("Corimoa", según Diego de Dueñas, uno de los compañeros de Olid, precisando que dicho cacique residía a treinta leguas del puerto. "Girimonga", dice Díaz del Castillo), Tencoa ("Encoa", dijo en su declaración Diego de Dueñas), Quimistán ("Trimistán", en la información de Pedro de Moreno. "Quinitán" dijo Diego de Dueñas), Ahuachapán (¿En El Salvador?), Cali ("Cala", según Diego de Dueñas; "Calut", dice Rodrigo de Vargas. Tipetuco y Sula ("Azula", señala Bernal Díaz del Castillo), y otros pueblos de mucha población, y cada vez que "sin riesgo de ninguna gente, los indios salían a servir de buena voluntad y "pedían que les señalasen a los señores a quién habían de servir" (Relación e información del viaje que hizo a Las Higueras el bachiller Pedro Moreno), y le ofrecían bastimento, gallinas y maíz, Olid pedía el testimonio del escribano Francisco de la Muñana y los indios juraban ser súbditos del rey de España. Olid trataba bien a los caciques y no les pedía oro "por mejor los tener de paz" y ellos ofrecían que le darían todos lo que les pidiesen, y uno de ellos le ofreció darle oro, porque Olid había dicho que era cobre y no oro lo que al cacique le habían llevado en unas petacas; y luego le dijo que "le trajese de lo que sacaba de la tierra, porque de aquello había menester un poquito para cierta medicina" (Por no darles a entender que tenía de ellos codicia).

CUATRO CAPITANES EN DISCORDIA

González Dávila con la cruz de Santiago. Un aire lleno de sospechas. Las Casas se mete en Honduras. El silencio ominoso de Olid. Unas banderas blancas. Naufragio y mucha cortesía. Ante los Santos Evangelios.

...los indios de la dicha isla les dijeron: ¿qué hacéis en esta tierra?, ¿por qué no váis a aquella tierra?, señalándoles a la tierra de Honduras, que es muy ancha y muy buena. (A Gil González Dávila en San Gil de Buenavista).

Cuando creía Olid que iba a pelear únicamente contra los indios, se dio cuenta de que otro conquistador le salía al encuentro a disputarle el oro y el paso y el paso interoceánico: era Gil González Dávila. Mientras Olid fue a bordo de un bergantín para descubrir algo más, y desembarcó, supo que González Dávila se movía hacia él, desde unos parajes que no podían señalar ni las brújulas ni los pájaros. González Dávila le escribió por medio de sus comisionados Fernando Gutiérrez Galdín, Rodrigo de Manzanares, Francisco de Arcos y otros marineros que iban a bordo de un bergantín ("...habiéndose informado del número de soldados que llevaba Olid, trató de aliarse con éste para hacer la guerra a Francisco Hernández, con el cual tuvo algunos encuentros, aunque sin resultados importantes". Historia de Nicaragua desde los tiempos más remotos hasta el año 1852 de Tomás Ayón) y en un paraje que no se puede precisar aún fueron bien recibidos por Gabriel de Cabrera; y éste le dijo que Olid se había marchado hacia el interior para verse con González Dávila "como amigo".

Allí estuvieron con Cabrera un día y su noche y "después iban los de la una parte a la otra y la otra en la otra a contratar entre sí y vender y comprar y a verse y comunicarse y proveerse de algunas cosas de refresco de los unos a los otros". (Relación de Rodrigo de Vargas).

González Dávila argüía que si Olid llegaba a poblar en nombre de Cortés defendería la tierra "en cualquier manera que pudiese"; pero que si lo hacía en el de su Majestad "se confederaría con él y sería muy su amigo". Crecían los rumores —que esparcía el intérprete Gerónimo de Aguilar, quien lo sabía por "los indios de Yucatán que venían a contratar con los de las Hibueras"— de que Pedro de Alvarado marchaba contra Olid "con mucha gente a pie y de a caballo".

Los de Olid estaban seguros de que en Honduras había gente de Pedrarias Dávila, quien no estaba en buena armonía con Gil, "a causa que cada uno de ellos quería quedar con la tierra", e insistía Gil que si presto tuviese necesidad enviaría ayuda a Olid.

Gil se propuso desde antes de llegar a Honduras enviar al Rey una relación de su viaje y que todo el oro que pudiese hasta la suma de 50,000 castellanos, y los suyos murmuraban que ya había logrado reunir de 20 a 21,000.

González Dávila escribió desde tierra adentro a Sancho Esturiano, uno de los capitanes de Olid, diciéndole que Andrés Niño —que se había hecho a la vela para recoger el oro que Gil enviaba al Rey— "daría todo el favor y ayuda que hubiese menester" y que lo único que deseaba era lo que Olid quisiese, "y quería mucho estar en su amistad y tener con él mucha paz2, y se supo también que Gil decía que de todo el oro y otras cosas que tomase había de dar parte" a Olid. Mientras en el puerto en que estaba González Dávila había anclado la carabela "San Antón" cuyo maestre era Juan de Mafra, decidió en octubre de 1524 enviar otra a Santiago de Cuba.

En ella iban como capitán Rodrigo de Manzanares, el piloto Fernando Gutiérrez Galdín, el contramaestre Antón Sardo (o Gardo), los marineros Francisco de Arcos y Bernardino o Bernaldo Morla.

Todos ellos rindieron declaraciones ante Manuel de Rojas, el teniente de gobernador de Cuba (la isla Fernandina) el 18 de octubre de 1524 (Información sobre la llegada de Gil González Dávila y Cristóbal de Olid a las Higueras).

LAS CASAS SE METE EN HONDURAS

Súpolo Cortés y remitiendo a Francisco de Las Casas en dos fustas, mandó que le prendiesen, como de hecho lo intentó en contienda naval; que le salió muy al revés de lo que imaginaba, quedando en manos de Olid. **—Bartolomé Leonardo Argensola.**

Durante ocho meses, a contar desde su despedida en Veracruz, Cortés no volvió a tener noticias directas de Olid (Según Bernal Díaz del Castillo). "...y como tardó en responderle tanto al dicho marqués, comenzó a sospechar que el dicho Olid le debía haber hecho alguna traición pues no le respondía ni enviaba mensajero del suceso de su viaje como tal capitán suyo y enviado en su nombre como capitán general que era por su Majestad de toda aquella tierra la Nueva España" (Relación de la provincia de Onduras e Igueras de Cristóbal de Pedraza).

Supo al fin que éste le había traicionado, gracias a varios informantes, uno de ellos el factor Gonzalo de Salazar, quien había recogido las noticias en La Habana y llegó a Veracruz el 13 de octubre de 1524. Al comunicarla al Rey dos días después, le denunciaba que la traición había sido tramada en conveniencia con Diego de Velásquez; "aunque, por ser el caso tan feo y tan en deservicio de vuestra Majestad, yo no lo puedo creer, aunque por otra parte lo creo, conociendo las mañas que el dicho Diego de Velásquez siempre ha querido tener para me dañar y estorbar que no sirva"; y agregaba: "...yo me informaré de la verdad, y si hallo ser así, pienso enviar por el dicho Diego de Velásquez y pretenderle, y preso enviarle a vuestra Majestad".

Decía también Cortés al Rey: "Suplico humildemente que si por parte de Diego de Velásquez o del dicho Cristóbal Dolit, o de otra cualquier persona, alguna relación fuera a V. A., mande saber la verdad antes que ninguna cosa provea" (Colección de Documentos para la historia de México de Joaquín García Icazbalceta).

Bernal Díaz cuenta que Cortés, al escribir al Rey sobre la rebeldía de Olid, le anunciaba que "tenía determinado de enviar con brevedad otro capitán" para que le quitase la armada, se lo trajese preso a México, "o ir él en persona, porque si se quedaba sin castigo se atreverían otros capitanes a levantarse contra otras armadas que por fuerza había de enviar a conquistar y poblar otras tierras"; y que al mismo tiempo se quejaba contra Diego de Velásquez, por las "cartas que enviaba desde la isla de Cuba para que matasen a Cortés".

Decidió entonces enviar a Honduras una expedición punitiva, poniendo al frente de ella a su primo Francisco de Las Casas, hidalgo de Extremadura ("Y como D. Hernando lo supo de personas que se lo certificaron, envió otro capitán a que requiriese a Cristóbal de Dolid no hiciese alzamiento ni alboroto alguno". La conquista de Colimán de I.G. Vizcarra).

Le conocía muy bien, como "persona de quien se podía fiar, varón para cualquier cosa de afrenta", relata Bernal Díaz del Castillo.

Las Casas estaba recién llegado de España —"...en recompensa de haber traído de España el escudo de armas y las provisiones reales en que se concedía a éste (Cortés) el gobierno de México, recibió la encomienda Yanhuitlán", en Oaxaca. Del libro Historia de Oaxaca de José Antonio Gay. "Su ejercicio favorito era la caza y la equitación, de que tuvo principio la decidida afición que crearon y conservan a cabalgar los mixtecas. Habiendo arrastrado a Cortés en su mala suerte a Casas, fue éste privado de la encomienda de Yanhuitlán, sin duda en el período de gobierno de Nuño de Guzmán, sustituyéndole algún otro de ruin ánimo a quien nadie debieron los indios, hasta que por muerte de éste restituyó el rey al primero la encomienda" —. Era "sujeto a propósito, en todos conceptos, para encargarle aquella importante y delicada comisión" (Historia de la América Central de José Milla) y además "hombre de espíritu levantado y de pensamientos nada comunes", escribe José Antonio Gay.

"Era un hombre que poseía cualidades superiores como soldado y como político", (El bachiller Juan de Ortega de Ángel Núñez

Ortega). Las Casas había figurado como alcalde mayor de la ciudad de México desde el 8 de marzo hasta el 3 de junio de 1524. Figuraban en el ejército de Las Casas, entre otros, Francisco de Orduña, Pedro Núñez, Gaspar Hurtado y el bachiller Juan de Ortega (Nacido en Medellín en 1499, pasó a México en 1522; era bachiller en leyes; fue uno de los soldados de Cortés y más tarde de Alvarado en la expedición a Guatemala: y alcalde ordinario de la ciudad de México. Regresó con Las Casas a ésta y volvió a ser alcalde en 1526. Por real cédula debía presentarse ante la audiencia de Santo Domingo para depurar su conducta en relación con el asesinato de Olid.

Al saber que Cortés había enviado a Las Casas contra Olid y González Dávila, el teniente de gobernador en Cuba, Manuel de Rojas, abrió una información el 12 de octubre de 1524, ante el escribano Juan de la Torre. Se sabía que Las Casas tenía instrucciones de Cortés para bloquear ciertos puertos y pasos entre la isla y Honduras y para capturar a cuantos fuesen o saliesen de la segunda "con cartas u oro para el Rey" o para comerciar y los remitiera a México; y por las declaraciones de Juan Bono de Quejo, Diego Melena y Juan de Almagro, vecinos de San Cristóbal de La Habana, se supo que una fusta que había sido de la armada de Francisco de Garay, llegó de Veracruz a La Habana para combatir a Olid y que ocho de sus tripulantes habían nadado para ganar tierra "porque iban a fuerza y contra de su voluntad ", a pesar de la prohibición que, bajo pena de muerte, había dado Cortés para que saltasen a algunas de las islas, especialmente Cuba; y que "era público y notorio en Nueva España que Cortés enviaba por tierra a Alvarado, con cierta gente, algo así como 500 hombres y jinetes, contra Olid".

(Testimonio de una información que el teniente gobernador de la Isla Fernandina mandó hacer sobre la ida de Francisco de Las Casas a las Higueras, mandando una armada que Hernán Cortés enviaba a Cristóbal de Olid y Gil González Dávila, capitanes que estaban en aquel puerto en octubre de 1524. En Colección de documentos inéditos, relativos al descubrimiento, conquista y organización de las antiguas posesiones españolas de América y Oceanía, sacados de los Archivos del Reino, y muy especialmente del de Indias. Manuel de Rojas).

Acababan de llegar a Triunfo de la Cruz dos navíos, con bastimentos y mercaderías —el de Diego de Aguilar y el de Francisco Camacho— cuando surgieron en el puerto las dos naves de Francisco de Las Casas, con 150 soldados y artillería (Bernal Díaz del Castillo dice que eran 5 navíos y 100 soldados, pero merece más fe la información de Manuel de Rojas), izando banderas blancas.

Aunque Las Casas daba voces diciendo que era del bando de Cortés y pidió que no le atacasen, recibió "diez o doce tiros, en que el uno dio por un costado del navío, que pasó de la otra parte".

Una noche, sin que Olid se percatara, desembarcó algunos de sus soldados en Puerto Sal, a cuatro leguas de distancia, que prendieron a dos de los de Olid "que estaban a la costa de la mar". Al día siguiente por la noche alombardeó las carabelas de Olid, disparando sus falconetes, escopetas y ballestas. Se trabó la lucha, y la situación de Olid estaba desventajosa, porque una de las naves pequeñas se hundió, pereciendo varios soldados.

Las Casas y Olid procuraban engañarse: el primero se dispuso a desembarcar en otro punto aprovechando la noche y el segundo seguía parlamentando mientras le llegaban unos refuerzos que había enviado al Río de Pechín, en la gobernación del Golfo Dulce, para capturar a González Dávila.

Los dos capitanes entraron en arreglos, por medio de Saavedra y de Francisco Orduña, que eran de Las Casas. Pretendía éste que Olid estuviese de parte de Cortés (según Rodrigo de Vargas a los que envió Las Casas fueron Orduña y el bachiller Juan de Ortega); pero ante esa demanda no les fue posible pactar.

(Sin embargo dice Ayón, "Olid se comprometía a obedecer a Hernán Cortés, y Las Casas a dejar a Olid con el cargo de capitán de la expedición, que por su infidelidad debiera haber perdido").

Alguien dio aviso a Olid de que "aquello eran palabras, que lo que deseaban era pretenderle y que Las Casas decía que había que estar allí y tomar cuantos navíos viniesen por aquella parte" y que no les dejaría entrar ni gente ni bastimentos.

Las Casas resolvió estar "aquella noche con sus navíos en la mar, apartado de tierra, al reparo o pairando, con intención de irse a otra bahía a desembarcar, y también porque cuando andaban las diferencias y pelea de la mar le dieron una carta secretamente que serían en su ayuda ciertos soldados de la parte de Cortés que estaban con Olid, y que no dejase de llegar por tierra por capturar a éste", relata Díaz del Castillo.

Las Casas se había apoderado de los navíos de Aguilar y de Camacho, "y los llevo consigo obra de una legua de la tierra dentro del mar".

"Siete u ocho días poco más o menos", hallándose poderoso Las Casas, se desató una terrible tempestad ("Allí no era puerto sino costa brava") que dio al través con los cuatro barcos, desarbolándolos, ahogándose unos cuarenta hombres y los que escaparon se hallaban en estado tan deplorable que daba mucha pena verlos, ya que estaban desnudos; y "estuvieron sin comer dos días, y muy mojados del agua salada, porque en aquel tiempo llovía mucho, y tuvieron trabajo y frío". (Bernal Díaz del Castillo).

Olid salió a recibirles (habían muerto 400 españoles en aquel naufragio) hacia un río próximo, y fue tan gentil con todos ellos que hizo "mucha cortesía" a Las Casas y les dio de comer y con qué se vistieran y aposento en su residencia a todos los que pudo y hasta les dio caballos. Poco después hizo jurar sobre los Santos Evangelios a los vencidos que le serían fieles y el ayudarían contra Cortés en el caso de que éste tratase de someterle, si llegase en persona, y les dejó libres, menos a Las Casas.

Entre ellos se hallaban Diego de Alvarado, Diego Hurtado en Mendoza, Luis de Cárdenas y otros caballeros.

Pocos días después se llevó a los vencidos al real, que estaba tierra adentro, cerca del río Pechín, sin abandonar por ello a Triunfo de la Cruz, donde dejó un resguardo. En el camino tuvo una desagradable noticia; que Pedro Briones, el levantisco, revoltoso, bochinchero Briones, a quien había dejado en el real, se había levantado en armas, llevándoselas lo mismo que a la gente y los caballos, sin saber para dónde.

Seguía su marcha Olid cuando una noticia más grave aún le tomó de sorpresa: en el pueblo de Tetlentepalca (Relación e información del viaje que hizo a Las Higueras el bachiller Pedro Moreno), a distancia de cuatro leguas, en otro pueblo, llamado Choloma (En el relato de Rodrigo de Vargas habla de "Tlolomines", es decir, Choloma), estaba Gil González Dávila con 8 ó 10 de a caballo, y con unos 20 peones. Olid tuvo a bien destacar a cuarenta hombres, uno de ellos Juan Ruano (El maestre de campo de Olid había aprehendido cincuenta y siete hombres que iban con un alcaide mayor de Gil González Dávila, y que después los había tornado a soltar, y ellos se habían ido por una parte y el por otra; de esto recibió mucho enojo"), para saber lo que pasaba y si era cierto que González Dávila andaba por ahí, pedirle por merced una entrevista en el pueblo de Tepeteapa.

Accedió González Dávila y en la conversación, que aparentemente fue amistosa —"Supo González Dávila la derrota de Las Casas y no considerándose bastante fuerte para resistir a Francisco Hernández de Córdova, determinó embarcarse con una parte de su tropa en tres navíos, con dirección a San Gil de Buenavista, dejando el resto en Nito a cargo de Diego de Armenta. Luego que hubo llegado a San Gil, mandó ahorcar a Francisco Requelme y a un clérigo, por considerarlos culpables de rebelión contra su autoridad y otros excesos, y pasó en seguida a Choloma—, Olid se quejaba de la traición de Briones, su maestre de campo, pues bien sabía que éste estaba concertado con el alcalde Gil Dávila.

Bernal Díaz dice que Gil Dávila murió peleando contra los de Olid hacia el río Pechín, además de ocho soldados, al ser capturado su tío González Dávila.

Como éste era sobrino de Gonzáles Dávila, sirvió de pretexto de Olid para capturarle, aunque parece que dio tal orden por no haberle auxiliado oportunamente contra Las Casas.

LA TRAGEDIA DE NACO
Un valle con nubes y con flores. Huéspedes peligrosos. Noche llena de recuerdos. 18 puñaladas. Un proceso inicuo. La cabeza de Olid en un asta.

Cristóbal Dolid, difunto, que Dios perdone...
(Declaración de Rodrigo de Vargas).

Desde Triunfo de la Cruz, atravesando los ríos Ulúa y

Chamelecón, acompañado de sus prisioneros[14], marchó Olid hacia el occidente, posiblemente a través del esplendido Valle de Sula, sin ponerle atención, a pesar de su ubicación y de su anchura que le permiten dar vía a una gran ciudad.

Dispuso residir en un recodo del Valle de Naco, próximo al río Chamelecón, "muy llano y fértil, cercado todo de sierras", que era entonces la cosa más excelente de todo lo descubierto en las Indias, de muy poblado y de mucha policía en su modo y caminos muy anchos como al modo de Valencia".

"...el valle de Naco, donde se apartan los caminos, que tiene muy hermoso asiento es muy sano", (Carta del adelantado Montejo al emperador, sobre varios asuntos relativos a la gobernación de Honduras; Gracias a Dios 1 junio de 1539, en Colección de documentos inéditos, relativos al descubrimiento, conquista y colonización de las posesiones españolas en América y Oceanía, por Pacheco, Cárdenas, etc. Madrid, 1864, II:221).

Era Naco una ciudad de primera importancia en aquella época, según Montejo declara en el mismo año: "Y aún tan destruido y a caballo que cuando llegué, de diez mil hombres que habían en él, hallé cuarenta y cinco".

Cuando Cortés hizo su viaje a Honduras, por el Petén, "le dijo el Cacique Canek que le haría guiar a un pueblo de barbudos blancos, llamando así a los españoles, que era éste de Naco". Al tiempo de Cortés mantenía estrecho comercio con Nito y Acalán en Yucatán ("Honduras maya" por Federico Lunardi, en La Época, Tegucigalpa

---

[14] Cortés dijo al Rey: "Después de algunos días supo (Olid) que el capitán Gil González Dávila estaba con poca gente en un puerto que se dice Cholome, y envió allá cierta gente, y dieron sobre él de noche, y prendiéronle a él y los que con él estaban". Seguramente se equivocó en su relato el obispo Pedraza al decir: "Las Casas y Gil González se juntaron y fueron en busca de Olid porque ya tenían lengua de donde estaban... y llegaron al valle de Naco... Olid y Las Casas se abrazaron... y les hizo muy gran recibimiento y tratamiento, dándoles todas las cosas que necesitaban y conservándoles gratamente. Las Casas alabó mucho la tierra y Olid le contó los grandes trabajos que había pasado para llegar y al decirle cómo había tomado posesión de ella le dijo el nombre de ella, sin mentar el señor Marqués del Valle", (Onduras e Igueras, por el obispo Cristóbal de Pedraza). Conste que por aquellos días Cortés todavía no tenía este título. ("un valle muy ancho delante de ella con un río, de muchas frutas de ciruela y guayabas y otras frutas de la tierra; está en parte donde se dan todas las cosas y darán").

2 de agosto de 1946).

El licenciado Salmerón en carta al Consejo de Indias decía el 13 de agosto de 1531: "Agora platicando con el Marqués me dijo que el dicho Alvarado le había escrito que quería poblar la provincia de Naco, que al norte sur, con Puerto Caballos, y es el de la gobernación de Honduras y es donde mataron a Cristóbal de Olid lo cual por entonces se despobló".

Del Valle de Naco dice a Ayón: "Hallábase cercado de empinadas sierras y cruzado por anchos caminos, embellecidos con flores, frutas y verduras agradables a la vista y delicadas para el gusto. Olid se complacía en comparar la feracidad y hermosura de aquel delicioso valle con la del reino de Valencia".

"Hay en este pueblo la mejor agua que habíamos visto en la Nueva España, y un árbol que en mitad de la siesta, por recio sol que hiciese, parecía que la sombra del árbol refrescaba el corazón. Y caía de él uno como rocío delgado y confortaba las cabezas", señala Bernal Díaz de Castillo.

Olid se instaló en Naco, cerca del río Manchalagua, a treinta kilómetros del suroeste de San Pedro Sula[15]. Los pinares que ahí comienzan a derrochar su aroma salvaje, le recordaban seguramente la tierra de Michoacán; y es posible que entre las carnes montaraces que le servían a la masa, figurase la del "paujil".

En aquel escenario ponían su nota diversa la casa del ayuntamiento y el real de Olid. La que le servía de residencia, frente a la plaza, "era más amplia, a otro costado, con fachada de piedra; y una iglesita por el lado del oriente, con sus muros de adobe blanqueado, sus techos de carrizo, una campanuela en lo alto de unos troncos sobre la puerta, alegraba con su sonora simplicidad esta placita de la Villa de Naco, de la cual partían callejas con chozas y casucas que ocupaban los indios y detrás de estos, extensos huertos donde a más de zapotes, cocoteros y otros árboles de la comarca, los

---

[15] El profesor Rubén Antúnez me informa que en el caserío que pertenece a la aldea de Cofradía, del departamento de Cortés, se llevó a cabo el asesinato de Olid y que se halla en terreno adyacente a los calpules que atestiguan la existencia de la vieja Naco; que al oeste y sur de la población corre el río de Naco, pedregoso y de regular caudal y afluente izquierdo del Chamelecón; y que aún puede verse una muralla que por dicho rumbo sirve de defensa.

castellanos cultivaban con éxito plantas de la península".

No eran opulentos los menús, pero sí variados: además del vino, el tocino, la harina y el aceite podían Olid y sus huéspedes disfrutar del chocolate, la chicha, el camote, la yuca, las tortillas de maíz, los frijoles y el pan cazabe. Los caciques llegaban con cargamentos de provisiones.

En las tardes cálidas les era grato saborear el líquido del coco, más grato si se los servían en su copa de hermosura primordial. Al caer la noche, encendidas las fogatas, Olid hacía evocaciones de sus días de Tenochtitlán y de Colima, de Tzintzuntzan y de La Habana, con Moctezuma y con Tzimtzicha. Le parecía que, aunque le faltaba aún el pleno dominio de la tierra, su caballo le llevaría en cualquier momento hacia el sur de aquel país enigmático, cuyos caciques se le entregaban sin resistencia, y en cierto modo la ociosidad y la molicie a que le invitaba el clima de Naco habían adormecido sus ímpetus para emprender duras batallas.

Aunque González Dávila y Las Casas eran sus prisioneros, no era difícil que apareciera de súbdito alguna flota de Hernán Cortés en Triunfo de la Cruz o que irrumpiese por algún camino de Guatemala. Las Casas le alababa mucho la tierra y Olid "le recontó los grandes trabajos que había pasado en llegar a ella y asimismo la conquista de ella".

Y cuando González Dávila le pidió que le dejara ir a España, Olid le contestó que no había navío, pero que le daría permiso en cuanto llegara. Era natural que los dos prisioneros conspirasen por desasirse de él; "y como andaban sueltos, sin prisiones, por no temerles en nada, porque se tenía por muy valiente Cristóbal de Olid, muy secretamente se concertaron con los soldados y amigos de Cortés que en diciendo: ´¡Aquí el Rey y Cortés en su real nombre, contra este tirano!´, le diesen de cuchilladas".

Entre bromas y chanzas, ya todo listo para la traición, un día le dijo Las Casas a Olid: "Señor capitán: soltadme; iré a la Nueva España a hablar con Cortés y darle razón de mi desbarate, y yo seré certero para que vuestra merced quede con esta gobernación, y por su capitán; y mire que es su hechura, y pues mi prisión no hace en su caso, antes le estorbo en las conquistas".

A lo cual le contestó Olid: "Estoy bien así, y que me place tener a un tan varón en mi compañía".

"Pues mire bien por su persona, que un día u otro tengo de procurar de matarle", dijo Las Casas, "medio burlando y riendo" (Bernal Díaz del Castillo).

Olid "estaba muy alegre y contento", al ver que dos capitanes eran sus prisioneros, "y como tenía fama de esforzado, y ciertamente lo era por su persona, para que se supiese en todas las islas, lo escribió a la isla de Cuba a su amigo Diego Velásquez" (Hernán Cortés de Salvador de Maradiaga).

Desde Naco proseguía haciendo nuevas entradas, habiendo encomendado una de ellas al capitán Briones.

Treinta días después de haber capturado a Las Casas, proseguía Olid en Naco en compañía de éste y de González Dávila, "holgando, comiendo y habiendo placer". Un domingo por la noche, después de haberse divertido montando a caballo, Olid y sus prisioneros acabaron de cenar, y alzados los manteles y retirados los maestresalas y los pajes, pues les trataba como amigos, conversaban sobre México y la aventura de Cortés.

Se hallaban presentes un tal Becerra, Gonzalo López, un tal Peña, Gaspar Hurtado y Juan Núñez del Mercado, y unos ochenta hombres más de los que habían llegado con los dos valerosos capitanes en desgracia. Olid conversaba sobre "cosas de placer". De repente sirvió un poco de carne de ave en el plato de Becerra, y éste le dijo socarronamente:

"Pues bien, que yo os daré la salsa de aquí a un poco...". Antes de que Olid, que estaba desarmado, se levantase de su asiento, fue atacado por Las Casas, mientras los demás echaban mano a las espadas, "y le dieron muchas cuchilladas y estocadas", y Las Casas[16] le dió un puntapié en el tórax y le hundió en la garganta un cuchillo de escribanía que traía en un borceguí, diciendo: "¡Ea, compradre, que ahora es tiempo!". González Dávila le hirió con una daga (El

---

[16] "Conoció la flaqueza de Olid, y con la reserva y el disimulo propios de su carácter, esperó la ocasión para deshacerse de Olid, y recobrar su fama proclamando a Cortés en medio de sus sublevados que le habían aprehendido". El bachiller Juan de Ortega de Ángel Núñez Ortega . El cronista de la "Isagoge histórica apologética" dice que Olid era más diestro en las guerras marciales que en las políticas.

testigo Muñana dijo que fue con puñal; pero Díaz del Castillo afirma: "cada uno tenía escondido un cuchillo de escribanía muy agudo, como navajas, porque ninguna arma se las dejaban").

Los de Olid estaban desprevenidos a pesar de que eran más. Todos estaban cenando, y aunque Olid dijo: "¡Aquí de los míos!", no se atrevieron a salir a su defensa, porque sonaron las voces de Las Casas.

—¡Aquí del Rey y de Cortés, contra este tirano, que ya no es tiempo de más sufrir su tiranías.

Olid salió huyendo hacia el monte ("...y le dieron 18 puñaladas con una daga y con todas las 18 puñaladas se les huyó y se les fue a esconder a una casa de un indio, muy mal herido, y llevaba consigo un pajecito; y viendo que se le iba tanta sangre tuvo temor de morir y díjole al paje que le fuese a llamar a su capellán". Historia de Honduras y de Pedrarias), y se escondió aquella noche en un arcabuco, sin que González Dávila ni Las Casas ni otros que salieron en su busca le encontrasen.

Olid estaba mortalmente herido. Francisco de la Muñana dio voces, llamándole, y al encontrarle exclamó:

—¡Ah, señor Cristóbal de Olid!

—¿Es Muñana?

—Sí, señor. ¿Quién os ha muerto?

—Francisco de Las Casas y Gil González Dávila y Becerra y Hurtado, alguacil mayor, y Núñez y Bello, y otros muchos. En todos confiaba y me han muerto a traición.

Entre tanto los asesinos se ufanaban, disputándose quién le había inferido la peor herida.

—Yo le di tal cuchillada...

—¿Qué le parece a vuestra merced —dijo otro dirigiéndose a Las Casas— cómo hemos hecho lo que prometimos?

Y no faltó soldado que dijera:

—¡Muerto es el traidor!

Dos horas después Las Casas y González Dávila habían apaciguado a las gentes y reducido a prisión a los principales partidarios de Olid. De repente, por pregón público, los habitantes de Naco fueron invitados a pronunciarse en favor de Rey y de Cortés, ordenando que se daría muerte a cualquier persona que supiese de Olid y no le descubriese.

Un clérigo se presentó pidiendo la vida de Olid en nombre de éste, antes de que se entregara; pero lo único que los traidores deseaban era saber en donde estaba escondido.

Pidieron al clérigo que les mostrase el escondite y aquella noche le hallaron, le llevaron "a un camuco de los indios", le curaron las heridas y le condujeron a la plaza del pueblo. Olid pidió que le dejaran confesarse y no se lo concedieron.

Volvió a oírse el pregón:

—Mandan los señores Gil González Dávila, capitán general de su Majestad, y Francisco de Las Casas capitán y teniente de gobernador por Hernando Cortés, a este hombre por tirano mandarlo degollar...

Una hora después, tras un simulacro de proceso, le degollaron, le cortaron la cabeza ("A usanza de los caballeros". América, historia de su descubrimiento desde los tiempos primitivos hasta los más modernos de Rodolfo Cronau), y la pusieron encima de un palo, colgada por la boca. Al mediodía siguiente enterraron su cadáver

LAS CASAS, SEÑOR DE LA TIERRA

Una vez que dieron muerte a Olid, Francisco de Las Casas fue proclamado capitán general por Hernán Cortés. Hizo pregonar que cada uno de los españoles se fuese a donde quisiese. Ciento diez hombres "dijeron que querían poblar", y los demás unánimemente que se querían ir con Francisco de Las Casas y con Gil González, que iban a incorporarse a Cortés.

Las Casas hizo en seguida varios nombramientos: Juan López de Aguirre, capitán y teniente, Juan Lope de Mendoza, tesorero; Juan de Medina, alcalde y contador: Alonso de Pareja, Antonio de la Torre, Sancho Esturiano, Lope de Perea y Francisco de la Muñana, regidores; Juan de Torquemada, escribano: Juan de Orvaneja, alguacil mayor; y, además, dio también nombramientos de veedor del oro a Esturiano y de procurador a de la Muñana.

Les ordenó en seguida que fuesen a poblar en la costa y golfo de Honduras y que la villa se llamase Trujillo. Entonces salieron cincuenta y cinco hombres a radicarse en Puerto Caballos, y como no les gustó la tierra acordaron dirigirse al Cabo de Honduras y que la gente se marchase por la costa. Y así fue fundada Trujillo.

Pocos días después Las Casas dio órdenes para regresar por tierra a México y capturó a González Dávila, "por temor del dicho Marqués del Valle" y al llegar a Macoloa, escogió los que debían de seguirle.

(Bernal Díaz dice: "Gil González envió mensajeros a San Gil de Buena Vista, que dejaba poblada, a hacer saber lo que había pasado y a mandar a un subteniente, que se decía Armenta, que se estuviese en poblados como los había dejado y no hiciese ninguna novedad, porque iba a la Nueva España a demandar socorro y ayuda de los soldados de Cortés, y que presto volvería").

En el camino hubo de ahorcar a Francisco Briones, Pedro de Palma, un clérigo de misa y un tal Trebejo "por revolvedores y amotinadores de ejércitos".

Las Casas y González Dávila llegaron a la ciudad de México en los días en que había gravísimos disturbios y atropellos. Sospechándose que Estrada y Albornoz iban a juntarse con ellos, el Oídor Peralmíndez Chirino les dio alcance cuando se hallaban a ocho leguas fuera de la ciudad, y regresaron a ésta, presos y despojados de sus caballos y sus armas. Estuvieron aposentados en la casa del tesorero Estrada, y una noche se presentaron Salazar y Chirino para catearla, acusándoles de que pretendían "alzarse con la tierra".

Las Casas se marchó hacia Oaxaca, en donde tenía un repartimiento de indios en Yanhuitlán.

El obispo Zumárraga decía en carta al Rey: "Así mismo teniendo acordado el presidente e oidores de quitar a Francisco de Las Casas ciertos indios que tiene en las minas se los sostuvo el licenciado Matienzo, porque un hacedor del dicho Francisco de Las Casas le diese por muy poco precio una cuadrilla de esclavos diestros que tenía en las minas; y que así aquella como otras que tiene se las mantengan los indios de Francisco de Las Casas; y así se le vendieron y mantienen". En la Relación de los pueblos de indios de Nueva España que están encomendados en personas particulares descontando el diezmo que se paga, se lee: "Aguitlán, encomendando en Gonzalo de Las Casas, hijo de Francisco de Las Casas, que fue primero tenedor, está tasado en dinero, maíz que vale mil y quinientos pesos". En dicha encomienda eran tributarios tres mil trescientos cincuenta y cuatro indios.

Poco después les abrieron proceso y les condenaron a muerte —Dice Bernal Díaz del Castillo que los sentenció a degollar— "por haberla dado muerte a Cristóbal de Olid".

Al regresar Cortés a la ciudad de México hizo mercedes a Las Casas y le confirió el grado de capitán. Hacia 1526 Cortés tuvo desavenencias con Las Casas, por un navío que el segundo tomó a Francisco Camacho y Ruy Díaz de Segura en Triunfo de la Cruz.[17]

González Dávila volvió a España después de haber escrito el 20 de noviembre de 1522 una carta al Rey, pidiéndole que le permitiese "ir sin prisiones a Castilla".

Casi a su llegada, después de haber estado preso, murió en Ávila, el 21 de abril de 1526, "dejando hijos pequeños de su mujer doña María de Guzmán, a quien por Real cédula del 3 de agosto de 1535, mandaba pagar a la Casa de Contratación 40 ducados, resto del salario del capitán que el real tesoro adeudaba a Gil el desventurado explorador".

CORTES RUMBO A LAS HIBUERAS

El séquito de Cortés. La vajilla de oro y plata. "¡Ay tío volvámonos!". Hambre, sol y lo desconocido. El visitador Moreno. La distante, lejana, remota Honduras.

Como Cortés supo que Cristóbal de Olid se había alzado con la armada en favor de Velásquez, gobernador de Cuba, estaba muy pensativo. —**Bernal Díaz.**

Así que Hernán Cortés se convenció de que Olid le había traicionado y de que su primo Las Casas no le daba noticias,

---

[17] En carta de Cortés a su padre don Martín (México, 26 de septiembre 1526) le dice: "Ya vuestra merced habrá sabido cómo Francisco de Las Casas tenía no sé qué diferencias con un Ruy Díaz de Segura sobre un navío que le piden, que dizque envió donde estaba Cristóbal de Dolid y témése que por esta causa se le embargará ciertos pesos de oro que Juan de Rivera le llevaba".

resolvió marchar hacia Honduras. "No era Cortés hombre que pudiese sufrir tal agravio, sin tratar de imponer por sí mismo el castigo" (Disertaciones sobre la historia de la República de Mexicana de Kucas Alamán).

El mal ejemplo de Olid podía cundir entre los otros capitanes a quienes había ordenado que incursionaran en el México desconocido. Al saber que su implacable enemigo Diego de Velásquez había muerto, y que su paisano Manuel de Rojas, casado con una pariente suya, era el nuevo gobernante de la isla, "coligió que los amigos del muerto pasarían a Hibueras a unirse con Olid para su ruina" (Los tres siglos de Méjico durante el gobierno español de Andrés Cavo).

"Para apreciar debidamente la temeraria audacia de aquella determinación del conquistador de México, es necesario reflexionar que iba a emprender un viaje de mar de quinientas leguas, teniendo que atravesar selvas impenetrables, ríos caudalosos y ciénagas profundas, en un país enteramente desconocido y en parte desierto; con un clima abrasador y malsano y falto de los recursos necesarios para el mantenimiento del numeroso ejército y ostentoso séquito que debía acompañarlo", (Historia de la América Central de José Milla).

Aquel viaje desvió las rutas de Cortés. "Es que no creía en su obra acabada", relata Jesús Romero Flores en la obra Cristóbal de Olid. "Con una gobernación en la que desplegaba inmensas facultades, dió la espada a su destino y se hundió en la selva... A pesar de todo, no quedó nulificado. Esto era imposible. Pero se truncó su obra. Y su papel en adelante fue de segunda clase" (Carlos Pereyra en el libro Hernán Cortés).

Lo corrobora Salvador de Maradiaga al afirmar que Cortés cometió uno de los errores más trágicos de su vida: "Desertó el puesto que le correspondía de gobernador general y creador de un país nuevo, rebajándose al nivel de Olid, en lugar de permanecer en la cumbre, dispuesto a castigar al rebelde con el brazo de uno de sus capitanes, y aún perdonarle. Cortés dio así leña al fuego que sus enemigos estaban entonces encendiendo en España contra él, permitiéndole que lo pintasen ante la corte como el aventurero de siempre; a la vez que exponía su persona a peligros y penalidades que iban a quebrantar su salud como ninguno de los trabajos que hasta entonces había pasado", (Hernán Cortés de Salvador de Maradiaga).

Cortés se condujo con gran sigilo en medio de los primeros rumores de su viaje a Honduras. Escribió al Rey aprovechando el viaje de Lope de Samaniego, anunciándole "que no iría al camino para las Higueras", contra Olid, y hasta dio a entender al contador, cuando envió a Las Casas, "que le enviaba a descubrir el estrecho, si lo había por la parte del sur".

Pero al salir de la ciudad de México, el 12 de octubre de 1525, "dijo que iba a conquistar a los zapotecas e otras provincias, e aunque todo tuvieron creído que iba contra Cristóbal Dolid". Cortés envió a Guatemala un mensajero especial a Pedro de Alvarado "con una carta por la cual le mandaba que luego se partiese con toda la gente de guerra que ahí tenía", pidiéndole que se juntaran "en el camino de Higueras por el cual iba contra Olid", y en vista de tal carta, Alvarado se dispuso a darle la ayuda que le pedía, dejando despoblada la ciudad que había fundado en aquel país.

Los alcaldes y los regidores de la nueva ciudad le requirieron para que no la despoblase, "porque era de servicio de su Majestad y que ellos no querían ir" contra Olid, alegando que éste era servidor del Rey y que Cortés "quería vengar sus diferencias que con él tenía que no era bien que se hiciese a costa de su Majestad despoblando sus tierras".

Alvarado les dijo "palabras feas a los dichos regidores y alcaldes y les quitó las varas y oficios y les maltrató e hizo otros oficiales diciendo que aquello convenía al servicio de Cortés".

El viaje fue, en verdad, una de las más audaces aventuras cortesianas. Un viaje fastuoso, como los de un gentilhombre romántico, que salía al encuentro de tierras con indios bravos, aguaceros torrenciales y largas tardes calurosas. Iban con él 150 jinetes, 250 de infantería y 3,000 indios mexicanos, un mayordomo que se tuteaba con el maestresala, un repostero que cuidaba la vajilla de oro y plata, un médico, un barbero, un camarero que sabía muchas cosas, dos cazadores con halcón, muchos tañedores de zacabuches, dulzainas y chirimías, mozos de espuela, pajes que le adulaban en las siesta, y además del caballerizo y de otros hombres leales, un sortílego que hacía muchas gracias y disputaba aplausos al titiritero.

Sobresalían en el cortejo el rey Cuauhtemotzín, el señor de Tacuba y otros príncipes mexicanos. Nadie habría creído que tal viaje fuese el de un aventurero que hacía pocos años esperaba pacientemente en la antesala del gobernador de Cuba. Y para completar el esplendor de aquel escenario en que era gran protagonista, se llevó a doña Marina, a varios predicadores franciscanos, un clérigo y un fraile de la Merced. Contar las sorpresas que le salieron al encuentro en la ruta "fuera cosa maravillosa. Entreteníale el fastidio el bufón Salazar, quien se le unió en el camino, se quitaba la gorra inclinándola mientras hacía venías y canturreaba palabras melancólicas: "¡Ay, tío, volvámonos!", y don Hernán le respondía:

Adelante mi sobrino,
y no creáis en agüeros
que será lo que Dios quiera...
¡Adelante mi sobrino!

Ya para llegar a Orizaba —donde fueron las bodas de doña Marina con un soldado de la expedición—, Cortés pasó bajo las enramadas de pino que le preparó Bernal Díaz y fue recibido con simulacros de batallas de moros y cristianos, con fuegos de artificio y con otras cosas que alegraban a los andariegos.

Iban a través de ciénagas donde pululaban los mosquitos; bajaban hacia las hondonadas en que la vegetación del trópico alza sus arquitecturas monumentales, y de vez en cuando, hacia el atardecer, mientras en lo gris del cielo resbalaban las aves de presa que siguen a los ejércitos hambrientos, salían los indios a ofrecerles maíz tostado, flores y miel de abejas.

En Coatzacoalco (hoy Puerto México) le dieron al señor capitán un mapa dibujado sobre lienzo de henequén, y al pasar cerca de las ruinas de Palenque, comieron raíces venenosas que les enrojecía la lengua y algunos murieron así. A lo largo de las montañas iban abriendo paso, y muchas veces, después de tres días de no ver más que el cielo y de encaramarse a los árboles más altos para divisar tierra, volvían al lugar donde antes estuvieron. Los caballos se atollaban. La brújula servía de algo en el océano verde e ilímite de las espesuras tropicales. Y más hubiera valido "tener maíz que comer que tener música", pues aunque el tañedor de chirimía conjuraba los enojos del señor capitán, el hambre no se consolaba con hojas de esmeralda ni con los cogollos melíferos.

Sobre la epidermis milenaria de las ceibas los expedicionarios se entretuvieron grabando, como sobre papiro, la frase más bella en la aventura: "Por aquí pasó Cortés2. Un día se supo que los caciques habían hecho cecina a un indio, y ese fue el fútil pretexto para que don Hernán ahorcase en Cuauhtémoc, mientras los frailes predicaban "cosas muy santas y muy buenas".

Envió en seguida a la costa norte en busca de bizcochos, aceite, vinagre y tocinos, que le llevarían en navíos desde la Villa Rica de la Veracruz, y para entretenerse, Cortés comía al par de su gente la carne de iguana, que es tan sabrosa como la del mejor pescado de agua dulce, así como las frutas cortadas al azar en las huertas o puestas a madurar en los silos de las cabañas. Se construyó un puente que tenía una legua de largo, con troncos tumbados y ramazones que se doblaban al paso de la caballería.

Cierta vez Bernal Díaz salió a encontrarle con cargas de maíz, gallinas de la tierra, frijoles y frutas; y como sucediera que la tropa presintió el arribo de aquel precioso cargamento, hubo más de un golpeado por llegar primero que el capitán, y éste se quedó con las ganas. Y como iban atrás unos cerdos, que reventaban de gordos, la tropa comenzó a murmurar contra los glotones de la corte ambulante, y don Hernán se quejaba amargamente así:

"¡Oh, señor hermano Bernal Díaz del Castillo, que por amor de mí, que si dejásteis algo escondido en el camino, que lo partáis conmigo!".

Y el soldado cronista le contestó con unos jarros henchidos de miel y con dos indias que amansaban un pan muy sabroso (Un criado del contador Rodrigo de Albornoz alcanzó a Cortés antes de entrar en la provincia de Tabasco, mientras se dirigía a Honduras, y lo enviaba para ver si quería "mudar la opinión de ir a aquel camino contra Cristóbal de Olit, por el mucho deservicio que vuestra Majestad de ello recibía y tanto daño la tierra y los cristianos, me escribió iba en su determinación y porque la gente donde ya llegaría de allí adelante, pasado él, quedaría de guerra, y yendo mensajeros o poca gente, los matarían, que no le enviásemos persona ninguna".

Otro día llegaron unos mensajeros besando la tierra, tocándola con respeto, mientras arrojaban guirnaldas de flores que también el aire agradecía. Los soldados dormían en despoblado, aunque la noche se complicara de estrellas o los aguaceros se desgajaran, pues techos no había aunque llevaran pechuga de gallina o pernil de venado. Por el camino iban quedando las luminarias que hacían con troncos en el bosque en que zumban las abejas feroces y el carpintero cuida en su hueco muy alto a la parvada vocinglera. Y era de ver a los expedicionarios, en torno a las fogatas, bajo el ciclo encandilado de luceros divinos, acampando al rescoldo, contándose episodios de la conquista de México o entregándose a dulces memoranzas si entre la lumbre parecía surgir el canasto con pan dorado o el cuero con vino...

Cortés fue saludado como un rey en la tierra del Petén; allí había casa blanqueadas de cal y hubo misa cantada, bajo toldo de ramas, con música de chirimía y zacabuche, y el cacique, al permitir que le bautizaran, pidió una cruz y besó la tierra en señal de rendimiento, Fue entonces cuando Marina repitió en la lengua de los naturales los sermones predicados aquella vez, y los expedicionarios se pusieron de rodillas devotamente.

El cacique petenero regaló a Cortés lo mejor de la tierra: aves de corral, ambrosía, mucho oro y unos caracoles rosados que eran primor. Cortés correspondió al agasajo con un banquete en que sacó a relucir la vajilla. Antes de proseguir el viaje dejó su caballo enfermo en poder de los indios para que se lo cuidasen hasta que regresara; y cuenta el cronista que el infortunado bucéfalo murió de hambre en manos de sus cuidadores, porque los médicos le recetaban miel y carne de gallina como alimento y le ofrendaban copal como si fuera un ídolo.

La expedición escapó de dejar los huesos en una sierra hostil. "Dimos muchas gracias y loores a Dios", dice Bernal Díaz. "Miren los lectores qué Pascua florida podíamos tener sin comer, que con maíz fuéramos muy contentos". Pasó el ejército a la sombra de vastos cacaotales, y a Cortés los "ayotes" se le antojaban melones del país, y hasta se rumora que comieron lagartos y otros animales inmundos que no eran para los manteles de aquel príncipe errabundo. Bernal escribió cierto día a su jefe sobre el cuero de un tambor, con tinta hecha de unas cáscaras amargas: en ella le decía que saliera a encontrarle a varias leguas, pues le llevaba magníficas provisiones: cacao, sal, chiles, maíz y carne salada.

Después de atravesar serranías calientes, entre largos reverberos de sol, y de vadear lagunas en que se quedaron hundidos arneses incrustados de plata, el ejército divisó la primera población de Honduras. Ya para llegar a la desembocadura del río del Golfo Dulce, unos soldados que se habían adelantado para saber lo que pasaba en Nito, vieron a cuatro españoles, cortando zapotes en una huerta que había junto a un estero caudaloso. Allí supieron que Olid había muerto a manos de Francisco de Las Casas y que éste había regresado a la Nueva España.

Un tal Alfonso de Ortiz corrió a dar las albricias a Cortés, y Sandoval le regaló "cabeza de Moro", un caballo pintiparado. Poco antes se aproximaron al pueblo de Ocolizte, y dispuso Cortés enviar a Sandoval para que averiguase si "eran muchos españoles los que estaban poblados con Cristóbal de Olid porque en aquella sazón" no creían que "hubiese otro capitán en aquella tierra".

El plan de Cortés era caer sobre Olid, por la noche, tal como lo hizo con Narváez, "y prenderle a él y sus soldados", cuenta Bernal Díaz del Castillo.

Al entrar por Golfo Dulce, llegaron a Zinacantencintle, San Andrés de Puerto Caballos, Sula, Quimistán, Naco y Trujillo ("Y así volvió para México, muy quieto y amado de los indios por los buenos tratamientos que les hizo y dádivas que les dió y hasta el día de hoy lo lloran los indios que son vivos y desean verlo" Cristóbal de Pedraza en su libro Onduras e Igueras. 1544).

En la ruta, después de sufrir el sol iracundo y los aguaceros deshechos, se alimentaron con pan de cazabe, zapotes, aguacates y buen pescado. Fue un viaje desastroso, que modificó profundamente la sensibilidad de Cortés y trastornó muchos de sus planes.

"...En el cual viaje padeció muy grandes trabajos no vistos ni oídos entre ninguno de los romanos, porque anduvieron más de 500 leguas perdidos sin caminos, por montes y sierras, pasando grandes ciénigas y ríos a nado y en balsas, y muchas hambres donde se comieron todos los caballos y vinieron en tan grande estrechura que se comieron algunos de ellos unos a otros, entre los cuales por dicho de uno que se dice Medrano Cheremia, que es al presente de la iglesia de Toledo, natural de..., que se halló en este naufragio, dijo a mí el obispo y a otras muchas personas que él había comido de los sesos de un Montesino, sacabuche, natural de la ciudad de Sevilla, y de las asaduras y sesos de Bernaldo Caldera, hermano del licenciado Caldera que estuvo mucho tiempo en el Perú, y de un sobrino del dicho Caldera, que se murieron de hambre".

En él se disputaba la supremacía diversos intereses, uno de ellos el que codiciaba la jurisdicción sobre tierras desconocidas. Muchas de las discusiones y muertes de cristianos, Sacra Majestad, que en estas partes han sucedido entre los cristianos y vasallos de V.M. han sido sobre los límites y lugares de los gobernadores que por V.M. han venido en estas partes, como entre Pedrarias y Gil González Dávila y el gobernador Hernán Cortés y Cristóbal de Olid, hacia el cabo de Higueras, que unos y otros han venido a concurrir ahí" (Colección de documentos para la historia de México de José Dolores Gámez).

EL VISITADOR PEDRO MORENO

...los oídores del Consejo de Santo Domingo enviaron a un caballero a Honduras, porque había muerto ahí pocos días había a un caballero que había el Marqués del Valle, de México, a descubrir aquella tierra. (Relación de Santacruz).

El 15 de mayo de 1525 surgió en Trujillo el barco en que la Audiencia de Santo Domingo enviaba al bachiller Moreno para sosegar la tierra. Los oidores habían recibido orden del Rey para que se averiguara todo lo relativo a los disturbios entre González Dávila y de Olid, y a la vez los oficiales que ambos capitanes se hallaban poblando, a una distancia de 40 leguas entre sí "en toda paz y conformidad". Supieron también que Francisco de Las Casas había salido contra Olid con órdenes de Cortés para apostársele en el pasaje por donde "habían de entrar los navíos que fuesen con bastimentos al dicho Golfo de Higueras", los capturase y no les dejase entrar socorro, mientras llegaba por tierra la expedición de

Alvarado —el adelantado D. Pedro no llegó a Trujillo por saber que Cortés se había embarcado para México— y que si algunos navíos enviasen oro o relaciones de Olid y de Gil González, los enviasen con las personas importantes que en ellos fuesen.

Las noticias se referían a la vez a la presencia de Hernández de Córdoba, enviado de Pedrarias Dávila, desde Panamá en busca de la Mar del Sur. El bachiller Moreno, que era fiscal de la Audiencia de Santo Domingo, además de sendos despachos para Olid y González Dávila, llevaba las siguientes instrucciones:

1ª. Que procurase encontrar la armada de Las Casas y le notificase ante escribano la provisión de la Audiencia, a nombre del Rey, en virtud de la cual se le ordenaba que regresase inmediatamente a la Nueva España y no perturbase los movimientos de los navíos de Olid y de González Dávila, y el aprovechamiento del Golfo de Higueras; y que si algún derecho pretendía Cortés, debía pedirlo ante la Audiencia, que le haría "entero cumplimiento de justicia".

2ª. Que notificase a Hernández de Córdoba la provisión por la cual se le ordenaba que dejase "poblar y pacificar libremente" a González Dávila y a Olid en la tierra y provincias "do ansi primero ovieren llegado o descubierto".

3ª. Que fuese a Honduras, pasando primero por Santiago de Cuba y ahí entregara una carta de la Audiencia para el teniente de gobernador y los oficiales reales, comunicándoles la comunicación que se le había dado, para que a fin de desempeñar mejor su cometido, obtuviese algunas noticias sobre González Dávila y Olid; y tomase un piloto que lo llevara a los puertos en que se hallaban dichos capitanes, y luego iría a Trinidad para recabar nuevos informes sobre ellos y Las Casas.

4ª. Que una vez que en Cuba se abasteciera de agua, yerba y leña y encontrase piloto, procurase ir hacia el puerto en donde estaba González Dávila y le entregase la carta y provisión por la cual se le mandaba "que a donde llegare y hallare otros españoles poblando no se entrometa en alterar ni innovar cosa alguna", por el daño y escándalo que de lo contrario se podría seguir, y el rehusar y obedecer lo harían "bajo graves penas2; y después hiciese igual notificación a Olid, lo mismo que a Pedro de Alvarado si éste hubiese llegado con gente de Cortés.

5ª. En el caso de que al llegar a Honduras encontrase que se habían roto las hostilidades, hiciera amonestaciones y atrajera a los disidentes para que "entrasen en paz y sosiego y que el resultado de sus investigaciones debía remitirlo a la Audiencia, y si le pareciera conveniente, les dijera que se presentaran ante ella en demanda de justicia".

6ª. Que recibiese de dichos capitanes "todo el oro, perlas y otras joyas que a S. M. le hubieran pertenecido, de su quinto y otros derechos, para que se le pueda enviar en los primeros navíos".

7ª. Que obtuviese informaciones sobre la forma en que Cortés había despachado la armada de Olid, las instrucciones que le dió, lo que Olid había hecho y todo lo relativo a éste, procurando que no se disgustase; y

8ª. Que averiguase el paradero de los vecinos de Cuba que se habían fugado hacia Honduras "llevándose muchos niños naturales"; y regresara éstos "a las personas que los tuvieran a su cargo".

El bachiller Moreno llegó a Trujillo a bordo del navío "Trinidad", cuyo piloto era Juan de Logroño, y le acompañaba el escribano Pedro de Ledesma. A su llegada supo que tres días antes había sido asesinado Olid y que González Dávila y Las Casas marchaban rumbo a México. Su conducta fue de tal manera deplorable, que en vez de conducirse con circunspección, perpetró numerosos abusos que dieron pábulo a nuevos desórdenes, que a la larga trastornaron la vida social y política de la flamante colonia.

Y todavía a fines de aquel año nefasto, el Rey —a quien desde las Antillas llegaban, con lentitud de gaviota, las noticias— daba instrucciones (4 de noviembre de 1525) al licenciado Luis Ponce de León, visitador de la Nueva España a fin de que inquiriese los que había pasado en la distante, lejana, remota Honduras, que en el Mar Océano era un imán telúrico que convocaba a las gentes del Norte y Sur en busca de aquel oro legendario que sustituía al plomo en las redes de los pescadores.

BIBLIOGRAFÍA DE CRISTÓBAL DE OLID

En una de las más andaluzas ciudades que el Guadalquivir baña y decora, en Baeza, —la Baecia de los romanos, la Biatria de Tolomeo, la Viesa o la Bayesa de la morería—, cuya primera imagen geográfica aparece en Plinio, nació en 1488 Cristóbal de Olid, de Oli, de Olide, de Olite o Dolid, que tal aparece su apellido en las historias, unido al de una familia de hidalgos, pero más aún a la hazaña española que en el Nuevo Mundo superó a las del mundo antiguo.

APÉNDICE

RAFAEL HELIODORO VALLE: A CIEN AÑOS DE SU NACIMIENTO

Referirse a la personalidad y la obra de Rafael Heliodoro Valle es hacer justicia a la memoria de uno de los intelectuales más brillantes y uno de los prosistas más puros y sensibles que han honrado a este suelo. Por ello, nos sumamos con entusiasmo a la celebración del centenario de su nacimiento. En este breve trabajo intentaremos, fundamentalmente, hacer una reseña de la producción literaria más sobresaliente de Valle, con el fin de perfilar, someramente, sus virtudes como escritor, una de sus facetas más destacadas. Para ello, trazaremos en primer lugar el necesario marco referencial, consistente en una sucinta biografía del autor y su ubicación en el panorama histórico de las letras nacionales.

Rafael Heliodoro Valle nació en Comayagüela el 3 de julio de 1891 y murió en la ciudad de México el 29 de julio de 1959. Fue historiador, periodista, cronista, crítico, ensayista, narrador, poeta, en fin polígrafo ("el más grande polígrafo hondureño del siglo XX" lo llama Ramón Oquelí).

Según Raimundo Lazo, fue "autor de copiosa y variada biografía activa que es como el resumen de una época". Actuó, además, como funcionario, diplomático y docente universitario: fue Sub-Secretario de Educación Pública, Cónsul de Honduras en Mobile, Alabama. Cónsul en Belice y Embajador de Honduras en los Estados Unidos (1949-1955); se desempeñó como catedrático en la Universidad Nacional de México y como Director de la Sección de Bibliografía de la Secretaría de Educación Pública del mismo país.

Dentro de su vasta labor periodística, se destacó como columnista de los diarios mexicanos Excelsior, El Universal y El Universal ilustrado. Asimismo, fue colaborador de otros importantes periódicos y revistas de distintos países de América. En 1940 la Universidad de Columbia en Nueva York, le concedió, el premio de periodismo Marie Moors Cabot.

Fue fundador y miembro de número de la Academia Hondureña

de la Lengua. Publicó más de cincuenta libros, entre ellos: Cómo era Iturbide; La anexión de Centro América a México; San Bartolomé de Las Casas; Para una biografía de Hernán Cortés; Cristóbal de Olid, conquistador de México y Honduras; El perfume de la tierra natal; Ánfora sedienta; Unísono amor; Contigo; México imponderable; Tierras de pan llevar; Visión del Perú; Flor de Mesoamérica; Historia de las ideas contemporáneas en Centro América y otros.

Cabe destacar su enorme preocupación por sistematizar y difundir el patrimonio cultural de su patria, esfuerzo que se traduce en su documentada Historia de la Cultura Hondureña,.

Como literato, Valle cultivó, en gran parte de su obra, los moldes expresivos y la temática del Posmodernismo, esa escuela de transición que se ubica entre el modernismo y la vanguardia. Sus preferencias se orientan, por lo tanto, hacia la sencillez estilística y la temática sentimental y cotidiana.

Como poeta, su composición más conocida es "Jazmines del Cabo", de 1913. En este poema Valle usa la décima, retomando ritmos propios del Romanticismo español (recordamos que era la estrofa preferida de José Joaquín Palma; el poeta cubano que ejerció magisterio entre los románticos hondureños). El comienzo, muy popular en Honduras, dice así:

> ¿Por qué causas misteriosas
> la música de un violín
> o el perfume de un jazmín
> nos recuerdan muchas cosas?
> Sortijas de aguas preciosas,
> pañuelos de raso y tul,
> cartas dentro de un baúl,
> valses de tiempo pasado,
> y lo del cuento azulado:
> éste era un príncipe azul.
>
> Esa flor nítida es una
> cosa de la primavera:
> un jazmín que Ella nos diera

en una noche de luna.
¡Quién sabe por qué fortuna
esa romántica flor
puede expresar el temblor
sutil que en el alma vive,
eso que nunca se escribe
en una carta de amor!

En el léxico de esta composición se perciben todavía los ecos del modernismo rubendariano. Nótense, al respecto, los vocablos que se refieren a imágenes sensoriales diversas y describen un ambiente cortesano y elegante: "Música de un violín", "Perfume de jazmín", "Sortijas de aguas preciosas", "Pañuelos de raso y tul", "Cuento azulado", etcétera.

Pero en conjunto, más que el decorativismo modernista, pesa en este poema la influencia de la escuela romántica becqueriana; un romanticismo de tono menor, que se apoya en la fuerza de lo vago, lo impreciso, lo impalpable, como en la expresiones: "Temblor sutil que en el alma vive" y "Eso que nunca se escribe/en una carta de amor".

Vemos, entonces, como el afán de reaccionar contra la orfebrería verbal del Modernismo, lleva a los posmodernistas a recuperar ritmos y motivos de la lírica decimonónica, la que, como ellos, se interesaba más por la fuerza de la emoción que por el impacto de la palabra.

Pero pecaríamos de esquematismo y simpleza si encasilláramos a Rafael Heliodoro Valle en los moldes exclusivos del Posmodernismo. El influjo del genio rubendarista no fue demasiado poderoso, y Valle no pudo sustraerse al cultivo de ciertas notas fundamentales del modernismo, como la musicalidad, el léxico exotista y los malabarismos verbales, que despliega, por ejemplo, en los poemas "Éxtasis humilde" y "La casa de las amatistas".

En otras composiciones, en cambio, la adhesión de Valle al Posmodernismo es plena: por ejemplo, en "Mi prima Carmen", poema compuesto en 1945, donde el sencillismo expresivo y el tono fuertemente sentimental proporcionan las claves estilísticas esenciales.

La última estrofa dice:

> Dulce niña de Honduras, morena y florecida
> que pasas por la vida como por un jardín:
> el amor es la exacta presencia de la vida
> y la vida es un breve perfume de jazmín.

Además de los afectos familiares, Valle abordó con entusiasmo el tema patriótico, circunstancia que desvirtúa, una vez más, aquel remanido argumento según el cual, para ser patriota, se debe residir siempre en su propia tierra. Como sabemos, Valle vivió mucho tiempo en otros países, especialmente en México: sin embargo en su obra abundan las páginas dedicadas a Honduras, donde se capta su paisaje y su patrimonio cultural.

Una de ellas se titula, precisamente, "El poema de Honduras". Esta extensa composición en la que predomina el verso libre (ya cercana al vanguardismo) fue escrita en Washington en 1954 y es como un rescate lirico de la geografía y la historia nacionales. Contiene, también, reflexiones morales en torno al destino de la patria.

El poeta expresa el dolor que le ocasiona un pasado de ignominia, pero también manifiesta su esperanza en un futuro de Justicia y realizaciones:

> ¡Jamás! Esta palabra impura no debes repetirla;
> no vuelvas al pasado, ni mires tu ignorancia, que el futuro
> /está en flor
> y aún puedes cultivarlo; no la gastes, ahórrala,
> no para el odio estéril; no vuelvas al pasado
> que te puso en el mapa con horrendos colores,
> y que manchó tu azul y tu blanco y tus pinos,
> que son la primavera, La imagen del futuro te aguarda
> como novio, a tu puerta, sonando su guitarra
> con el cuello adornado de jazmines insignes.

En general, la poesía de Valle, si nos apegamos a criterios de valoración estrictos, no presenta una calidad homogénea. No sucede lo mismo con su labor en prosa, donde se revela como un fino esteta. Muestra acabada de ello es el exquisito libro titulado Tierras de pan llevar, de 1939.

Contiene esta obra sesenta "estampas2 (por aplicar una metáfora plástica a los diferentes materiales que alternan en ella), donde se combinan recuerdos de infancia, leyendas, retratos de personajes históricos y populares, tradiciones diversas, paisajes; en síntesis, todo un compendio de cultura regionalista tratado con ternura, nostalgia y candor de "hombre-niño" y, de vez en cuando, con chispazos de un humorismo inteligente y juguetón.

Por la obra desfilan personajes populares tan seductores como el Achín, el vendedor ambulante que, en la Honduras previa al embate de los medios masivos, fascinaba a las gentes de los pueblos por su talento para narrar, a modo de un juglar moderno, visiones legendarias de países remotos. Similares virtudes, trasladadas al ámbito doméstico, presenta "La Leonor", la vieja criada que le contaba al autor, cuando era niño, bellas historias de encantamientos.

Con estos seres extraídos del recuerdo, alternan figuras de la fantasmagoría popular, como la Sucia, que circula por los relatos de la vecina Doña Dominga, en cuanto a los personajes históricos, sobresalen dos sacerdotes ilustres: Fray Manuel Subirana y el Padre Reyes, evocados con ternura y veneración.

Particularmente simpático es el relato titulado "Lluvia de peces en julio", donde se narra ese fenómeno tan misterioso y poético que se da en Yoro y que nos certifica que vivimos en tierras donde prolifera, en los hechos, el "realismo mágico".

Tampoco está ausente la evocación del mundo maya, con la seducción de sus leyendas y el encanto de sus ruinas (véase "El tigre alado").

En cuanto a las cualidades estilísticas de Tierras de pan llevar, es difícil, en tan breve espacio, resumirlas y ejemplificarlas. Baste señalar dos virtudes significativas: en primer lugar, el acierto en el punto de vista elegido, ya que el enfoque de tan diversas fuentes responde a una óptica eminentemente subjetiva; todo lo procesa y reelabora el "yo" del autor. En segundo término, cabe destacar el adecuado tratamiento temporal de cada una de las historias o páginas descriptivas del libro, en el que resulta notable el predominio de versos en pretérito imperfecto de indicativo.

Éste es un índice elocuente del carácter evocativo y, hasta cierto punto, elegiaco que, en general, tiene el texto. El valor aspectual de este tiempo —propio de la rememoración de acciones habituales— nos remite a toda una época dorada de la vida del autor (su niñez) y también a la infancia de su pueblo (sus raíces históricas, sus tradiciones folklóricas, sus mitos) dos ciclos en cierto modo clausurados, que logran, sin embargo, proyectarse hacia el presente por la vía del arte. Citaremos a continuación un fragmento que ejemplifica las virtudes estilísticas a que nos hemos referido en el párrafo precedente:

"¿Dónde estará la vieja criada que en las noches de invierno, cuando las palmas benditas nos libraban de los rayos, me conducía hasta el jardín aquel en que brillaba una toronja y un pájaro decía palabras de maleficio? La pobre mujer se parecía entonces a las reinas hermosas de sus cuentos; y cara comida de viruelas se le asomaba el alma por aquellos ojos de una dulzura verde". (Tierras de pan llevar),

Esta reseña, tan somera y parcial, no puede transmitir, ni siquiera tangencialmente, el encanto y la delicia que se experimentan al leer Tierras de pan llevar. Remitimos, por ende, a los lectores que no hayan tenido el privilegio de hacerlo, a un acercamiento directo con este libro tan placentero como sustancial dentro del acervo literario de Honduras. Tengan la seguridad de que se han de deleitar y purificar, como quien se baña en las aguas frescas y limpias de nuestros ríos de montaña, generosos, incontaminados y entrañablemente propios. Así creo que es la obra de Valle: como un recuperar la infancia, el amor a la Humanidad y a nuestra tierra, es decir lo mejor de nosotros mismos.

Por SARA ROLLA. Tomado de la Revista de la Academia de la Lengua N° 9, julio-diciembre de 2003).

AMÉRICA EN LOS TIEMPOS DE RAFAEL HELIODORO VALLE

Tiempo Primero: La Reforma Liberal (1870-1910) Que "La Historia de Honduras puede escribirse en una lágrima" es, quizás, la expresión más citada de Rafael Heliodoro Valle. Por ella aprendimos que es la nuestra una historia pequeña y triste pero digna y entrañable, como toda buena lágrima.

En la Calle Real de Comayagüela vino al mundo el maestro Valle, un tres de julio de 1891. Por ese entonces ya podía entonarse un responso a la cúpula política de la reforma liberal hondureña, que se estaba desmoronando, a quince años de haberse instaurado y proclamado el sistema como una nueva era.

Lucas Paredes, en "Drama Político de Honduras", atribuye las máximas responsabilidades de la ruptura del proceso a la desmedida ambición del líder liberal Policarpo Bonilla y recoge, entre otros juicios negativos, uno de Paulino Valladares: "el río de sangre que trajo la bancarrota total de la Patria fue derramado por don Policarpo Bonilla", refiriéndose a la serie de acontecimientos violentos que entre 1890 y 1894 culminaron con el ascenso al poder de este dirigente y su revolución llamada libertadora.

Honduras, según el censo levantado en 15 de junio de 1887, bajo la responsabilidad de don Antonio R. Vallejo, daba un total de 331.917 habitantes. Tegucigalpa totalizaba 12.585 y la vecina Villa de la Concepción o Comayagüela, en la que cuatro años después nacería Valle, 2.557. La capital, en su conjunto, tenía un poco más de quince mil habitantes, menos que un 5% del total nacional.

La política gubernamental de la Reforma, bien patente en las administraciones del General Bográn (1883-1891), manifestaba tendencias autoritarias, que le eran consustanciales. El partido progresista que se estaba oficializando, inspirado en Ramón Rosa, creía imposible aplicar en Honduras los postulados del auténtico y más democrático liberalismo. Al rescate de ese liberalismo y de sus ideales se levantó Policarpo Bonilla, con fuerte apoyo entre la juventud estudiosa. Su acción, en gran medida refleja, evitó en Honduras la dictadura reformista, que también Rosa criticaba. Pero, a la vez, abrió las puertas a la disensión y a un nuevo ciclo de guerras civiles, aupadas por ambiciones personales, ciertamente, pero no en menor grado por otras condiciones como el localismo, la dispersión poblacional en una difícil geografía, la poca coherencia en los intereses económicos y la poca consistencia del poder central. Las reformas liberales fueron un fenómeno continental. En general, vincularon, exportando materias primas a Latinoamérica con el mercado mundial, promovieron, con vehemencia, la inversión de capitales extranjeros, modificaron los sistemas de enseñanza, incentivaron las obras de infraestructura y consolidaron los Estados nacionales, derivando hacia gobiernos dictatoriales, protectores del orden surgido.

En Venezuela, este proceso fue paralelo al centroamericano y se le acredita al General Antonio Guzmán Blanco, quien ejerció el poder 18 años, de 1870 a 1888. Un testigo escribe, al respecto, que a diferencia del período anterior "en Venezuela reina la paz" y que "la cosecha de café ha sido muy buena, el acueducto que proporciona agua a la capital se ha terminado y en el ferrocarril que une Caracas con el mar se trabaja afanosamente".

Nos parece estar leyendo una descripción sobre los logros del gobierno reformador hondureño de Soto (1876-1883) al apuntar que durante Guzmán Blanco se reorganizó la Universidad Central, se promulgaron los códigos civil, criminal, mercantil, militar y de hacienda; la administración pública empezó a realizarse con criterio moderno y la educación primaria se estableció como gratuita y obligatoria.

Guzmán Blanco se enfrentó al clero. Disolvió los conventos, aprobó el matrimonio civil, expulsó al Arzobispo y rompió relaciones con el Vaticano. Sus propósitos en esta materia, fueron ideológicos, culturales y económicos: "He establecido el matrimonio civil como lo practican casi todo los pueblos civilizados y que es, con la libertad de cultos, condición indispensable para atraer y radicar la población extranjera, llamada a acelerar rápidamente nuestro engrandecimiento".

En el Brasil, el Imperio dio paso a la República, en 1889. Luego "os anos que se seguem e o primeiro decánio de século atual assinalam o apogeu desta economía voltada para a produção extensiva e em larga escala de materias-primas e gêneros tropicais destinados á exportação".[18]

Emerge un nuevo espíritu, regido por el ansia de enriquecimiento, que la Monarquía nunca consideró legítimo. Hasta las más altas autoridades, cosa no vista antes, no se refrenarán para involucrarse en grandes negocios. El extraordinario crecimiento de la actividad cafetalera es financiado, en grandes proporciones, por bancos ingleses y franceses, sirviendo de base la fluencia de capital extranjero a la bonanza agro-exportadora. El trabajo esclavo ha sido abolido y para el trabajo libre se contará, además, con el concurso de millares de inmigrantes.

En el tránsito del Imperio a la República, se asentará el Ejército como la nueva fuerza política del Brasil y los militares-políticos serán los personajes centrales del nuevo régimen, sobre cuya bandera se grabó el lema del positivismo, Orden y Progreso, tan lleno de virtualidades regeneradoras para nuestro Ramón Rosa.

En los grandes países latinoamericanos, la égida liberal positivista y agro-exportadora producirá continuas multiplicaciones. Antes, entre 1810 y 1859 los inmigrantes habían ingresado a la Argentina a un promedio de 18 mil por año. Durante el primer período del General Roca (1880-1886), el promedio fue de 80 mil inmigrantes por año. Buenos Aires tenía medio millón de habitantes en 1889, por 1.244,000 en 1909. El área cultivada en 1880 era de unos cinco millones de acres, más de quince millones en 1895 y más de treinta millones y medio en 1905. El General Roca, figura política-militar del período, entregó 3.720 millas de ferrocarril, al terminar su primer mandato, que era el doble de lo que había recibido y 12.200 millas en 1904, luego de su segundo mandato.

El sistema político en Latinoamérica se proclamaba liberal y democrático pero preocupado, al decir de uno de sus maestros, el uruguayo José Enrique Rodó (1871-1917) por la "necesidad de que predomine en las sociedades la calidad sobre el número". La nueva aristocracia habría de ser de extracción universitaria y la Ciencia,

---

[18] Traducción: Los años siguientes y la primera década del presente siglo marcan el apogeo de esta economía centrada en la producción extensiva y a gran escala de materias primas y bienes tropicales destinados a la exportación.

con mayúscula, su guía inspiradora; esa ciencia que no sólo trae el progreso y la fidelidad sino que es la moralizadora del hombre, según también pensaba Ramón Rosa.

A esto llamó Rodó sustentar una posición idealista, con base en el positivismo "piedra angular de nuestra formación". El idealismo de los policarpistas hondureños se sustentaba en el folleto "Mis Ideas", del dirigente liberal pre-reformista Céleo Arias, o sea, en la pureza de los principios políticos y no en los principios científicos, como pretendían los positivistas.

Esos ideales, tras los movimientos armados, se habían plasmado en la "gloriosa" Constitución de 1894, que después de otra serie de conflictos estaba nuevamente en vigencia en 1908, en el gobierno de Miguel R. Dávila.

Fue en 1908 que el joven de diez y siete años Rafael Heliodoro Valle partió para México, a estudiar magisterio dentro del sistema educativo fundado por los positivistas, apodados los científicos, baluartes del largo régimen de la Reforma Liberal Mejicana. Recuerda Leopoldo Zea que el día que el invasor ejército francés se retiró de México, 16 de septiembre de 1867, fue también el día en el que el Dr. Gabino Barrera, que había atendido en Paris los cursos de Augusto Comte, el fundador del positivismo, pronunció una oración cívica de bienvenida al nuevo orden de la reforma, bajo el manto de esa filosofía.

Siguiendo las huellas de esta oración, los positivistas enfatizaron que la era de las revoluciones se había terminado; que viviendo en orden, la educación habría de encaminar a los ciudadanos hacia el progreso, de manera evolutiva. Un orden, se decía, no reñido con la libertad. Una libertad práctica, no declamatoria ni utópica, según la definió don Justo Sierra, uno de los más notables intelectuales de la dictadura. Ya que desde 1876, el poder lo había tomado el bizarro general y héroe contra los franceses, Porfirio Díaz, quien se mantendría en la cima hasta 1911.

La crítica romántica al porfiriato, lo explica como una mistificación de la Reforma. Sin embargo, en lo económico, en lo educativo, en lo social, en lo político, fue un desarrollo lógico de los postulados explícitos en la Reforma Liberal, que favorecían al poder oligárquico y al capital extranjero, de una manera consciente. A veces se le define como un tiempo de modernización de la sociedad y de feliz surgimiento de la burguesía mejicana. Cuando se describen estos procesos, fácilmente, se puede dar en asimilarlos a los acontecidos en Europa, siendo muy diferentes.

En el México real de don Porfirio, por definición muy poco moderno y burgués: "los Hearst, lo Guggenheim, la United States Steel, la Anaconda Corporation, la Standar Oil, Edward L. Doheny, John D. Rockefeller, Harrison Gray Otis, William C. Greene, controlan las tres cuartas partes de las minas y más de la mitad de los pozos petrolíferos, además, de las plantaciones de azúcar, de café y de algodón e inmensas tierras sin cultivar para pastos y ganados. Esta política permite a menos de tres mil familias ser propietarias de casi la mitad de México. Se calcula que en 1910, el 97% de la tierra cultivable pertenece a 830 latifundistas (equivalente al 0.01 por ciento de la población total).

Con tantas inversiones y riquezas sólidas, amén de la fanfarria burocrática y militar, un rostro de prosperidad parecía haber adquirido México, sobre todo su capital en treinta años de porfiriato. Los intelectuales positivistas ampliaron sus lecturas e influencias de Comte al evolucionismo de Spencer y Darwin o al utilitarismo de Mills. Ampliaron también su radio de acción. De lo educativo y de cierto periodismo con ribetes de atrevida crítica, algunos de ellos llegaron a ser diputados y ministros, controlaron las finanzas presupuestarias, como en el caso del poderoso José Ivés Limantour y los trámites y prebendas del trato con los capitalistas foráneos. Justo Sierra fue, quizás, uno de los pocos que de intelectual y funcionario no pasó a oportunista nuevo rico a la par que fue experimentando un proceso de desencanto ante el orden dictatorial porfirista, que supo utilizarlos a ellos para el propio provecho.

En los unos y los otros, el elitismo académico los conducía a desesperar de las ignorantes masas del país y a esperarlo todo de la tecnología, el dinero y los empresarios extranjeros. Se les apodó los científicos porque, en educación o en economía y sobre todo en política, aducían que había que regirse por la Ciencia, el más alto valor humano. Pero bajo este padrinazgo, el descoyuntado sistema de saqueo antinacional de los recursos y de dominio absoluto por una exigua minoría venía a resultar un parto científicamente elaborado. No fue entonces extraño que uno de los gritos del pueblo mejicano, al rebelarse, fuera el de "¡Mueran los científicos!".

Termina el primer tiempo. Valle de 20 años, ha regresado a Honduras y ejercerá como maestro por la siguiente década. Ha sucedido una rocambolesca aventura que ha traído, nuevamente, al poder al General Manuel Bonilla y a su socio Samuel Zemurray. Ni el café ni las minas, que impulsaron Soto y Rosa, serán la respuesta económica de la Reforma hondureña. Con Zemurray, se han entronizado las compañías bananeras.

Latinoamérica ha crecido. Sus sistemas administrativos de gobierno se han consolidado. Poseen recursos. Hay bellos teatros nacionales adonde se canta ópera. Fluye el dominante capital extranjero y parten para Europa y Norteamérica los cargamentos de café y minerales. ¡Ay qué tiempos, señor don Simón!

SEGUNDO TIEMPO:
LA REVOLUCIÓN MEJICANA (1910-1940)

Rafael Heliodoro Valle no vivió los años más turbulentos de la revolución mejicana. Graduado de la Escuela Normal de Tacuba, en octubre de 1911, salió al mes siguiente del país azteca. La revolución cumplía un año. Porfirio Díaz, que ya tenía ochenta, se empecinó en reelegirse una vez más, y lo hizo. Agotados los recursos legales, el candidato opositor Francisco I. Madero se lanzó a la lucha armada, el 20 de noviembre de 1910. La existencia permitida de una oposición había puesto a Díaz contra la pared.

El dictador resistió hasta finales de mayo de 1911, cuando abandonó su país, con rumbo a un dorado exilio en Francia. Provisionalmente, el aparato burocrático le sobrevivió y en él, la influencia de los científicos. En las eventualidades de ese año de anunciadores cambios, el joven hondureño, a poco de graduarse, podía haber visto truncados sus esfuerzos. Pero "en 1911 y después de muchas privaciones y penurias logró Rafael Heliodoro Valle una beca de medio interno en la Escuela Normal de Tacuba concedida por el Gobierno Mexicano por medio de su Ministro de Educación Pública, Don Justo Sierra".

Con la caída del gobierno, Sierra, aquel gigante sonrosado, como lo llamaba su discípulo, salió del ministerio; el joven Valle conservó su beca y se graduó despidiéndose de sus compañeros y amigos de iniciales inquietudes literarias.

Madero en el poder se distanció y hasta reprimió los movimientos populares agraristas de la revolución; los norteamericanos le negaron el esperado apoyo y conspiraron en contra de él y finalmente fue derrocado y asesinado, el 22 de febrero de 1913 por órdenes del General Victoriano Huerta. Huerta, que había acompañado al dictador hasta el muelle del exilio, prometiéndole felicidad, era de los que querían darle marcha atrás al reloj de la historia. Pero en ese año de 1913, el pueblo mejicano ya luchaba en todos los frentes. Hay una fotografía, muy difundida, que muestra a los jefes revolucionarios Emiliano Zapata y Pancho Villa con sus respectivos estados mayores en el acto de haberse apoderado de ciudad México.

La capital del emperador azteca que exigía tributos y extraía corazones, la de las opulencias palaciegas virreinales y porfiristas, frente a la que se habían quedado estacionados los ejércitos justicieros del cura Morelos y a la que Iturbide se había apresurado a preservar con el pacto trigarante, había caído en poder del pueblo. Fue el 10 de noviembre de 1914 y es uno de los momentos culminantes de la lucha popular latinoamericana. Pero Zapata y Villa no pudieron formar gobierno. Porque no tenían aún completo control militar y político y estaban enfrentados con Carranza y Obregón.

Porque hacer gobierno era tomar decisiones en cuanto a la propiedad de la tierra, para beneficiar al pueblo y en esto muchos partidarios aconsejaban precaución para no malquistarse con los cercanos Estados Unidos. Desde allá podía venirles una invasión de marines o bien podían interrumpirse los suministros de pertrechos bélicos. En materia agraria, además, no había acuerdo y los jefes revolucionarios seguían planes distintos.

En el sur, los zapatistas ya estaban repartiendo los latifundios entre los campesinos. Allí se vivía de la agricultura y tener acceso a la tierra era vital. En el norte ganadero y árido, las extensas propiedades resultaban lógicas y los villistas no las estaban repartiendo, más bien las estaban incautando, pasándolas a propiedad del Estado, o proponiendo un futuro sistema de propiedad cooperativa. En estas circunstancias les fue imposible acordar un plan nacional revolucionario.

La Reforma Agraria y su consigna de Tierra y Libertad sería una de las grandes herencias de la revolución a toda Latinoamérica. Tuvo un ritmo desacompasado. Después de las recuperaciones, fruto del primer estallido, avanzó tímidamente durante Obregón (1920) y recibió un serio impulso en el gobierno de Cárdenas (1934-1940). Fueron repartidos unos 45 millones de acres, entre doce mil poblados, principalmente bajo la forma de ejidos comunitarios, empleándose también las formas de pequeños ranchos, en el Norte, y de cooperativas en áreas de cultivos de gran escala como el aumento en el nivel de vida del campesinado, cuya propiedad agrícola se complementó con la dotación de escuela, servicios de salud y carreteras, mejorando su poder adquisitivo, que dio apoyo a la emergente industria del país.

Como otras, la revolución devoró a sus hijos y nada más gráfico para representar este drama, que la novela "Los de Abajo", de Mariano Azuela. Venustiano Carranza fue el jefe máximo destinado a frenar el potro de la revolución y el instrumento que concilió, en un plan nacional, a las facciones fue la Constitución, promulgada por Carranza el 5 de febrero de 1917.

Los dorados de la caballería de Villa fueron diezmados por las ametralladoras de Obregón, en la batalla de Celaya (1915) y la división del norte dejó de ser factor beligerante, aunque Villa sobrevivió hasta 1923 cuando fue asesinado en oscuras circunstancias. Bajo el mandato de Carranza, Emiliano Zapata pereció en una emboscada, en abril de 1919. Y el propio Jefe Máximo, que no creía mucho en la letra de la Constitución que había aprobado, sobre todo en el precepto de la no-reelección fue abatido cuando intentaba huir, después de haber pretendido perpetuarse en el mando, en mayo de 1920.

Cuando Rafael Heliodoro Valle retornó a México en 1921, el país estaba en calma y lo gobernaba el General Alvarado Obregón. Había un millón menos de mejicanos, que en 1910. La Constitución de 1917 ha sido considerada como la más avanzada de su tiempo. Proporcionaba, en el marco legal para barrer con los latifundios, desplazar la influencia del clero y regular las operaciones del capital foráneo. Obregón, en alianza con los elementos más radicales, venció la resistencia de Carranza y en el artículo 123 incluyó los fundamentos de un código del trabajo: jornada de ocho horas, derecho a la organización, la contratación colectiva y la huelga, abolición de odiosos anacronismos como la tienda de raya y la servidumbre por deudas.

Carranza, a su vez, aunque muy conservador en cuestiones sociales, era fieramente nacionalista y apoyó las disposiciones constitucionales que hacían de la nación mejicana la dueña absoluta de sus riquezas de la tierra, el agua y el subsuelo. A partir de este derecho inalienable podían concederse explotaciones a nacionales o extranjeros; pero una compañía extranjera de ninguna forma podía invocar la protección de su propio gobierno a resultas de conflictos por tales concesiones, como se solía para justificar la intervención. A las potencias y a las grandes compañías este nacionalismo las alarmó y más aún porque, al parecer, los líderes mejicanos no estaban dispuestos a dejarlo solo en el papel.

Los marines habían asaltado Veracruz, en 1914, contra las fuerzas de Huerta, el gobernante usurpador. Pero Carranza no picó el anzuelo ni entendió que esa intervención favoreciera su causa, por lo que, en vez de pactar con ellos, en nombre de México les demandó la inmediata retirada. La Constitución daba la pauta para regular y negociar la concesiones y las propuestas de los gobiernos mejicanos de Obregón y Calles fueron más bien respetuosas; pero a las compañías como que el sólo hecho de negociar las molestaba, porque no dejaron de tildar a los mejicanos de bolcheviques, o de expresar con escandalizada sorna que había muy poca sangre blanca en su gobierno.

Por eso, los mejicanos celebraron como una nueva declaración de independencia la nacionalización del petróleo decretada por el Presidente Lázaro Cárdenas, el 18 de marzo de 1938. Para completar el rostro nacional y popular del México que sale de su revolución no podían faltar los indígenas. La Constitución protegió los ejidos y declaró nulas todas las disposiciones tomadas desde 1856 y que afectaran las tierras comunales. La suerte de los indígenas quedó ligada a los altibajos del proceso agrario y sus resultados no fueron demasiado espectaculares.

Pero fue importante la recuperación cultural y conceptual del indígena y de su pasado, La sociedad mejicana dejó de sentirse incómoda frente a sus primigenios habitantes y pasó a sentirse decididamente orgullosa. Los agresivos muralistas mejicanos — Diego Rivera, Orozco, Siqueiros—, estamparon las hazañas de los antepasados y los pusieron de pie ante el mundo. Y sin romper la continuidad con muchas de las enseñanzas del viejo régimen, en su promoción del espíritu científico positivo, el Méjico de la revolución saludó a sus indígenas con el homenaje del conocimiento y pronto la rienda antropológica mejicana alcanzó un estatus incomparable y de vanguardia.

En el campo de la educación, los gobiernos de Obregón y Calles chocaron con la Iglesia. La jerarquía rechazaba la secularización de la enseñanza, el papel asignado al maestro como guía espiritual que reemplazaría en los pueblos, al cura. Aliados con propietarios contrarrevolucionarios, fanáticos católicos levantaron focos de insurrección mientras la alta jerarquía anatematizaba a la Constitución, porque hería los más sagrados derechos de la Iglesia Católica.

Los focos de insurgentes fueron controlados pero uno de esos fanáticos, llamados cristeros, asesinó a Obregón, en julio de 1928. Esto no había impedido que cienes y cienes de maestros fueran lanzados a enseñar y alfabetizar en los pueblos, con amplio soporte del gobierno y animados por el entusiasmo que en esta cruzada, en la que educar era redimir, había puesto el Ministro de Educación, José Vasconcelos.

Ese México imponderable que hizo y ganó su revolución dio en hacerse canto y el corrido mejicano es hoy un bien para todo el mundo. Y su reconstituido rostro nacional pasó al cinematógrafo y no hubo nadie en Latinoamérica que no lo compartiera.

INTERMEDIO EN AYACUCHO (1924)

En 1924 se conmemoró el primer centenario de la batalla de Ayacucho, que puso punto final a las guerras de independencia contra España, en el continente americano. El gobierno del Perú convocó a intelectuales de toda América Latina para celebrar la ocasión.

Desde México acudió Rafael Heliodoro Valle y entre otros se

hicieron presentes el mexicano Antonio Caso; Ricardo Fernández Guardia, de Costa Rica; el colombiano Guillermo Valencia; Ricardo Jaimes Freyre, de Bolivia; Leopoldo Lugones y Agustín P. Justo de la Argentina y entre los anfitriones José Santos Chocano y José María Eguren.

Plutarco Elías Calles ha sido juramentado ese año como Presidente de México. Como jefe máximo de la revolución le correspondería a Calles ser el artífice de la organización del partido político que habría de ejercer el poder en México a partir de 1929 hasta el presente. También en México, en 1924, ha ocurrido un importante hecho que gravitará sobre el Perú. El estudiante universitario exiliado, Víctor Raúl Haya de la Torre, fundó la Alianza Popular Revolucionaria Americana (APRA) que se convertiría en la organización mayoritaria y en la más perseguida del país andino.

El centenario de Ayacucho encontró al Perú bajo la dictadura de Augusto B. Leguía, que duró de 1919 a 1930. Inversiones masivas de capital extranjero auparon su régimen pero el crack financiero de 1929 lo desbalanceó. Grandes obras públicas y el embellecimiento de Lima, la capital, se realizaron contando con el trabajo prácticamente forzado de las masas indígenas. Pero un aumento crítico de la conciencia cívica y nacional se había venido desarrollando, siendo el problema del indio la reflexión crucial en pensadores como

Manuel González Prada, Luis Valcárcel y Carlos Mariátegui. La Universidad de San Marcos de Lima se convirtió en centro constante de oposición y abierta resistencia contra esta dictadura. La imaginación masiva ha transformado a las sociedades del cono sur. Ello será factor que permitirá superar la vieja y limitada lucha oligárquica entre conservadores y liberales. Son los años del partido radical de la Argentina, lleno de vagas aspiraciones populares, no revolucionarias, y con gran poder de convocatoria para las masas urbanas producto de la era aluvial de inmigrantes.

Un hábil conductor, Hipólito Irigoyen, llevó a los radicales al poder pero en 1924, durante la presidencia de su lugarteniente Marcelo Alvear, el partido se dividió en dos facciones. Promesas incumplidas, objetivos imprecisos, crisis económica y los militares desplazarían a Irigoyen del poder en 1930. Por ese entonces, los militares también pondrían fin a la dictadura de Leguía en el Perú, pero en Chile, el golpe había ocurrido ya y precisamente en 1924. El presidente, fruto de una alianza entre liberales y radicales, era Arturo Alessandri.

Desde 1920 había prometido modificar la constitución, reforma educativa, voto femenino, seguridad social, código del trabajo, derecho a huelga y mejor horario laboral. Pero los precios del nitrato se habían venido abajo y en Chile, un Congreso bicameral con predominio oligárquico controlaba la mecánica del gobierno y ejercía permanente censura sobre los miembros del gabinete desde 1891.

A los diputados de extracción más popular se les ocurrió pasar una ley asignándole, por primera vez, un salario a los padres de la patria. De la batahola que armó esta pretensión, se aprovecharon los militares para acabar en 1924, con el llamado parlamentarismo chileno.

Entre tanto, un experimento interesante se está desarrollando en Uruguay siguiendo las ideas del político José Batlle y Ordóñez. Su esquema de gobierno colegiado estuvo vigente entre 1919 y 1930. En su anterior intervención en la vida pública del país, Batlle había hecho aprobar la jornada de ocho horas, una ley de accidentes de trabajo, la supresión de la enseñanza religiosa en las escuelas públicas y la ley de divorcio. A esto, Batlle en el gobierno, había añadido los decretos de nacionalización bancaria, de los servicios eléctricos, ferrocarriles y tranvías. Estos avances darían justa fama a la democracia uruguaya. El gobierno colegiado era bastante complicado. Se trató de evitar el fuerte presidencialismo anterior, colocando junto al presidente de la república un consejo nacional de administración, formado por nueve miembros, electos proporcionalmente entre los partidos mayoritarios. Su funcionamiento no fue muy eficaz. Batlle y Ordóñez murió en 1929; un golpe de Estado en 1933 terminó con el experimento del gobierno colegiado. 1924 fue el año de la muerte de Luis Emilio Recabarren, el fundador del Partido Comunista de Chile, y el año de la columna de Prestes en el Brasil. El gigante dormido era todavía un país predominante rural y, en las ciudades, las condiciones de los obreros eran similares a las europeas, en la primera revolución industrial: jornadas de doce horas, sueldo de hambre y un tercio de la fuerza laboral integrada por mujeres y niños. Para votar se exigía saber leer y escribir, pero la mayoría del pueblo brasileño era analfabeta. El café entraba en crisis por sobreproducción.

En el Ejército, el movimiento de los tenientes u oficiales jóvenes buscaba, junto con la burguesía, desplazar del poder a la oligarquía rural. En 1924, la revuelta militar estalló en Sao Paulo, y se mantuvieron en el control de la ciudad por veintidós días. Desde Rio Grande do Sul avanzó otro grupo conducido por el Capitán Luis Carlos Prestes, a la que se unieron los alzados en Sao Paulo. La columna atravesó el Brasil hasta salir a Bolivia, haciendo un total de catorce mil millas. En esta épica jornada, los jóvenes militares no encontraron respuesta entre sus proclamas. Fue después de la marcha de 1924, que el movimiento de los oficiales jóvenes incorporó amplias reformas sociales a su programa de acción. Luis Carlos Prestes se uniría al Partido Comunista del Brasil, y llegaría ser su líder.

Sus compañeros oficiales se unirían al populista Getulio Vargas y lo instalarían en el poder, después de una serie de insurrecciones militares que pusieron fin a la vieja república oligárquica, en 1930. Dos países sudamericanos, Paraguay y Bolivia, entrarían en guerra, en 1932, por la región del Chaco. En 1924 se darían algunos hechos que conducirían a ese conflicto. Gobernaba el Paraguay, Eligio Ayala, un austero administrador, preocupado por el problema de la tierra. Una de sus soluciones era la colonización del Chaco, región al norte, casi toda ella propiedad de la firma Carlos Casado. Se logró, del poderoso terrateniente, el asentamiento en el Chaco de algunas comunidades menonitas y junto a estos pobladores se fueron estableciendo fortines, pues existía un pleito fronterizo con Bolivia, desde el siglo XIX. En Bolivia, gobierna desde 1920, el Partido Republicano. Apelan al indigenismo y proponen medidas progresistas, pero recién en 1923, habían lanzado al Ejército a masacrar una huelga de mineros. La salida al mar, herida abierta en la conciencia nacional y su búsqueda posible por el río Paraguay es avivada por la expectativa de explotar petróleo en el Chaco.

El negocio petrolero boliviano estaba floreciendo y era

totalmente controlado por la Standar Oil que ya tenía millares de hectáreas con ricos yacimientos. Dispuso entonces el gobierno boliviano penetrar en la región del Chaco con una serie de fortines estratégicos que obtuvieron por parte del Paraguay, una similar respuesta, que pronto los llevaría a escaramuzas bélicas y a la guerra. El vecino Ecuador estará, en 1924, entre la represión y el golpe militar. El gobierno del Presidente Gonzalo Córdoba, heredero de la Reforma Liberal instaurada por Eloy Alfaro, en 1895 y basada en la exportación del cacao, tendrá que recurrir al Ejército para terminar sangrientamente las protestas obreras en Guayaquil y las protestas indígenas en el interior, en 1922 y 1923. Pero un grupo de oficiales jóvenes, derrocará, en 1925, a este gobierno, terminando con la total supremacía de la oligarquía liberal cacaotera.

Su poderío económico no sufrirá quebranto pero los militares jóvenes crearían el Banco Central y el Ministerio de Previsión Social y Trabajo, para atender las demandas populares, devolviéndole el poder a los civiles en 1926. Si el Ecuador estaba regido por los liberales, la década de 1920 en Colombia será de hegemonía conservadora. En 1924 gobernaba el General Pedro Nel Ospina y eran los años de su majestad el café, que aportaba el 70% de las exportaciones. Detrás de los mandatarios conservadores que se sucedieron esos años, el poder de hecho radicaba en la Federación Nacional de Cafeteros de Colombia, creada en 1920 (12). El caso de Venezuela parece el de una novela de esperpentos.

En 1924, el país estará inevitablemente bajo el mando de Juan Vicente Gómez, quien sería su total gobernante de 1909 a 1935. Había comenzado a sentar sus reales antes del petróleo, en la era del café y luego se benefició del boom del oro negro. Y bien que lo hizo pues llegó a acumular "551 casas, 445 haciendas agrícolas, 36 hatos, 15 potreros, 67 solares urbanos, 72 fundos innominados, tres vapores y cuatro islas", Gómez se sabía de memoria la vida de Simón Bolívar y sistematizó el culto al Libertador. A su guardia personal y a la vez policía política la bautizó La Sagrada. Llamó Ley de Tareas la que permitía el trabajo forzado, en obras públicas, para reos políticos y comunes. Para su reelección de 1922, autorizada por el Congreso, le acompañaron como vicepresidentes Juan C. Gómez, su hermano y José Vicente Gómez, su hijo. En 1924, el Almanaque

Gotha, publicación europea tenida como muy confiable, incluía a Cuba, República Dominicana, Haití y Panamá como protectorados de los Estados Unidos. Cuba era oficialmente independiente, pero los Estados Unidos tenían el derecho a intervenir en sus asuntos, paradójicamente, para proteger su independencia.

Y lo habían hecho permaneciendo en el país de 1899 a 1902, de 1905 a 1909 y de 1917 a 1923, aparte de haber llegado en 1912 a establecer el orden. De las elecciones de 1924, salió para Presidente Gerardo Machado. Las buenas intenciones le duraron poco y pronto se dedicaría a mandar asesinar a los políticos de la oposición y a disolver las huelgas a balazos. Todo fuera por mantener los intereses del capital de los Estados Unidos, flotando siempre en un lodazal de corrupción. De la República Dominicana, en cambio, los marines se marcharon ese año de 1924, después de ocuparlo y administrarlo durante ocho años. El sucesor de los marines fue Rafael Leonidas Trujillo "cuya rápida promoción en la jerarquía militar ellos mismos habían asegurado". Gran amigo de los Estados Unidos, su sangrienta dictadura se prolongaría hasta 1961. Nicaragua no figuró en la lista de protectorados del Almanaque Gotha. En el país centroamericano, los marines habrían de quedarse todavía un año más, hasta 1925, habiendo llegado en 1912 para proteger vidas y bienes de los súbditos norteamericanos, mantener el orden, preservar la opción de los Estados Unidos para la construcción de un canal entre los mares y supervisar el control de las aduanas. Volverían para luchar contra la patriótica insurrección de Sandino y dejarían la misma herencia que en la Dominicana: una guardia nacional y una dictadura, en la forma de la dinastía de los Somoza que no caería sino hasta 1979. Haití, entretanto, estuvo ocupado de 1915 a 1933 por los marines, con los mismos resultados de violentas represiones, saqueo de recursos e instauración de horribles dictaduras, cuyas secuelas aún no se han borrado. El territorio de Puerto Rico había sido decretado como parte de los Estados Unidos en 1922; en 1924, mediante tratado firmado por el Presidente Chiari de Panamá, adonde poseían toda la franja del Canal, se les daba a los Estados Unidos el derecho a la intervención militar, en ese otro país.

Una efímera primavera sobrevino en el país de la eterna primavera, Guatemala, tras caer el dictador Estrada Cabrera en 1920.

Los gobiernos subsiguientes de esa década, gozando de cierta prosperidad económica, sancionaron leyes de protección obrera, permitieron la aparición a organizaciones de izquierda, como el Partido Comunista de Guatemala y concedieron su autonomía a la Universidad de San Carlos. Costa Rica, por su parte, está siendo gobernada por don Ricardo Jiménez, quien con don Cleto González como jefes de partido y garantes de los intereses cafetaleros de la meseta central, habían establecido acuerdos políticos que aseguraban la pacifica alternabilidad en el poder. Algunas medidas, con todo, van saliéndose del marco del liberalismo cafetalero; así, la adoptada por don Ricardo Jiménez en 1924 mediante la cual se nacionalizaron y estatizaron los seguros.

En El Salvador "de 1903 a 1931 cada presidente fue electo de la manera apropiada, es decir, escogido por su predecesor y ratificado por un reducido número de electores para servir el periodo de cuatro años que mandaba la Constitución". No hubo reelecciones y, menos uno, todos los presidentes fueron civiles. Las ricas familias cafetaleras ejercían directamente el mando, así a Carlos Meléndez le sucedió en 1919 su hermano Jorge Meléndez y a éste su cuñado Alfonso Quiñónez Molina, que gobernaba en 1924.

Por cierto que en un gran momento económico para el café salvadoreño: en esa década el área de cultivo se incrementó de 170 mil acres a 262 mil, llegando a ser el primer productor centroamericano. Fueron tiempos dorados para la élite, cada vez más exclusivista. La crisis de 1929 arrojaría a esa élite a los brazos de los militares y haría surgir otra vez la dictadura ahí y en Guatemala.

Queda el país cuya historia cabe dentro de una lágrima y en el que había nacido Rafael Heliodoro Valle, hacía treinta y tres años. En 1924, en Honduras se escenifica: la más violenta de las guerras civiles que se habían sucedido. Fue año de elecciones presidenciales, el Partido Liberal se presentó dividido en dos candidaturas frente al Partido Nacional. Como se consideró que ninguno tenía mayoría de votos, el gobierno existente se prolongó de facto, lanzándose los nacionalistas a la revuelta, reclamando fraude. La guerra culminó con un riguroso sitio contra Tegucigalpa, la presencia interventora de los marines yanquis y la aplicación de los tratados firmados en Washington en 1923, según los cuales ningún jefe de movimiento armado victorioso podía ocupar la presidencia de la república después de su insurrección; lo cual impidió el ascenso al poder a Tiburcio Carias, en dicha oportunidad.

En 1924, las cosas están cambiando. Con la gran guerra europea se ha hundido el victoriano mundo de ayer. Surrealismo, cine, jazz, autos, aviones. Fascistas y comunistas reclamando el poder. Latinoamérica vestida de muchacha provocativa ha dado, precisamente, en llamarse así. Millones de inmigrantes la han matizado, sobre todo, en su extremo sur mientras que en México se proclama "Por mi raza hablará el espíritu". Y es que Darío y los modernistas ya la habían apuntado a nuevas formas en el decir y los acentos propios siguen creciendo. Se ensaya en política y se crea en arte. Una impensable crisis económica se está dejando venir encima del capitalismo de los ricos y de los esperanzados latinoamericanos, que creen haber dado los primeros y definidos pasos. Las gorras de los militares van a proliferar al doblarse la esquina de 1930.

En 1924, Latinoamérica ha celebrado el siglo de su emancipación. Pero, siempre adelantándose, en 1923, los Estados Unidos habían celebrado un siglo de la Doctrina Monroe que dice que América es para ellos, los americanos.

TERCER TIEMPO: EL BUEN VECINO (1940-1955).

El 7 de noviembre de 1940, la Universidad de Columbia, de Nueva York, le confirió a Rafael Heliodoro Valle el premio Marie Moors Cabot, en atención a los méritos de su labor periodística. La calidad y el variado interés de los artículos de Valle le habían abierto espacios en numerosos diarios de norte, centro y sur América. Valle y los con él galardonados, Eduardo Santos, expresidente de Colombia, y Agustín Edwards Bello, de Chile, fueron recibidos en la Casa Blanca por el Presidente Franklin Delano Roosevelt, el gestor de la política del Nuevo Trato. Tenía el nuevo trato dos vertientes, al interior, lo que dio en llamarse por el gobierno, propiamente, el New Deal, para lidiar con la crisis económica de la nación, que había hecho estragos desde 1929; y, hacia Latinoamérica, lo que dio en llamarse la política del Buen Vecino, sustitutiva de la del gran garrote, de los intervencionismos y los protectorados.

Finalmente, ambas vertientes habrían de irse por el único cauce de la Segunda Guerra Mundial. Roosevelt, demócrata, accedió al poder en 1933, luego de la década de gobiernos republicanos, en los locos años veinte. La depresión estaba a la orden del día. El New Deal fue su estrategia para enfrentarla. La gran depresión comprendía: más de 13 millones de parados, 4.600 bancos en quiebra, 5 millones de familias viviendo de la caridad pública, la mitad de las fábricas de automóviles cerradas, maquinaria oxidándose en minas abandonadas, cosechas y ganado perdidos porque no valían un céntimo, trabajadores que aceptaban lo que fuera por un dólar, a la semana, desesperación, furia y pánico en las masas.

La estrategia del gobierno de Roosevelt fue la de inspirar optimismo adonde el pesimismo sobraba y para llevar su mensaje a la mayoría de los hogares, el mismo presidente supo utilizar, hábilmente, el nuevo medio de comunicación que era la radio. Además, el gobierno supo comunicar una sensación de febril actividad, de lucha contra la adversidad ante la inercia en que se estaba cayendo por la falta de trabajo. El New Deal, en este sentido, vendría a ser un exitoso programa de relaciones públicas. Se ha sostenido que las medidas del New Deal significaron la introducción en los Estados Unidos de un modelo de estado benefactor, inspirado en las doctrinas de Maynard Keynes.

Según éstas, se exigía la intervención gubernamental en materia económica, para corregir los desajustes del mercado, en lugar del tradicional dejar hacer y dejar pasar. Para otros, estas medidas fueron dictadas pragmáticamente, dada la urgencia del momento; Roosevelt desconocía por completo a Keynes, si bien no puede decirse lo mismo de muchos de sus cercanos colaboradores. Para la derecha norteamericana, el programa de Roosevelt fue comunistoide. Su aceptación por parte de la izquierda puede estar en la base de este Juicio. Pese a figuras carismáticas como Eugene Debs o Norman Thomas, la izquierda norteamericana no había avanzado en su intento de crear un partido de masas, a la europea, de tendencia social demócrata.

Después de la I Guerra y la Revolución Soviética, la represión contra los obreros fue en ascenso, ensañándose en los emigrantes que podrían traer el morbo de la lucha de clases. A la vuelta de la depresión y ante el generoso prospecto de ayudar a las masas con programas tangibles del gobierno, la izquierda norteamericana tendería a subsumirse dentro del partido demócrata, sin que ello implicara que el partido demócrata como tal se inclinara hacia el socialismo.

El New Deal no fue un proceso de estatización; pero amplió considerablemente el ámbito del gobierno en los Estados Unidos. Lo primero que se hizo fue restaurar el sistema bancario, que había estallado. "Aun cuando el Nuevo Trato dejó intacto el sistema del control privado de los créditos e inversiones, si alteró marcadamente la relación entre el gobierno y las finanzas". Las noticias financieras, se dijo, ya no se originan en Wall Street. Con la nueva legislación el gobierno logró un mayor control sobre la moneda, supervisión sobre valores y cambios y al acelerarse el gasto público un papel de "socio principal en la administración de la finanzas del país".

Dos leyes de 1933, dentro de los famosos primeros cien días de gobierno, la de Ajuste Agrícola y la de Recuperación Industrial, proporcionando subsidios y créditos salvaron a granjeros, obreros y empleados del desahucio. El gobierno no intervino directamente en los problemas entre capital y trabajo pero manifestó su simpatía hacia el sector obrero. Fue muy eficaz la labor de Francis Perkins, primera mujer que llegó a un puesto ministerial, como Secretaria de Trabajo; el proceso de sindicalización creció y se consolidó y sobre todo conquistó a las grandes empresas: para 1937, después de una huelga, la General Motors había transado con sus obreros y le siguieron la Chrysler, la General Electric, la U. S. Steel y pocos años después, hasta las fábricas del recalcitrante Henry Ford.

La política de empleo se enfiló hacia los jóvenes a través del Cuerpo de Conservación Civil, que en ocho años llegó a enrolar cerca de tres millones para obras de reforestación, control de incendios en los bosques, construcción de presas para evitar la erosión, formación de viveros y lucha contra plagas y erradicación de la malaria. El programa regional más importante, considerado un modelo en su género, fue la electrificación del Valle de Tennessee, adonde la construcción de 25 presas se destinó a controlar las inundaciones, producir nitrato y energía eléctrica.

En pocos años "millones de hectáreas abandonadas habían sido devueltas al cultivo y los vacacionistas se apiñaban en sus lagos artificiales". La actividad de la Comisión Federal de Energía permitió que si al principio del Nuevo Trato, las compañías de electricidad suministraban luz a una de cada nueve granjas, para 1940 lo estuvieran haciendo a ocho de cada nueve. Empleo y obras públicas fue un binomio que benefició a ocho millones de trabajadores y que produjo un millón de kilómetros de carreteras, 125 mil edificios públicos, 8 mil parques, 850 aeropuertos, pero además trabajos a medio tiempo para medio millón de universitarios y millón y medio de estudiantes de high school, tres orquestas: la Filarmónica de Buffalo y las sinfónicas de Utah y Oklahoma.

Bajo el Proyecto Federal de las Artes, se gestaron más de mil publicaciones, entre ellas, las guías de los Estados, el Teatro Federal montó obras clásicas y contemporáneas, se apoyó al circo y los títeres y se dieron fondos a literatos para escribir sus obras y a historiadores para hacer investigación. Después de las contradicciones y abulia del gobierno anterior, Roosevelt y su equipo tomaron en los primeros tres meses, las decisiones centrales del New Deal y la recuperación comenzó. Su victoria había sido aplastante y sus proyectos pudieron pasar rápidamente por la aprobación del Congreso. La recuperación fue lenta, los subsidios del Estado benefactor eran un alivio, no una solución y la mentalidad norteamericana se resistía a lo que muchas veces interpretaba como limosnas. Aún seguía siendo cierto para muchos negros norteamericanos lo de ser los primeros en ser despedidos y los últimos en ser contratados. 1938 fue un mal año económico, en parte, porque al presidente le aconsejaron frenar el gasto público y ello fue contraproducente. El espíritu conservador no se daba por vencido y se había enquistado en la Corte Suprema de Justicia, que empezó a producir veredictos de inconstitucionalidad para muchas disposiciones por atentar contra la autonomía de los Estados o la libertad de las empresas, contribuyendo a contener el proceso.

El pueblo norteamericano reeligió a Roosevelt para un segundo, un tercero y un cuarto períodos, muriendo en el ejercicio de su cargo en 1945. Pero un rescoldo de amargura debió de quedar en el presidente, aquejado de parálisis, y en su equipo, puesto que no fueron las medidas del New Deal las salvadoras de la economía, sino que la Guerra Mundial. En efecto, la guerra supuso para los Estados Unidos una ascensión vertiginosa. Hay que tomar en cuenta que la guerra nunca llegó al territorio de los Estados Unidos y que los efectos económicos debidos a la contienda, y que habrían de ser beneficiosos, comenzaron desde 1939, cuando las hostilidades se iniciaron en Europa, mientras que los Estados Unidos se sumarian al conflicto, prácticamente hasta 1943, después del ataque a Pearl Harbor.

Las exportaciones superaron desde 1941 las de 1920, año anterior más favorable, diez mil millones frente a ocho mil millones, pero el excedente se duplicó al rebajarse las importaciones desde Europa. Gracias al esfuerzo federal, la planta industrial aumentó en un 50% entre 1939 y 1945. En ese período, la producción de máquinas se cuadriplicó y la de medios de transporte se multiplicó por siete. Con un índice de base 100 para 1939, la producción industrial alcanzó 243 en 1943 y la producción agrícola 136 en 1945. En la industria bélica, los Estados Unidos poseían unos mil aviones y mil tanques en 1942, cinco años después tenían 300 mil aviones y unos 90 mil tanques. "Así, al terminar el conflicto, el Gobierno poseía más del 90 por ciento de la capacidad instalada para la producción de aviones, de buques, de caucho sintético y de magnesio; el 70% de la capacidad de producción de aluminio y el 50% de las de máquinas herramientas". Factorías siderúrgicas, fábricas de productos químicos, refinerías de petróleo, extensos oleoductos fueron construidos por el Gobierno. Toda esta planta industrial revirtió después al sector privado. El esfuerzo bélico, los contratos y pedidos del gobierno, favorecieron la concentración industrial, de modo que "después de la guerra 135 sociedades controlaban el 45% de las instalaciones industriales de los Estados Unidos y estas 135 sociedades aseguraban cerca de la cuarta parte de los bienes manufacturados del mundo entero".

Porque la destrucción causada por la guerra, dejó a los Estados Unidos como única gran potencia intacta y sobre reforzada. El pleno empleo, que parecía utópico en la gran depresión, se consiguió. Aunque se movilizaron once millones de personas para la guerra, el número de trabajadores aumentó en diez millones, la mitad de ellos, mujeres. Un pacto con las organizaciones obreras congeló las huelgas y la producción nunca se detuvo. Y mientras los países europeos experimentaban sensibles mermas de población, la de los Estados Unidos aumentó y se volvió más joven.

En la década de los treinta, en años de crisis, la población subió en nueve millones; en la década siguiente, a pesar de la guerra, la población subió en 19 millones, índice de la pujanza y de la sangre nueva adquirida por el país que se había colocado en la cima de la dominación mundial. Con Latinoamérica, la buena vecindad se sustentó, en un principio, en las declaraciones del Presidente Roosevelt, que con su estilo bonachón y paternalista supo comunicar la idea de que otros tiempos habían llegado para las relaciones entre las dos Américas. En 1933, los últimos marines habían salido de Nicaragua y se esperaba que nunca habrían de regresar a ningún país. Estados Unidos conservó lo adquirido: Puerto Rico, la Zona del Canal, la base de Guantánamo en Cuba, las islas Vírgenes. En 1934, se determinó ponerle fin a la ocupación en Haití; se abolió la enmienda Platt con Cuba y luego el acuerdo con Panamá, que permitían a los Estados Unidos intervenir en sus asuntos internos.

La II Guerra sensibilizó, con orquestación norteamericana, los sentimientos de solidaridad continental y el llamado espíritu panamericanista. Diversas reuniones interamericanas fueron preparando el terreno para que todo el continente entrara como bloque político a las Naciones Unidas, de furgón de cola de los Estados Unidos. Aunque algunos países del cono sur fueron un tanto reticentes, todos terminaron por declarar la guerra a las potencias del Eje; México y Brasil enviaron contingentes armados.

La lucha antifascista promocionó, también, un espíritu de lucha en favor de la democracia. La crisis económica y el ambiente bélico habían hecho proliferar las dictaduras en casi toda Latinoamérica. Una de éstas, la de Tiburcio Carías Andino, en Honduras, quien, electo en 1933, se había hecho reelegir por sus partidarios en el Congreso, por dos veces consecutivas sin consulta popular. Se esperaba del buen vecino su colaboración para democratizar estos países. Pero aquí comenzó a darse una ambigüedad que con los años aumentaría: los Estados Unidos tenían que respaldar movimientos democráticos y salvaguardar sus intereses estratégicos y económicos; pero en caso de elección se decidían por lo segundo.

Aunque esto implicara apoyar dictaduras como las de Somoza y Trujillo.

Una piedra de toque era el nacionalismo, en los movimientos políticos latinoamericanos, en gobiernos autoritarios o constitucionales. Se había atemperado en México, después de Cárdenas, pero rebullía por otros lugares. Ponía en peligro las inversiones norteamericanas y la política de bloque panamericanista, bajo control de Washington. Líderes como Getulio Vargas o Juan Domingo Perón, los llamados populistas, no se ajustaban al esquema. Proponían sistemas que rompían la cáscara del parlamentarismo liberal, apelaban e imantaban a las masas obreras con su oratoria y eran seguidos por ellas. Debido a eso y con cierta mala fe, se les comparaba con Mussolini.

Perón nacionalizó la banca, los ferrocarriles, los seguros, la marina mercante, la energía eléctrica, las aerolíneas. Un golpe militar pronorteamericano terminó con el populismo de Vargas en 1945, Perón fue derrocado en 1955, después de doce años de mandato en olor de multitud. Las medidas de los populistas no fueron siempre muy eficientes, hubo corrupción y se reprimió a numerosas personas y organizaciones populares. Pero quedaron como infructuosas y un tanto aparatosas tentativas latinoamericanas por buscarse un camino propio.

La guerra fría iba cercenando esa posibilidad. Vencidos los fascistas, el guerrerismo norteamericano encontró en "el expansionismo ruso" un nuevo enemigo. El Buen Vecino efectuó una división ética del mundo: estaban los amigos de los Estados Unidos y por la otra parte, los no-amigos de los Estados Unidos, o sea, los malvados. Y para ser un amigo no era necesario profesar el comunismo o ser aliado de la Unión Soviética. Bastaba con la pretensión de no seguir las directrices norteamericanas, con insinuarse, en nombre de un pequeño interés nacional, en contra de las inversiones o posiciones estratégicas norteamericanas. El caso más lamentable en esta faceta de la Guerra Fría fue la invasión a Guatemala. Aquí se cumplió la fábula de que el tiburón no puede menos que comerse a la sardina, según la escribiera Juan José Arévalo, presidente de Guatemala de 1945 a 1950.

El movimiento de Arévalo había puesto fin a la última dictadura cafetalera de Guatemala, la de Jorge Ubico. Durante el gobierno de este pedagogo se había establecido el Seguro Social, promulgado el Código del Trabajo y fundado el Instituto Indigenista.

En agosto de 1945, Rafael Heliodoro Valle estuvo en Guatemala, invitado por el presidente Arévalo para la inauguración de la Facultad de Humanidades de la Universidad de San Carlos, que lo nombró su profesor honorario. Valle le hizo una entrevista a Arévalo que publicó el Excelsior de México, seguida por un artículo que apareció en La Opinión de los Ángeles. Arévalo le confirma a Valle su fe democrática y su confianza en que los gobiernos dictatoriales habrían de desaparecer de Latinoamérica. El sucesor de Arévalo, Jacobo Árbenz Guzmán centró su administración en el proceso de Reforma Agraria. La Ley respectiva se aprobó en junio de 1952. De inmediato, la United Fruit Company consideró que sus intereses bananeros y, por lo tanto los de los Estados Unidos, estaban siendo amenazados.

Asimismo, John Foster Dulles, Secretario de Estado y abogado de la dicha Compañía, aceptó la reclamación de la frutera. De inmediato Alien Dulles, hermano de John Foster y director de la CIA, se encargó de preparar el plan para derrocar a Arbenz, que fue llevado a cabo, con matemática precisión por la CIA, el Departamento de Estado y la United.

En 1954, Rafael Heliodoro Valle era Embajador de Honduras ante el gobierno de los Estados Unidos. Por su oficina en Washington no pasaron, ni necesitaban pasar, los hilos de la trama contra el gobierno de Guatemala. Pero autoridades hondureñas si tuvieron un conocimiento cómplice de algunos de los preparativos hechos por la CIA, desde el territorio nacional. Desde aquí partió Carlos Castillo Armas, general escogido para comandar una invasión en la que fueron claves el aparato propagandístico radial montado por la CIA, que atemorizó y descontroló a la población, y la defección del Ejército guatemalteco de la lealtad a su gobierno.

Árbenz abandonó el poder el 27 de junio de 1954. La operación fue todo un éxito para el buen vecino. Ultimo Tiempo: entre la revolución cubana y la revolución sandinista (1955-1979) El nombramiento de Rafael Heliodoro Valle como Embajador de Honduras en los Estados Unidos, por el gobierno de Juan Manuel

Gálvez, en febrero de 1949, y su remoción intempestiva del cargo por el gobierno de facto de Julio Lozano Díaz, el 1 de marzo de 1955, figuran como los momentos más discutidos en la vida del escritor. Gálvez era el sucesor del dictador Carías.

Valle había adversado a Carías. No fue un exiliado, pues ya residía en México, pero, por ejemplo, a renglón seguido del líder de los exiliados y opositores, José Ángel Zúñiga Huete, había firmado, el 26 de noviembre de 1943, una Carta Abierta al dictador de Honduras en la que se le exigía que abandonara el poder.

Valle vio en Gálvez la oportunidad de que éste pudiera promover una ansiada apertura política, tras largos diez y seis años de intolerancia y represión. Y la apertura se dio y su nombramiento fue un botón de muestra, si bien le acarreó animosidad y desdén por parte de los opositores más recalcitrantes o puristas.

Despedido de la diplomacia, Valle retornó a la vida privada, residiendo en México, adonde un masivo ataque al corazón puso fin a su vida, el 29 de julio de 1959, a la edad de 68 años cumplidos. El espacio de tiempo americano que comprende este último período queda post mortem, casi todo él, a la presencia de Valle y tiene como eje un acontecimiento sucedido algunos meses antes de su deceso.

El 1 de enero de 1959, el dictador Fulgencio Batista había huido de Cuba. Las fuerzas de Che Guevara y Camilo Cienfuegos habían ocupado La Habana. Los barbudos de Fidel Castro habían triunfado. Este momento de triunfo representó un cambio cualitativo para los movimientos populares de América Latina, sobre todo si se le relaciona con la reseñada toma del poder por Villa y Zapata, cuarenta y cinco años atrás. Porque a diferencia de ellos, Fidel Castro sí formó gobierno y una de sus primeras decisiones fue la de concentrar el poder en el ejecutivo y prescindir del sistema parlamentario de elecciones y partidos.

El dominio norteamericano sobre Cuba había sido más diverso y profundo que sobre cualquier otro país. Proponerse una Reforma Agraria, más que un problema interno, conducía a tocar intereses norteamericanos. El negocio azucarero, fuente principal del presupuesto cubano, no podía ponerse al servicio de la nación, sin lastimar a empresarios norteamericanos. Hasta una reforma moral era materialmente imposible dado los intereses que en materia de hostelería, turismo, cabarets y juegos de azar poseían en la isla, negociantes gringos que más tenían de gánsteres y traficantes, que de gerentes. Estando así las cosas, las relaciones entre los Estados Unidos y Cuba se fueron conduciendo como un pleito entre un viejo padrastro sordo y encallecido y una joven mantenida en forzada adopción, súbitamente rebelde.

Castro expropió las refinerías norteamericanas cuando se negaron a procesar petróleo soviético, que Cuba había adquirido a más bajo precio. Los Estados Unidos suprimieron la cuota azucarera cubana. Castro expropió algunas empresas norteamericanas más. Estados Unidos decretó un embargo sobre sus exportaciones a Cuba. Castro expropió la Sears, la Coca Cola y cuantiosos depósitos de níquel que el gobierno norteamericano consideraba de su propiedad. Entre tanto, en 1960, Fidel había establecido relaciones con la Unión Soviética, la cual se había comprometido a recibir, en 1961, un millón de toneladas de azúcar cubana. No bien comenzó 1961, Estados Unidos rompió sus relaciones con Cuba. Fue el último acto del gobierno republicano de Eisenhower de cara a la isla, siendo el primero del gobierno demócrata de John F. Kennedy dar el visto bueno a la CIA para llevar adelante su plan de invasión a Cuba. Los invasores fueron derrotados en Bahía de Cochinos y un mes después, en mayo de 1961, Fidel proclamó el carácter marxista leninista de su revolución y su identificación con el socialismo.

La lejana Unión Soviética se convirtió en el principal aliado de Cuba, mientras que los cercanos Estados Unidos pasaron a ser sus viscerales enemigos. Esta pugna, que alcanzó su clímax en la llamada crisis de los mísiles soviéticos, en octubre de 1962, tuvo lugar al tiempo que la revolución cosechaba sus mejores éxitos. Hubo reforma agraria, desapareció el latifundio y se crearon las llamadas granjas del pueblo. El nivel de vida de los obreros agrícolas y urbanos mejoró en un 40% en los salarios y en un 20% en la capacidad adquisitiva. El consumo de carne subió en un 100%; la renta por la vivienda disminuyó sensiblemente. Los índices de escolaridad y sanidad comenzaron a ascender a límites no compartidos por alguna otra sociedad latinoamericana. Estos éxitos fueron acompañados, desde luego, por numerosas dificultades. No se logró la ansiada diversificación de la producción y a partir de

1963, los líderes cubanos volvieron al esquema monocultivista de producción intensiva de azúcar. Pese a la apertura de fluidas relaciones con la Europa del este, el embargo norteamericano se dejó sentir, al carecerse de repuestos y equipo. Medidas precipitadas provocaron escasez y racionamiento de artículos de consumo, a mediano plazo, como en el caso de la carne, cuya mayor demanda condujo a una merma drástica de la cabaña. Importantes cantidades de profesionales y técnicos, educados en la tradición liberal representativa, resistieron el centralismo socialista del régimen y emigraron hacia Miami, sede de grupos muy beligerantes en su anticastrismo y publicitados por los Estados Unidos como el verdadero espíritu de Cuba. Analistas norteamericanos asertan que "sin lugar a dudas, la mayoría de los cubanos resultó beneficiada con la revolución".

Cuba vino a representar la sociedad más igualitaria entre todas las de Latinoamérica y las clases populares eran las más favorecidas. Con empleo seguro, bajos alquileres, centros vacacionales, el presupuesto de educación más alto en Latinoamérica, así como la relación entre el número de médicos por pacientes. Según estos analistas, en la Cuba revolucionaria se erradicó el hambre y la mendicidad lo cual parecía un insólito sueño para los otros países, ajenos al impacto de una revolución socialista. La ruptura de los Estados Unidos con la Cuba "Castro-Comunista" y de Fidel con el "Imperio Opresor" contagió a Latinoamérica.

Estados Unidos logró aislar a Cuba de los otros países del continente. Cuba fue suspendida de la Organización de Estados Americanos (OEA) y los dirigentes de la denominada izquierda democrática, particularmente Rómulo Betancourt y José Figueres, rompieron con Fidel. El Alegato era el de que Castro mismo se aislaba al proscribir el sistema de elecciones y libre juego de partidos políticos. Betancourt podía añadir que igual tratamiento de ruptura había aplicado hacia la dictadura de Trujillo, en la República Dominicana. Pero, a excepción de México, que en aplicación de la doctrina Estrada, nunca rompió con Cuba, el tratamiento fue siempre distinto.

Ni por parte de los Estados Unidos, ni por parte de los así definidos democráticos países latinoamericanos se generaron exclusiones de los organismos internacionales o cancelación de relaciones diplomáticas para con las dictaduras militares, por más ilegales y sangrientos que hubieran sido sus orígenes, como la de Pinochet en Chile, en 1973, o por más crueles y represivos que hubieran sido sus métodos, como los de los gobiernos militares de Argentina y Brasil. Y es que la constitucionalidad democrática era muy frágil en casi todos los países; pero mientras no se tocaran los intereses norteamericanos, los golpes de Estado y la suspensión de los derechos ciudadanos podían sucederse, sin ser rechazados del conclave de las naciones libres.

Las relaciones de Cuba con sus hermanas hemisféricas tuvieron que ser subterráneas y dirigirse, fundamentalmente, hacia los partidos comunistas y de izquierda y hacia los movimientos guerrilleros. El internacionalismo directo de Cuba, en Latinoamérica, alcanzó su ascenso y su declive con la captura y muerte del Che Guevara en Bolivia, en 1967. Luego el internacionalismo se enfiló hacia insurgentes o gobiernos marxistas africanos. La mano de Castro quiso verse en la República Dominicana, después del asesinato de Trujillo, que ocurrió en 1961. Todo mundo esperaba la democratización por la
vía eleccionaria.

En 1963, Juan Bosch, el más izquierdista de los líderes de la izquierda democrática, fue electo presidente. Meses después fue derrocado por los militares herederos del trujillismo. Nada hicieron ni manifestaron los norteamericanos entonces. Pero en 1965, cuando ya estaba por triunfar un movimiento constitucionalista y nacionalista, comandado por el Coronel Caamaño, que repuso a Bosch en el poder, los Estados Unidos enviaron a sus marines, como en los viejos tiempos del garrote, para salvar a los militares golpistas. Se dijo que Caamaño y sus seguidores eran comunistas, agentes de Fidel Castro. John F. Kennedy intentó establecer una mediación entre la revolución y la represión con su programa de Alianza para el Progreso. Su concepción fue, hasta cierto punto modesta, si se mide todo el grave problema de la pobreza en Latinoamérica y su espíritu fue tan corto como la trayectoria del asesinado presidente. Además, disparó el endeudamiento externo y acentuó la dependencia de los gobiernos de Latinoamérica con los organismos financieros y de ayuda norteamericanos, en especial con la AID y con la tecnocracia de estos organismos.

Llegamos, pues, al 19 de julio de 1979, día del triunfo de la Revolución Sandinista sobre la dictadura de la dinastía Somoza. Era la última que quedaba como herencia de los marines, el control de las aduanas, la depresión. Y se había derrumbado. La oposición a Somoza fue tan universal, tan compartida por todos los sectores de la sociedad nicaragüense y tan alentada internacionalmente, que hubiera sido torpe buscar detrás de ella la mano de Fidel Castro. Fidel, en todo caso, había jugado el papel de buen componedor entre las tres distintas tendencias que componían el Frente Sandinista de Liberación Nacional, unidad que una vez lograda, dinamizó aún más la lucha. Con el triunfo, los movimientos populares de la región doblaron sus esperanzas.

Latinoamérica, tras el fracaso de otras guerrillas y de vías pacíficas como la de Salvador Allende, en Chile, derrocado en 1973, agobiada por las botas militares, recibió como un signo de buen augurio aquella joven revolución que surgía debajo de las todopoderosas barbas de Tío Sam. Y mientras se entona este renovado canto de vida y de esperanza, concluyen los tiempos de esta historia. Entre estas dos revoluciones, la cubana y la nicaragüense transcurrieron, exactamente, veinte años. Todos ellos comprendidos en la vida post mortem de Rafael Heliodoro Valle, cuando su memoria se iba apagando.

Valle había escrito mucho, muchísimo; pero, sobre todo, para las nuevas generaciones de hondureños, su obra había quedado dispersa en miles de artículos periodísticos y de revistas en el exterior, y en numerosos libros editados en otros países. Era, sigue siendo, difícil leer, directamente, a Valle. Contribuyó, también, a alejarlo de nosotros el resentimiento que produjo en el círculo de sus allegados la forma en que se le había sustituido de su cargo. Valle, con justa indignación, ofreció al público las explicaciones del caso. Su gazapo consistió en escribir sobre el juicio limítrofe entre Honduras y Nicaragua, como si éste aún estuviera pendiente. Y tanto lo estaba que aguardaba el fallo, al que ambas naciones se habían sometido, del Tribunal Internacional de La Haya.

El diario de oposición, de aquellos que antaño lo consideraron un correligionario, levantó el escándalo, motejándolo de traidor. Valle se atrevía a poner en entredicho el Laudo del Rey de España, dado en 1906, lo cual no se contenía en su escrito; Laudo que, por otra parte, Nicaragua nunca aceptó y debido a eso, el litigio continuaba. El gobierno de facto no quiso ser menos patriotero que los opositores y además el puesto de Embajador en Washington era ambicionado por políticos o familiares del circuito oficial.

A Valle, sin más, se le destituyó por cablegrama. Tanto el revanchismo de unos como la prepotencia de los otros participantes en la intriga "que ha arruinado mi salud"; le ocasionaron una herida de la que nunca se repuso. Personal adscrito a la Embajada le conminó a entregar su pasaporte diplomático y, con instrucciones del gobierno, le trataron como a un indeseable.

Al mismo funcionario que a los tres meses de su actividad había organizado el Ateneo Americano de Washington, del cual fungía como Presidente y por cuya cátedra habían desfilado connotadas figuras de la política y de las letras hispanas. Hubo otras razones que motivaron, así mismo que la memoria de Valle se difuminara y que son propias del tiempo histórico de este último período. No fueron años propicios para la tolerancia liberal, talante en el que se habían movido Valle y muchos otros intelectuales de aquellas generaciones; al contrario, fueron años de polarización entre derechas e izquierdas. El buen decir, el escribir galano y amable, afín al postmodernismo en que se clasifica a Valle, ya no estaba en los usos; al uso venía a estar un decir denunciador, agresivo, comprometido.

Dado el desinterés que en nuestra región ístmica le han demostrado las derechas a la cultura y el poco interés de las izquierdas por los no partidarios, resulta lógico el mutis de Valle de la escena. Y aún otra razón: el espíritu latinoamericanista, tal como había sido entendido por aquellas generaciones, perdió mucho de su vigencia. Las circunstancias obligaban a definirse y antes que latinoamericano se era de derecha o de izquierda; el Imperio aplicó sabiamente el divide y vencerás y cada nación pareció volcarse sola hacia los persistentes problemas propios. Fue habiendo menos Latinoamérica que en las décadas anteriores, a pesar de los avances en los medios de comunicación y sobre este terreno era fácil olvidar la memoria de un latinoamericanista, como siempre lo fue Rafael

Heliodoro Valle y otros de los de aquel entonces. Todo esto es historia. Son hechos del pasado que hemos traído desde un lejano1870 hasta un próximo 1979, que están ahí para nuestro análisis y reflexión. Cabe, dentro de ellos, la vida, los afanes y la producción de un escritor hondureño y latinoamericano, Rafael Heliodoro Valle, cuyo centenario de nacimiento se cumple en este 1991.

Hoy, las circunstancias nuevamente están cambiando. Los movimientos guerrilleros están deponiendo las armas y se ha producido la perestroika, con sus inesperadas consecuencias.

Los sandinistas ya no ocupan un poder revolucionario en Nicaragua; la debacle del socialismo, la edad biológica de Fidel y su prolongado mandato, con recrudecidas dificultades económicas apuntan a cambios en Cuba, que, según acontezcan, habrán de marcar los alcances obtenidos por la revolución cubana. Son tiempos que nos reclaman más honestidad y objetividad, antes que cualquier tipo de sectarismo.

Conforme a los índices de desarrollo humano que ahora sirven a las Naciones Unidas para promediar la calidad de la vida, en los países del mundo, sobre variables que no son, únicamente, el ingreso per cápita, Honduras aparece en la Tabla en la posición 100, sobre 160 naciones, con una calificación de bajo desarrollo humano. Es cierto que Guatemala, Bolivia y Haití figuran después que Honduras pero Chile nos aventaja por 62 puntos. Costa Rica por 60; México por 55; Cuba por 38; Belice por 33. Son estadísticas muy frías que retan, seriamente, a la sociedad hondureña a decidir si quiere o no seguir viviendo su historia dentro de una lágrima.

Por Marco Carías. Publicado en la Revista de la Academia Hondureña de la Lengua N° 9, julio-diciembre de 2023.

RAFAEL HELIODORO VALLE
Y EMILIA ROMERO DE VALLE

México es país que fascina y atrae. Arraiga a quienes le comprenden y atienden con interés, a quienes penetrantemente intentan desentrañar su belleza y enigma. Nuestra realidad geográfica puede agradar o no, pero nunca será indiferente, nunca dejará de imponerse a quienes nos observan con atención. De ahí los juicios positivos y negativos en torno nuestro; de ahí la admiración o el desprecio que suscitamos.

Los testimonios que los extranjeros nos han dejado sobre México son numerosísimos y todos ellos son de extrañeza admirativa o de censura. Pero, más que un sentimiento del que ha quedado un testimonio, importa advertir que la atracción que nuestro país ejerce es, en ocasiones, tan potente y definitiva, que prende en sutiles pero potentes redes a quienes se asoman a él, a quienes se internan, principalmente por voluntarias razones, en sus abiertos valles, azuladas montañas, exuberantes tierras cálidas e imponentes y avasalladores desiertos; a quienes aprenden a respetar nuestra manera de ser, a entender nuestra cultura en sus expresiones espirituales y materiales: tanto las más delicadas cuanto las más ordinarias y comunes.

La aculturación o transculturación que México opera en los foráneos es tradicional. Va desde Gonzalo Guerrero y Cortés hasta los más recientes emigrantes avecindados en México. "Don Hernando Cortés decía Valle, al gustar la hamaca y el clima tropical de estas tierras, gozar de sus mujeres, saborear el fresco chocolate y sentir la admiración indígena, se fundió en nuestro suelo, en el que dejó simiente espiritual y física siempre presente".

Si cierta es esa atracción, también es cierto que no todos los extraños dejan testimonio de su paso por México ni menos que todos ellos se funden en nosotros, de tal modo que lleguen a ser parte integrante de nuestra colectividad; que inserten su acción y aliento en nuestra cultura al punto que formen parte de la misma, la acrecienten y sean inseparables de ella.

Uno de los más ejemplares casos de adaptación es el del escritor

Rafael Heliodoro Valle. Nacido en Comayagüela, Honduras, el 3 de julio de 1891, llegó a México en 1908, esto es a escasos diecisiete años, al iniciar su juventud. Su interés por México partía de tiempo atrás, cuando sus aficiones por la cultura e historia mexicana le llevaron a preparar una disertación en torno de Benito Juárez, la cual habiendo obtenido el primer lugar, le permitió conseguir la beca que Justo Sierra ofrecía a estudiantes de otros países para proseguir sus estudios en México.

En la Escuela Normal realizó su carrera que le confirió el título de maestro. Como todo estudiante, su situación económica fue difícil y así tuvo que desempeñar numerosos trabajos. "Era tal el apremio en que vivía —narraba en cierta ocasión— que hasta clases de baile tuve que impartir". Con gran vocación literaria, destacó entre sus condiscípulos; sus maestros, quienes se percataron de su alta calidad
humana e intelectual, le estimularon en sus estudios y trabajos en el campo de las letras.

Recién arribado a México, a más de participar en el Congreso de Estudiantes celebrado en 1910 y en el cual tuvo actuación muy lúcida, fue entre sus compañeros designado para saludar en nombre de los estudiantes de México al ilustre historiador y maestro don Rafael Altamira. En 1911 lee en ocasión de un aniversario juarista su Oda a Juárez, de la cual son estas cuartetas:

> ¿Con qué carne más pura amasaron tu rostro?
> ¿Qué tallador de vidas trasladó tus quimeras
> a los nobles basaltos? Padre, ante ti me postro
> y clavo aquí mis versos como un haz de banderas.
>
> ¡Oh Capitán civil! Tu levita cruzada
> sobre el sendero amargo se va haciendo jirones:
> se empolva con los nácares de la noche estrellada
> y tiene los remiendos que hay en tus pabellones.

Sus merecimientos le valieron la amistad de Justo Sierra, de Juan de Dios Peza, de Salvador Díaz Mirón, de Luis G. Urbina, de Rafael López, maestros y ejemplo para el joven poeta que en él había. Ya radicado en México, coetáneo de brillante generación, se une a ella y compartirá anhelos y aspiraciones con Manuel Toussaint, Rafael García Granados, Federico Gómez de Orozco, Pablo Martínez del Río, Luis Chávez Orozco, José de J. Núñez y Domínguez y otros más.

Lleno de nobles ambiciones intelectuales, con una obra literaria que le prestigiaba, pero deseoso de lograr con su propio esfuerzo distinciones académicas superiores, prosiguió humilde y pacientemente sus estudios hasta obtener en la Facultad de Filosofía y Letras, en donde ya era maestro por sus propios merecimientos, el doctorado en historia, para el cual redactó su Cristóbal de Olid, conquistador de México y Honduras. La Universidad, en reconocimiento a su acendrada labor magisterial y americanista, habría de concederle más tarde el grado de Doctor Honoris Causa en emotiva ceremonia celebrada en el Paraninfo, en la cual otorgóse mención semejante a ilustre peninsular, a Rafael Sánchez de Ocaña.

Incorporado al magisterio, Rafael Heliodoro Valle dictó cátedras —auténticas por su transparencia, comprensión y amplio sentido humano— de literatura, historia, gramática, periodismo. La Escuela Nacional Preparatoria ya le tenía por los años veinte como uno de los maestros más destacados, y como un forjador de vocaciones, auténtico guía. El Colegio Militar, la Escuela Normal, la Facultad de Filosofía y Letras de la Universidad, le contaron como parte de su personal docente.

En esos planteles, en claras explicaciones, estilo jovial, y dominando la difícil facilidad de enseñar, disertaba sobre las letras o la historia patria, los escritores y los prohombres americanos, sin pasiones, con justeza, equilibradamente, señalando errores y aciertos, hallazgos y deficiencias. Fue en la enseñanza, en el despertar vocaciones, auténtico maestro.

Generoso y limpio, tendió la mano a cuantos lo necesitaron; no escatimó el elogio y el estímulo, el consejo y la ayuda. Numerosas generaciones tuvieron el privilegio de contarlo como maestro, y en todas ellas sembró la simiente del estudio, de la investigación, del cultivo literario. Muchas generaciones anteriores a la mía le recuerdan como guía y amigo y muchas más posteriores aún escucharon su palabra sonora, su risa franca, contagiosa e incontenible, su ironía fina, sus observaciones luminosas que, por claras, aparecían tan sencillas pero que encerraban profunda penetración, reflexión intensa frente al acontecer histórico, la conducta humana, el valor poético. Todos cuantos estuvieron a su lado le recuerdan por su labor enseñante. ¡Cómo lo han evocado Salvador Azuela y los miembros de su generación, la generación de vasconcelistas, por su actitud franca, honesta y ejemplar! ¡Cómo lo ha pintado Antonio Armendáriz y Arturo Arnaiz y Freg! El primero nos dice: "Valle resulta amable para sus amigos y conocidos porque en un medio tan abandonado a la mezquindad, donde no extraña que la maledicencia paralice la voluntad, es natural que destacara la acción benéfica de un hombre que como él, parecía haberse impuesto el propósito de no sólo incitar a los jóvenes hacia la faena periodística, tan ingrata como pródiga en grandes satisfacciones espirituales, sino que, además, indefectiblemente le encontramos por todas partes abriendo puertas a la esperanza; hablando siempre en favor de los jóvenes primerizos y presentándoles con encomio, hasta conquistar la oportunidad para quienes fueron capaces de no perderla ni bajo condiciones de signo adverso".

Y Arturo Arnaiz y Freg quien tanto sintió el auxilio del maestro afirma: "La bondad de su corazón le permitía estimular, elogiar y destacar el valor de los demás, de la manera más entusiasta. Durante varias décadas, supo ser el testigo más alerta de nuestro paisaje cultural. Fue siempre el primero en señalar que en algún joven iberoamericano surgía un estudioso, el primero en dirigirle palabras de aliento y en escribir sobre él elogios que tenían como base —más que otra cosa— su extraordinaria generosidad".

Su vocación y capacidad magisterial eran en Valle auténticas y firmes. En varias ocasiones señalaba cómo a algunos educadores hondureños y en México a Justo Sierra, a Ezequiel Chávez, a José Vasconcelos los había sentido como genuinos maestros, como inspiradores y orientadores de su labor. Maestro normalista, comprendía el esfuerzo por iluminar mentes infantiles y su actitud ante la juventud a la que despertaba al descubrimiento de la poesía, a la penetración de la acción humana que forja la historia, a la comunicación de la información oportuna, necesaria y correcta, le hizo mantener un respeto sacrosanto al maestro, una veneración que se traslucía siempre en su actitud respetuosa hacia sus mayores y que plasmó ya desde sus primeros versos. En Elogio al Maestro, poesía que leyó en la inauguración de la Escuela Normal de Profesores de México el 12 de septiembre de 1910, al evocar a uno de los educadores más connotados dirá:

¡Ese pastor de júbilos, que aduna
sacro laurel y diamantina palma,
copia en su frente palidez de luna
en su conciencia sol; y tiene una
santa resignación dentro del alma!

¡Oh fogueado viandante nazareno
que sale del dolor, como va al limbo
pródigo brote de dulzores lleno!...
¡Lleva el cielo en el alma porque es bueno
y en la pálida sien le tiembla un nimbo!

Más tarde en 1927 escribirá sentido poema el día del maestro dedicado a los *Maestros olvidados,* y de continuo hará amorosos elogios a quienes consagran su vida a enseñar a los demás. Su capacidad magisterial se fortalecía con su inmensa cualidad de conversador.

Valle era un hombre que hacía de la conversación un arte y deleitando enseñaba. Fue un cultor de la conversación penetrante, aguda, oportuna en la que se traslucía su lúcido amoroso sentido de la vida y de cuanto lo rodeaba.

La mezquindad humana le tocó en varias ocasiones, la maldad, la envidia, el egoísmo ajeno le hirieron muchas veces, más fiel a sus ideales, lleno de bondad, amante de la verdad, del bien y la belleza superó la ruin maledicencia e impuso sus virtudes. Su constancia en el trabajo, su producción fecunda y rica, su magnífica condición humana superó la vileza de los miserables incapaces de sentir o hacer algo bueno o noble o bello. Con el peso de los años, los últimos infortunios que hieren siempre a los hombres valiosos, le desplomaron, pero toda su vida dio muestra de gran integridad espiritual de un afán por la vida llena de alegría y de luz, de bondad repetida mil y mil veces sin importarle la ingratitud de quienes había beneficiado. El beneficio era para él acción benéfica agradable por el placer que le proporcionaba y porque hacía partícipe a los demás de la idea de bondad, valor supremo que él estimaba sobradamente.

Aún olvidándose de sí mismo auxiliaba a quien veía urgido de apoyo. La amistad era en Valle, como en Cicerón, perfecto acuerdo de todo lo humano y lo divino, unido a un amor entrañable y lleno de estima, sostenido todo ello en eternos valores. Si el magisterio fue su auténtica vocación, una de las formas mejores por amplias y eficaces en la enseñanza fue el periodismo, y Valle fue excelente periodista y uno de los renovadores más eficaces del periodismo mexicano.

Su labor en los diarios fue de altura, distinguida por cuanto lo que él transmitía por todos los puntos del planeta era cultura, información en torno de los acontecimientos civilizadores más importantes. Nunca cultivó el amarillismo despreciable ni medró con procedimientos mercantilistas o aun gansteriles como se acostumbra, sino que sus colaboraciones en la prensa de toda Hispanoamérica, escritas con donosura, talento, agilidad y penetración le depararon el aprecio continental al grado que mereció recibir el premio Marie Moors Cabot y el Serra que se otorga a la obra periodística e histórica más amplia, sostenida y valiosa.

Por su incansable y meritoria actividad periodística, Alfonso Reyes dijo de él: "Torre de señales atenta y sensible a toda las vibraciones de la actividad intelectual de Latinoamérica, un San Sebastián acribillado de flechas partidas de todos nuestros horizontes". ¿Cuántos artículos y en cuántas publicaciones colaboró Valle?

Emilia Romero, que con amor y lealtad de Penélope trató de conocer la voluminosa urdimbre de esa labor, señala que fueron más de doscientos cincuenta periódicos y revistas, los que a través de años recogieron más de veinticinco mil artículos y colaboraciones salidas de su pluma. Ella misma reunió parte de los anagramas y seudónimos con que signaba sus escritos.

"Su pluma honrada, su mensaje teñido de elevación poética

—escribe Arnaiz y Freg— lo convirtieron en un vigoroso vínculo entre los pueblos hispanoamericanos", y Salvador Azuela le recuerda portando con su brazo lisiado enorme portafolio del que extraía, libros, documentos, revistas guardadas con las cuartillas que escribía a vuelapluma, siempre oportunas, justas, precisas.

Si se ha dicho que Lope escríbía una comedia mientras almorzaba, Valle redactaba un artículo en el trayecto del tranvía que a diario tomaba para ir de San Pedro de los Pinos —calle 25, número 62 en donde vivió largos años y en donde murió— a la redacción de Excésior o a sus cátedras en la Preparatoria.

Con su lúcida inteligencia, galanura y justeza en el decir, aireó nuestra prensa. Sus editoriales consagrados a señalar los aportes históricos o literarios más salientes, sus comentarios sobre obras y autores, a los que juzgaba veraz y positivamente, fueron siempre eficaces por el tino y el buen juicio que contenían, por el aliento positivo y optimista que infundían y por la censura correcta, atinada y afable que dirigía.

Sus comentarios sobre libros no eran apresurados ni superficiales, no lo hacía con las solapas de los libros como tantos reseñadores, sino que eran producto de una perfecta y lúcida comprensión de la obra. Páginas chispeantes como "Cosmópolis", llenas de gracia, abundaban en inteligente ironía, en fina capacidad de informar gustosa y deleitosamente. Con esa sección puso las bases de un periodismo ágil, rápido en informar, pero sano y eficaz, que muchos seguidores posteriores falsificaron y desviaron hacia el mercantilismo, la cursilería o el chisme, Valle, desde sus tiernos años mostró su inclinación poética y de él tenemos poemas escritos al final de su niñez y en plena adolescencia.

Los que más tarde se recogieron en *La rosa intemporal* signados en 1908 revelan ya una severa madurez, una sensibilidad poética notable, que fue con el tiempo acrecentándose. Creció y maduró influido por poderosas corrientes poéticas y aun cuando esas diversas formas de expresión lírica que fueron el clasicismo, el romanticismo, el modernismo y el ultramodernismo le afectaron, su voz conservése singular. Se enriqueció con esencias y valores de los liróforos más distinguidos, pero preservó su peculiar sentido, su aliento vital propio y auténtico.

Por ello Enrique González Martínez al comentar el libro Contigo en 1943 escribió: "Poeta conocía a Valle y lo vuelvo a encontrar en este libro de sus más recientes emociones. Con estos poemas de hoy, muestra que no es el viajero inadvertido que recorre su senda sin parar mientes en las amorosas solicitaciones del paisaje, sino el peregrino que atiende a toda voz y a toda forma para guardarlas celosamente, en espera de transmutarlas en canción. Este libro de madurez, hora de las creaciones definitivas, momento en que lo retórico y lo puramente literario ceden el paso a la emoción humana y sin afeites, nos da lo más noble del espíritu de Valle; forma pura, sensibilidad honda, visiones convertidas en estados de alma, músicas en que el dolor y la alegría pone su nota de arte sincero y de vida profunda. La forma gallarda, plenamente dominada por el poeta, y el verso limpio, hacen lo demás...".

Sus libros de poesía que muestran, como él decía, su anhelo de liberarse de las cadenas del dolor y de la muerte, fueron apareciendo poco a poco.

En 1911 publicó El rosal del ermitaño, que remozó y amplió en 1940. En 1913 surgió, Como la luz del día; Ánfora sedienta en 1922, la cual mereció cálido y desbordado comentario de José Santos Chocano; El espejo historial se editó en 1937; Contigo en 1943; La sandalia de fuego en 1952; Poemas en 1954; muchos otros no recogidos en libros y los posteriores a 1954 y hasta 1957, los reunió para publicarlos Emilia Romero. Parte de ellos los incorporó en La rosa intemporal. Si su delicada sensibilidad se volcó en la poesía, su angustioso deseo de saber, lo centró en la historia.

Ansioso de conocimiento, Valle continuaba la tradición enciclopedista americana.

—¿Qué no quiere reunir o qué no quiere saber Valle? —preguntaba cierto día Luis Chávez Orozco.

Eso era verdad. Su deseo de conocimiento era inmenso y por ello se volcó en mil direcciones, pero sin malograrse sino dejando en todas las que emprendía la impronta de su inteligencia y saber. Dedicado a enseñar e informar que es también enseñar, Valle, que poesía gigantesca capacidad de estudio y de trabajo, trató de profundizar en numerosos aspectos. Por sí solo, en un principio y sin más guía que su juicioso raciocinio, su honestidad intelectual y su anhelante sed de saber, se consagró a numerosas disciplinas.

La bibliografía, cuya utilidad apreció dentro de un medio desorganizado y carente de medios de información, le debe numerosos trabajos. En varias revistas especializadas, él puso los cimientos de macizas secciones. La Revista de Historia de América, el Boletín Bibliográfico de Antropología Americana, por citar unos cuantos iniciaron sus ricos apartados bibliográficos con la colaboración de Valle. La Bibliografía Maya, reunida en 1941 en un libro separado trató de contener por vez primera cuanto se conocía y producía acerca de esa cultura.

La primera información bibliográfica histórica americana de amplio alcance también se debió a él, que la inició en la Revista de Historia de América. Dentro de este campo publicó la Bibliografía de José Cecilio del Valle (1934), su ilustre coterráneo; La Cirugía Mexicana del siglo XIX (1942); Bibliografía del periodismo en la América española (1924); Bibliografía de Rafael Landívar (1953); Bibliografía de Sebastián de Aparicio (1954) y en las series bibliográficas de la Secretaría de Relaciones Exteriores imprimió la Bibliografía de Ignacio Manuel Altamirano.

Más tarde preparó, junto ya con Emilia Romero, la Bibliografía Cervantina. De esta obra, Emilia preparaba una segunda edición muy ampliada que esperamos poder ver publicada en breve. A él se debió también una desaparecida Bibliografía de Justo Sierra. Muchos trabajos de esta naturaleza, reveladores de sus conocimientos y dedicación, muestran su polifacética labor.

Como investigador, la historia mexicana e iberoamericana le son deudores de nutridas colecciones documentales, seleccionadas con espíritu ecuánime, limpio y honesto, como lo son los seis volúmenes de La Anexión de Centroamérica a México, y las Cartas de Bentham a José Cecilio del Valle (1942); Páginas olvidadas de Martí (1953) y Bolívar en México, 1799-1832 (1946).

Más importantes aún son sus penetrantes lúcidos y hermosos trabajos históricos entre los que descuellan: Cómo era Iturbide (1922) completado más tarde por Iturbide varón de Dios (1944); Fray Bartolomé de las Casas (1926): Para una biografía de Hernán Cortés (1935); El espejo historial, historia y poemas históricos (1937); Tres pensadores de América: Bolívar, Bello, Martí (1946);

Santiago en América (1946), John Lloyd Sthepens y su libro extraordinario (1948); Cristóbal de Olid, conquistador de México y Honduras (1947 y 1950); El convento de Tepotzotlán (1955); Jesuitas de Tepotzotlán (1955); Historias de las ideas contemporáneas en Centroamérica (1960) y muchas otras más que no podemos mencionar en esta recordación.

Todas ellas representan una visión honrada de su pensamiento de historiador. Ajustado a su circunstancia e impulsado por las corrientes de su época, dejó en sus ensayos un testimonio lúcido, honesto y desinteresado.

Enriqueció la historiografía americana abundantemente, tuvo conciencia de los problemas históricos que agitábanse en su época, vislumbró caminos y senderos que mostró a cuantos nos enriquecimos con su palabra sabia y cordial, atisbó aspectos insospechados en aquel entonces y que hoy se cultivan con esmero, como son la historia de los sentimientos, la historia de la cultura y las ideas, entre otras las estéticas y las sociales.

Para Valle fue una realidad la afirmación clásica de "Nada de lo que es humano me es ajeno". Sus lecciones en las que aprendíamos lo mismo la influencia del pensamiento jurídico-político de Bentham, como la historia del sentimiento o la sociología religiosa hispanoamericana o la historia del gusto a través de la evolución de la culinaria, eran el reflejo de lo mucho que sabía y de cómo su creativa imaginación se desbordaba en una obra que trataba por inmensa e inacabable, de trasladar a sus discípulos para que la continuaran.

Sapiente, sereno, no era el tipo acartonado del erudito egoísta de su saber reacio al cultivo de la amistad, sino que desparramaba bondad y atención a todo el mundo, orientaba alegremente y enseñaba casi jugando, sonriendo, pues tenía la sonrisa a flor de piel y la palabra amable y sincera presta a dispararse. Largos años pasó entre nosotros.

En los últimos tiempos, llamado por su país natal a cumplir difícil e ingrata misión se ausentó temporalmente, pero su corazón que había dejado aquí le hizo volver en 1955. Venía destrozado nerviosa y moralmente, sin embargo, lleno de ánimo pudo reanudar en parte sus actividades apoyado espiritual y materialmente en

Emilia Romero.

El 29 de junio de 1959, rodeado de sus libros, su esposa y amigos, falleció en su casa de San Pedro de los Pinos, donde trabajó tanto y en donde su recuerdo perdura.

Emilia Romero, relevante limeña, dama ilustre de espíritu, de intelecto y de origen fue la compañera ideal de Rafael Heliodoro Valle.

Poseedora de maciza cultura, mente despejada y extraordinariamente organizada, exquisita sensibilidad y un señorío espiritual inigualable, señorío que le deparaba admiración de intelectual de la talla de Jorge Guillermo Leguía, y de muchos otros de igual valor intelectual, unió su vida a la de Valle y fue su esposa, su compañera, su guía, su protectora durante largos años, los más fecundos de la vida de ambos los más ricos en frutos de toda especie.

Nacida en Lima, Perú en 1901, falleció en la ciudad de México el 12 de diciembre de 1968. Esposa ejemplar, vivió entregada totalmente a Valle a quien admiraba. Su lugar fue el de una compañera excepcional, de comprensiva esposa, de colaboradora inigualable y de perenne fuente de inspiración como reveló él en sus poemas y en toda su obra.

Como Valle era un amplio torrente que desbordaba por donde corría, a Doña Emilia correspondió encauzarlo, dirigirlo, hacer que la impetuosa sabiduría de su caudal se volcara ordenada y oportunamente. De cultura nada común e inteligencia superior, a ella débense notables obras que llenarían de orgullo a todo intelectual. Sin embargo, dotada de una modestia excepcional y deslumbrada por la actividad intensa de su esposo, sacrificó mucha de su labor personal en beneficio de la de él.

¡A muy contados hombres se otorga el don de encontrar una mujer que admire realmente su trabajo y que más de inspirarle, participe en las tareas comunes entregándose íntegramente a esa excepcional unión espiritual, como la existente entre los Valle!

¡Pocas mujeres hemos conocido como ésta tan noble e inteligente, tan extraordinariamente apasionada por su propia obra y la de su esposo!

Cuando Rafael Heliodoro Valle falleció, Emilia consagró su vida entera, noche y día a formar la inconmensurable bibliografía de aquel, a reunir su obra dispersa, a publicarla. Sacrificó cuanto una mujer hubiera deseado, el descanso, la comodidad, el confort, por llevar a buen término su anhelo de salvar la obra de Valle.

Rodeada de sus papeles, entre ellos la encontrábamos siempre, y entre ellos murió. Pruebas evidentes de su saber, de su sutil sensibilidad, de su vocación no sólo de musa sino de escritora penetrante, de fina y paciente investigadora dejó en numerosos trabajos: las biografías que dedicó a Fray Melchor de Talamantes (1962), la mejor que sobre ese insigne pensador político se haya escrito, así como la referente a Corpancho, un amigo de México (1949) en la que estudió la valerosa y honesta conducta del Embajador del Perú en México en la época de la intervención francesa.

De su afición por las letras y su conocimiento de la música derivan El romance tradicional en el Perú (1952) y Juegos del antiguo Perú. Preocupada estuvo al igual que Valle por rescatar las fuentes indispensables a la investigación, preocupación que motivó el Índice de los documentos de Odriozola (1946), el Contrapunto Darío-Chocano (1966); Los seudónimos de Rafael Heliodoro Valle (1965). En unión de Valle publicó la Bibliografía Cervantina en la América Española (1950) y en colaboración con Fernando Romero el Probable itinerario de los tres primeros viajes marítimos para la conquista del Perú.

Con ecuanimidad singular, sin alardes de feminismo sensacionalista ni liberador escribió Mujeres de América (1948) y con ejemplar dedicación elaboró su Diccionario de escritores peruanos (Lima, 1966), magna obra producto de numerosos años de devota entrega. En torno a su esposo, doña Emilia, como con auténtico respeto le llamábamos, a más de publicar la antología poética La rosa intemporal (1964), editó Recuerdo a Rafael Heliodoro Valle en los cincuenta años de su vida literaria (1957) y Corona a la memoria de

Rafael Heliodoro Valle (1963). La bibliografía de Valle que terminó poco antes de morir, integrada por más de veinticinco mil papeletas, significó para ella un esfuerzo definitivo.

Noche y día trabajó duran te varios años con singular y ardiente entusiasmo por concluirla, La vida no le permitió verla impresa, pero queda en espera de serlo, como testimonio imperecedero de auténtico amor. Su producción se encuentra dispersa en numerosas publicaciones como La Prensa en Buenos Aires, El Nacional de México, el Boletín de la Biblioteca Nacional de México, el Boletín Bibliográfico de Antropología Americana, el Boletín del Instituto Caro y Cuervo, de Bogotá: Fénix de Lima, Perú; Historia Mexicana, la Revista de Historia de América y muchas más. Conocedora de varios idiomas hizo magníficas versiones del inglés y del francés. Gran señora, ostentó calidad de Embajadora no sólo de Perú y Honduras sino de la cultura de cuantos países visitara, más sus extremas complacencias radicaron en el trabajo cotidiano en el que encontraba los mayores estímulos y en el cultivo generoso de la amistad, con selecto grupo a quien siempre irradió los tesoros de su bondad.

Con desprendimiento inigualable, quiso al término de su vida, pródiga en frutos espléndidos de su espíritu y noble corazón, consagrar sus bienes y los de Rafael Heliodoro Valle a crear un fondo denominado Rafael Heliodoro Valle, destinado a becar estudiantes sobresalientes en el campo de las humanidades y a premiar anualmente los trabajos de investigación histórica y literaria más destacados en América.

Su rica biblioteca y su abundoso archivo los legó a la Biblioteca Nacional de México. Clasificados, catalogados y debidamente organizados, formarán un fondo especial que a más de enriquecer el patrimonio bibliográfico de México, servirán a los estudiosos de todo el mundo para proseguir investigaciones en torno de la literatura y de la historia hispanoamericana. La Universidad Nacional de México, al recibir ese legado de uno de sus más ameritados maestros, de un ilustre hombre de América, gloria de su país natal y de México, y de una ilustre escritora, ratifica el lema que ostenta, pues el espíritu de América encarna en seres salientes de nuestros pueblos de nuestras razas. Orgullosa se muestra nuestra

Universidad por haber sido escogida para recibir esa preciosa herencia espiritual que los libros representan.

Por Ernesto de la Torre Villa. Libro: Mexicanos ilustres. Tomo II, Editorial Jus; México, Distrito Federal, 1979.

www.ingramcontent.com/pod-product-compliance
Lightning Source LLC
Chambersburg PA
CBHW071145130626
46553CB00004B/1529